EBS 중학

뉴런

| 영어 2 |

Main Book

| 기획 및 개발 |

정자경 김현영 허진희

| 집필 및 검토 |

김수진(전 평창고) 염지선(구현고) 유현주(언남중) 윤진섭(신일중) 유지현(신사중) 이지애(파주 교하중) 고미라(상원중) 박리원(아주중) 손연주(강동중)
양소영(서울금융고) 이현주(언주중) 정운경(강남서초교육지원청)

| 검토 |

김순천 신수진 정두섭 조현정 Robin Klinkner Colleen Chapco

교재 정답지, 정오표 서비스 및 내용 문의 · EBS 중학사이트 → 교재 검색 → 교재 선택

+ 수학 전문가 100여 명의 노하우로 만든
  수학 특화 시리즈

+ 연산 ε ▸ 개념 α ▸ 유형 β ▸ 고난도 Σ 의
  단계별 영역 구성

+ 난이도별, 유형별 선택으로
  사용자 맞춤형 학습

기본부터 심화까지 단계별 수학

연산 ε(6책) | 개념 α(6책) | 유형 β(6책) | 고난도 Σ(6책)

EBS 중학

뉴런

| 영어 2 |

Main Book

Structure

이 책의 구성과 특징

메인북

Grammar

중학교 2학년에 나오는 기본적인 문법 사항을 체계적으로 정리한 후 간단한 연습문제로 확인해 볼 수 있도록 하였습니다.

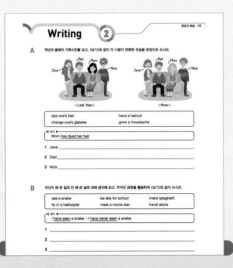

Writing

Grammar의 문법 요소들을 활용한 실용적인 문장 써 보기 연습을 통해 점차 비중이 높아지고 있는 서술형 평가에 대비하도록 하였습니다.

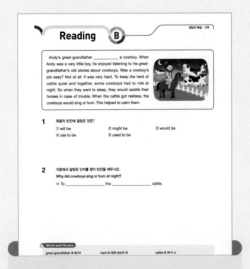

Reading

Grammar의 문법 요소들이 포함된 읽기 자료를 통해 독해 실력을 키우며, 다양한 문제를 통해 이해한 내용을 표현하는 능력을 향상시키도록 하였습니다.

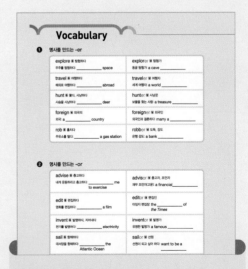

Vocabulary

명사, 형용사, 부사를 만드는 기본적인 접미사와 접두사를 통해 중학 어휘를 보다 쉽고 체계적으로 확장하여 쓸 수 있는 능력을 기를 수 있게 하였습니다.

워크북

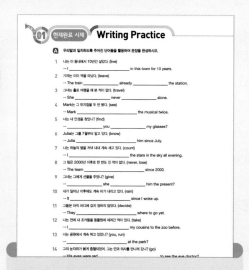

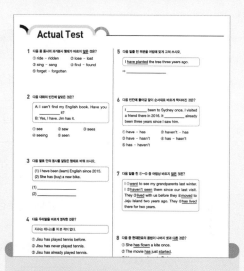

Writing Practice

해당 유닛의 문법 사항들이 적용된 문장을 쓰기 문제로 구성하여 문법을 표현적 관점에서 다시 점검하고 자동화할 수 있도록 하였습니다.

Actual Test

중학교 시험에 실제로 출제되는 다양한 형태의 문법 문제를 풀어봄으로써 중학교 내신을 대비할 수 있도록 구성하였습니다.

미니북

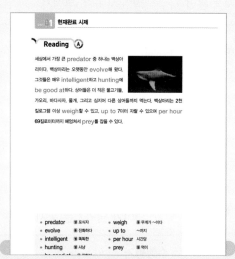

Reading 어휘 연습

Reading 지문과 함께 학습한 주요 단어들을 한국어 문장 속에서 부담 없이 복습할 수 있게 구성하였습니다.

접미사/접두사

품사를 만드는 접미사와 접두사를 제시하여 기본 어휘를 효율적으로 확장해서 쓸 수 있는 능력을 기를 수 있게 하였습니다.

Contents 이 책의 차례

현재완료 시제

Grammar 1
❶ 현재완료의 개념 및 형태
❷ 현재완료의 부정문과 의문문

Grammar 2
❶ 현재완료의 다양한 의미
❷ 현재완료진행

Grammar ①

규칙 변화하는 동사는 -(e)d를 붙여 과거분사를 만들고 불규칙 변화하는 동사는 형태가 같거나 달라진다.
ex. work – worked, cut – cut, lose – lost

❶ 현재완료의 개념 및 형태

현재완료는 과거에 시작된 동작이 현재 시점까지 영향을 미칠 때 사용하는 시제로, 「have(has) + 과거분사」의 형태로 나타낸다. 현재완료와 달리 과거는 현재와 관계없는 과거만의 일을 나타낸다.

현재완료	Lisa **has lost** the key.	Lisa는 그 열쇠를 잃어버렸다.
	→ 과거에 열쇠를 잃어버린 이후로 현재까지 열쇠가 없음	
과거	Lisa **lost** the key yesterday.	Lisa는 어제 그 열쇠를 잃어버렸다.
	→ 과거에 열쇠를 잃어버렸고 현재 상태는 모름 (다시 찾았을 수도 있음)	

Grammar Plus

현재완료는 과거에 시작된 동작과 현재까지의 상태를 동시에 나타내므로, 분명하게 과거를 나타내는 어구(*ex.* a month ago, yesterday, last week, in 2018 등)와 쓸 수 없으며 의문사 when과도 함께 쓸 수 없다.

내 동생이 어제 창문을 깨뜨렸다.	My brother **has broken** a window **yesterday**. (×)
	My brother **broke** a window **yesterday**. (○)
너는 언제 제주도로 이사했니?	**When have** you **moved** to Jeju Island? (×)
	When did you **move** to Jeju Island? (○)

❷ 현재완료의 부정문과 의문문

현재완료의 부정문은 have(has) 다음에 not이나 never 등의 부정어를 써서 「have(has) not + 과거분사」의 형태로 나타내고, 의문문은 Have(Has)를 주어 앞에 써서 「Have(Has) + 주어 + 과거분사 ～?」의 형태로 나타낸다.

긍정문	They **have traveled** to the Moon.	그들은 달을 여행한 적이 있다.
부정문	We **have** *not* **traveled** to Mars.	우리는 화성을 여행한 적이 없다.
의문문	**Have** you ever **seen** the movie?	너는 그 영화를 본 적이 있니?
긍정의 답	Yes, I **have**.	응, 있어.
부정의 답	No, I **haven't**.	아니, 없어.

Grammar Plus

주어와 have동사는 다음과 같이 줄여 쓸 수 있다.

I have = I've	you have = you've	we have = we've
he has = he's	she has = she's	they have = they've

Grammar Practice ①

A 다음 괄호 안에서 알맞은 것을 고르시오.

1 I have (did / done) my homework.

2 You have (broke / broken) my glasses.

3 He has (drank / drunk) all the milk.

4 She has (buy / bought) tickets for the concert.

B 다음 빈칸에 들어갈 말을 〈보기〉에서 골라 알맞은 형태로 고쳐 쓰시오.

◀ 보기 ▶

raise	hear	study	keep

1 She has _____ Japanese for three years.

2 He has never _____ the song before.

3 I've _____ a diary in English for two years.

4 They've _____ the dog for ten years.

C 우리말과 일치하도록 주어진 단어들을 바르게 배열하여 문장을 완성하시오.

1 Ned는 점심 식사하러 나갔다가 아직 들어오지 않았다.

(not, come back, has)

→ Ned went out for lunch and he _____ yet.

2 나는 과제를 끝내지 못했다. 나는 여전히 그것을 하고 있다.

(finished, not, have)

→ I _____ the project. I'm still working on it.

3 그는 항상 자신만 생각해 왔다. 그는 다른 사람들을 도울 생각을 해 본 적이 없다.

(thought, has, never)

→ He has always focused only on himself. He _____
about helping others.

D 다음 밑줄 친 부분을 어법에 맞게 고쳐 쓰시오.

1 <u>Has Tom been</u> sick yesterday?

→ _____

2 He <u>has signed</u> a contract with Arsenal last month.

→ _____

3 I <u>used</u> this phone for five years.

→ _____

4 <u>Has Joe visited</u> Korea in the summer of 2009?

→ _____

A
• glasses 안경

B
• raise 기르다

C
• still 여전히
• focus on ~에 집중
하다

D
• sign a contract
계약을 체결하다

Grammar ②

① 현재완료의 다양한 의미

현재완료는 과거에 시작된 동작이 현재에도 영향을 미치는 상태를 표현하는데, 문맥에 따라 '~해 왔다(계속)', '막 ~했다(완료)', '~한 적이 있다(경험)', '~해 버렸다(결과)' 등의 해석이 가능하다.

계속	He **has lived** in this house **for** 20 years.	그는 이 집에서 20년 동안 살았다.
완료	She **has already reserved** a table.	그녀는 이미 식당을 예약했다.
경험	We **have never seen** a leopard.	우리는 표범을 본 적이 없다.
결과	**I've lost** my bicycle.	나는 자전거를 잃어버렸다.

현재완료의 의미에 따라 자주 사용되는 부사 및 전치사는 다음과 같다.

계속	since(~ 이후, ~ 이래로), for(~ 동안)
완료	just(막), yet(아직), already(이미, 벌써)
경험	ever(한 번이라도), never(결코(한 번도) ~ 않다), before(이전에), once(한 번), twice(두 번), ~ times(~번)

Grammar Plus

경험   have been to+장소: ~에 가 본 적이 있다

I **have been to** Japan three times.   나는 일본에 세 번 가 보았다.

결과   have gone to+장소: ~에 갔다 (그래서 지금 여기에 없다)

Maybe he **has gone to** the restroom.   그는 아마 화장실에 간 것 같다.

② 현재완료진행

현재완료진행은 「have(has) been + -ing」의 형태로 '계속 ~해 오고 있다'라는 뜻이다. 동작이 과거의 일정 시점부터 현재까지 계속되고 있음을 강조한다.

I **have been looking** for my USB for 3 days.	나는 3일간 계속 내 USB를 찾고 있다.
Have you **been watching** TV?	너는 계속 TV를 보고 있었니?
We **have been shopping** for 2 hours.	우리는 2시간째 쇼핑을 하고 있다.

Grammar **Practice** ②

A 다음 빈칸에 알맞은 말을 〈보기〉에서 골라 쓰시오.

┤ 보기 ▶
| for | just | yet | never |

1 I haven't seen this movie _____.

2 I have _____ traveled by plane. It's my first time.

3 There's some chicken soup on the table. I've _____ made it.

A
· travel 여행하다

B 우리말과 일치하도록 주어진 단어를 활용하여 빈칸에 알맞은 말을 쓰시오.

1 나는 항상 애완동물이 갖고 싶었다. (want)

→ I _____ always _____ a pet.

2 그녀는 지난달 이후 그를 본 적이 없다. (see)

→ She _____ not _____ him since last month.

3 너는 숙제를 끝냈니? (finish)

→ Have _____ _____ your homework?

4 나의 부모님은 부산에 가셔서 안 계시다. (go)

→ My parents _____ _____ to Busan.

B
· pet 애완동물

C 〈보기〉와 같이 주어진 단어를 활용하여 현재완료진행 문장을 완성하시오.

┤ 보기 ▶
Dave is tired because he <u>has been working</u> all day. (work)

1 Emma is hot because she _____. (cook)

2 My hair is wet because I _____. (swim)

3 He is upset because he _____ for Claire for a long time. (wait)

C
· wet 젖은
· upset 마음 상한

D 다음 밑줄 친 부분을 우리말로 해석하시오.

1 Kate <u>has studied French</u> for three years.　→ _____

2 Nobody <u>has climbed</u> that mountain.　→ _____

3 All the leaves <u>have already fallen</u>.　→ _____

4 I <u>have been waiting</u> for the bus for 30 minutes. → _____

Writing ①

A 우리말과 일치하도록 주어진 단어를 활용하여 문장을 완성하시오.

1 그들은 이곳에서 평생 살아 왔다. (live)

→ They _____ here all their lives.

2 너는 이미 그 책을 읽었니? (read)

→ _____ the book already?

3 나는 온라인으로 책을 산 적이 있다. (buy)

→ I _____ a book online.

4 그녀는 아침 내내 계속 세탁을 하고 있다. (do)

→ She _____ laundry all morning.

5 우리는 아직 집을 떠나지 않았다. (leave)

→ We _____ the house yet.

6 너는 밤새도록 계속 음악을 듣고 있었니? (listen)

→ _____ to music all night?

B 우리말과 일치하도록 주어진 단어들을 바르게 배열하여 문장을 완성하시오.

1 우리는 캐나다에 가 본 적이 없다. (to Canada, never, been, have)

→ We _____.

2 그녀는 아직 책을 반납하지 않고 있다. (returned, yet, hasn't, the book)

→ She _____.

3 너는 계속 울고 있었니? (you, crying, been)

→ Have _____?

4 나는 졸업한 이래로 여기에 머무르고 있다. (stayed, since, I, here, graduated, have)

→ I _____.

5 Andrew는 하루 종일 그 반지를 계속 찾고 있다. (looking for, all day, the ring, been, has)

→ Andrew _____.

6 Susan은 막 그 건물에 들어섰다. (entered, just, the building, has)

→ Susan _____.

Writing ②

A 작년과 올해의 가족사진을 보고, 〈보기〉와 같이 각 사람이 변화한 모습을 문장으로 쓰시오.

<Last Year>   <Now>

dye one's hair	have a haircut
change one's glasses	grow a moustache

◀ 보기 ▶
Mom <u>has dyed her hair.</u>

1 Jane _____ .

2 Dad _____ .

3 Nick _____ .

B 자신이 해 본 일과 안 해 본 일에 대해 생각해 보고, 주어진 표현을 활용하여 〈보기〉와 같이 쓰시오.

see a snake	be late for school	make spaghetti
fly in a helicopter	meet a movie star	travel alone

◀ 보기 ▶
I <u>have seen</u> a snake. / I <u>have never seen</u> a snake.

1 _____

2 _____

3 _____

4 _____

5 _____

Reading

One of the world's greatest predators is the great white shark. Great white sharks <u>have evolved</u> for a long time. They are very intelligent and very good at hunting. Sharks eat smaller fish, rays, sea lions, seals, and even other sharks. Great white sharks can weigh more than 2,000 kilograms, grow up to 7 meters, and can swim at speeds up to 69km per hour to catch their prey.

* great white shark 백상아리 ray 가오리 seal 물개

1 윗글을 읽고 백상아리에 관해 답할 수 <u>없는</u> 질문은?

① What do they eat?

② How long do they live?

③ How long are their bodies?

④ How fast can they swim?

⑤ How much do they weigh?

2 윗글의 밑줄 친 현재완료 시제와 같은 용법으로 쓰인 것은?

① We <u>haven't had</u> lunch yet.

② She <u>has forgotten</u> his name.

③ We <u>have lived</u> here since 2010.

④ They <u>have just broken</u> the windows.

⑤ I <u>have seen</u> a spaceship several times.

Words and Phrases

predator 명 포식자	evolve 동 진화하다	intelligent 형 똑똑한
be good at ~을 잘하다	hunting 명 사냥	weigh 동 무게가 ~이다
up to ~까지	per hour 시간당	prey 명 먹이

Reading (B)

Who made the first pizza? In fact, people <u>made</u> pizza for a very long time. People in the Stone Age cooked grains on hot rocks to make dough, a basic ingredient of pizza. At that time, people didn't have plates for pizza. Thus, people used the dough as a plate instead. They covered it with various other foods, herbs, and spices. This was the world's first pizza. Thanks to them, people have been enjoying pizza since the Stone Age.

1 윗글의 요지로 알맞은 것은?

① 피자는 역사가 그렇게 길지 않다.

② 사람들은 피자 반죽을 접시로 사용했다.

③ 피자 재료로 쓰이는 토핑과 향신료는 다양하다.

④ 피자는 세계에서 가장 인기 있는 음식 중 하나이다.

⑤ 세계 최초의 피자는 석기 시대 사람들에 의해 만들어졌다.

2 윗글의 밑줄 친 <u>made</u>의 알맞은 형태는?

① make   ② makes   ③ have made

④ has made   ⑤ will make

Words and Phrases

Stone Age 석기 시대	grain 몧 곡식	dough 몧 밀가루 반죽	ingredient 몧 재료
plate 몧 접시	instead 뮈 대신에	various 혱 다양한	spice 몧 양념, 향신료

Vocabulary

❶ 명사를 만드는 -er

explore 통 탐험하다	**explor**er 명 탐험가
우주를 탐험하다: _____ space	동굴 탐험가: a cave _____
travel 통 여행하다	**travel**er 명 여행자
해외로 여행하다: _____ abroad	세계 여행자: a world _____
hunt 통 쫓다, 사냥하다	**hunt**er 명 사냥꾼
사슴을 사냥하다: _____ deer	보물을 찾는 사람: a treasure _____
foreign 형 외국의	**foreign**er 명 외국인
외국: a _____ country	외국인과 결혼하다: marry a _____
rob 통 훔치다	**robb**er 명 도둑, 강도
주유소를 털다: _____ a gas station	은행 강도: a bank _____

❷ 명사를 만드는 -or

advise 통 충고하다	**advis**or 명 충고자, 조언자
내게 운동하라고 충고하다: _____ me to exercise	재무 조언자(고문): a financial_____
edit 통 편집하다	**edit**or 명 편집인
영화를 편집하다: _____ a film	타임지 편집장: the _____ of *the Times*
invent 통 발명하다, 지어내다	**invent**or 명 발명가
전기를 발명하다: _____ electricity	유명한 발명가: a famous _____
sail 통 항해하다	**sail**or 명 선원
대서양을 항해하다: _____ the Atlantic Ocean	선원이 되고 싶어 하다: want to be a _____
survive 통 살아남다	**surviv**or 명 생존자
전쟁에서 살아남다: _____ the war	유일한 생존자: a single _____

tour 명 관광 동 관광하다 자전거 여행: a bicycle _____	tourist 명 관광객 여행사: a _____ agency
novel 명 소설 소설을 쓰다: write a _____	novelist 명 소설가 유명한 소설가: a well-known _____
journal 명 (전문 분야의) 신문, 잡지 의학 잡지: a medical _____	journalist 명 기자 기자로 일하다: work as a _____
art 명 예술, 미술 현대 미술: modern _____	artist 명 예술가, 화가 거리 화가: a street _____
science 명 과학 과학 기술: _____ and technology	scientist 명 과학자 우주 과학자: a space _____

Voca Checkup

A 다음 영어는 우리말로, 우리말은 영어로 쓰시오.

1 robber _____
2 hunter _____
3 inventor _____
4 tourist _____
5 journalist _____

6 여행자 _____
7 편집인 _____
8 선원 _____
9 소설가 _____
10 예술가, 화가 _____

B 다음 빈칸에 알맞은 말을 넣어 어구를 완성하시오.

1 a space _____ (우주 탐험가)
2 a _____ from England (영국 출신의 외국인)
3 a political _____ (정치적인 조언가)
4 the only _____ of the accident (그 사고의 유일한 생존자)
5 a computer _____ (컴퓨터 과학자)

정답 A 1 도둑, 강도 2 사냥꾼 3 발명가 4 관광객 5 기자 6 traveler 7 editor 8 sailor 9 novelist 10 artist
B 1 explorer 2 foreigner 3 advisor 4 survivor 5 scientist

UNIT

02

수동태

Grammar ①

주어가 행위자일 경우 능동태, 주어가 동작의 대상이면 수동태를 쓴다.
· Carol <u>washed</u> the car. → Carol이 행위의 주체
· The car <u>was washed</u> by Carol. → The car가 행위를 받는 대상

① 수동태의 개념 및 형태

능동태는 문장의 주어가 동작을 직접 행할 때, 수동태는 문장의 주어가 동작을 당하거나 받는 것을 표현할 때 쓴다. 수동태의 형태는 「be동사＋과거분사」이고 동작을 행하는 행위자는 「by＋행위자(목적격)」로 표현한다.

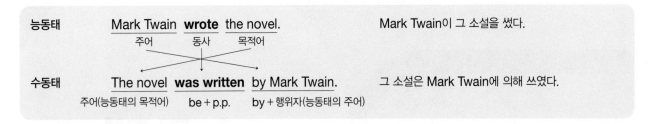

능동태	Mark Twain **wrote** the novel. 주어　　동사　　목적어	Mark Twain이 그 소설을 썼다.
수동태	The novel **was written** by Mark Twain. 주어(능동태의 목적어)　be＋p.p.　by＋행위자(능동태의 주어)	그 소설은 Mark Twain에 의해 쓰였다.

> **Grammar Plus**

행위자가 일반적인 사람들이어서 밝힐 필요가 없거나 행위자를 모를 때는 「by＋행위자」를 생략한다.

The building **was built** in 1880.　　　그 건물은 1880년에 지어졌다.

→ 행위자가 누구인지 모르는 경우

Spanish **is spoken** in Mexico.　　　스페인어는 멕시코에서 사용된다.

→ 행위자가 일반적인 사람인 경우

② 수동태의 부정문과 의문문

수동태 부정문은 「주어＋be동사＋not(never)＋과거분사 ～.」, 수동태 의문문은 「Be동사＋주어＋과거분사 ～?」의 형태로 쓴다.

긍정문	The movie **was directed** by Spielberg.	그 영화는 Spielberg에 의해 감독되었다.
부정문	The movie **was *not* directed** by Spielberg.	그 영화는 Spielberg에 의해 감독되지 않았다.
의문문	**Was** the movie **directed** by Spielberg?	그 영화는 Spielberg에 의해 감독되었니?

> **Grammar Plus**

수동태 문장의 시제는 be동사의 다양한 형태로 나타낸다.

미래시제	The Olympics **will be held** this year.	올림픽은 올해 개최될 것이다.
진행시제	The elevator **is being repaired**.	그 엘리베이터는 수리되고 있다.
완료시제	All flights **have been canceled**.	모든 항공편이 취소되었다.

Grammar **Practice** ①

A 다음 괄호 안에서 알맞은 것을 고르시오.

1 He (raise / raises / is raised) a dog.

2 The room (clean / is cleaned / were cleaned) every day.

3 My father's train (arrive / will arrive / will be arrived) at 9:20.

4 Rosa (gave / given / was given) a laptop computer for a birthday present.

B 다음 괄호 안에 주어진 단어를 알맞은 형태로 바꿔 문장을 완성하시오.

1 *Hangeul* _____ by King Sejong. (create)

2 The Olympics _____ every four years. (hold)

3 These flowers _____ by Tom every morning. (water)

4 An award _____ to Sally at the meeting last night. (give)

C 다음 그림과 주어진 어구를 활용하여 〈보기〉와 같이 문장을 완성하시오.

- sweep the floor
- mop the floor
- clean the desk
- erase the blackboard

◀ 보기 ▶
The floor <u>is being swept</u> by Junho now.

1 The desk _____ by Mina now.

2 The blackboard _____ by Jisu now.

3 The floor _____ by Hojin now.

D 다음 문장을 괄호 안의 지시대로 바꿔 쓰시오.

1 The toy was chewed by the dog. (부정문)

→ _____

2 The prisoner was caught by the guards. (의문문)

→ _____

A
· arrive at ~에 도착하다
· laptop computer 노트북 컴퓨터

B
· create 창조하다
· award 상

C
· sweep (빗자루로) 쓸다, 청소하다
· mop 대걸레로 닦다
· erase 지우다

D
· chew 물어뜯다, 씹다
· prisoner 죄수
· guard 경비원

Grammar ②

❶ 조동사를 포함하는 수동태

will, must, can, may, have to, should 등의 조동사가 있는 문장의 수동태는 「조동사＋be＋과거분사」의 형태로 나타낸다.

Susan **will be invited** to today's meeting.	Susan은 오늘 모임에 초대될 것이다.
This blouse **should be dry-cleaned** only.	이 블라우스는 드라이클리닝만 되어야 한다.
Your house **can't be seen** from here.	너의 집은 여기서는 볼 수 없다.

❷ 주의해야 할 수동태

수동태의 행위자 앞에 by 이외의 전치사를 사용하기도 한다.

Everybody **was** very **surprised at** the news.	모두 그 소식에 매우 놀랐다.
The parking lot **is filled with** cars.	주차장이 자동차들로 가득 찼다.
He **is interested in** sports.	그는 운동에 관심이 있다.

• be known as ~으로 알려져 있다	• be known for ~으로(때문에) 알려져 있다
• be covered with ~으로 덮여 있다	• be filled with ~으로 가득 차다
• be surprised at ~에 놀라다	• be satisfied with ~에 만족하다
• be interested in ~에 관심이 있다	• be worried about ~에 대해 걱정하다
• be made of ~으로 만들어지다 (물리적 변화)	• be made from ~으로 만들어지다 (화학적 변화)

Grammar Plus

동사 자체에 수동의 의미가 있어서 수동태 형태로 사용하지 않는 동사가 있다.

This book doesn't **sell** these days.	이 책은 요즘에는 팔리지 않는다.
A boiled tomato **peels** easily.	삶은 토마토는 껍질이 쉽게 벗겨진다.

상태를 나타내는 have, become, resemble, like, want, belong 등의 동사는 수동태로 쓸 수 없다.

• These books **belong** to me. (○)	이 책은 내 것이다.
These books are belonged by me. (×)	
• Jessica **resembles** her mother. (○)	Jessica는 자신의 엄마를 닮았다.
Jessica is resembled by her mother. (×)	

Grammar **Practice** ②

A 다음 빈칸에 알맞은 전치사를 쓰시오.

1 He is known ＿＿＿＿＿＿ a great writer.

2 I'm interested ＿＿＿＿＿＿ music and dance.

3 The top of the mountain is still covered ＿＿＿＿＿＿ snow.

B 다음 밑줄 친 부분을 어법에 맞게 고쳐 쓰시오.

1 The box <u>fills in</u> apples.

→ ＿＿＿＿＿＿＿＿＿＿＿＿

2 This statue <u>makes by</u> ice.

→ ＿＿＿＿＿＿＿＿＿＿＿＿

3 We <u>surprised with</u> the news.

→ ＿＿＿＿＿＿＿＿＿＿＿＿

C 다음 두 문장이 같은 뜻이 되도록 빈칸에 알맞은 말을 쓰시오.

1 We will do the work by tomorrow.

= The work ＿＿＿＿＿ ＿＿＿＿＿ ＿＿＿＿＿ by tomorrow by us.

2 Everyone should follow the traffic rules.

= The traffic rules ＿＿＿＿＿ ＿＿＿＿＿ ＿＿＿＿＿ by everyone.

3 We can see Mt. Halla from everywhere on Jeju Island.

= Mt. Halla ＿＿＿＿＿ ＿＿＿＿＿ ＿＿＿＿＿ from everywhere on Jeju Island.

D 다음 괄호 안에 주어진 동사 표현의 알맞은 형태를 써서 대화를 완성하시오.

1 A: Where can I buy stamps?

B: Stamps ＿＿＿＿＿＿＿＿＿＿＿ at the post office. (can buy)

2 A: Can I park my bike here?

B: Sorry, but your bike ＿＿＿＿＿＿＿＿＿＿＿ over there.

(must park)

3 A: Do you want me to wash your blouse?

B: No, thanks. This blouse ＿＿＿＿＿＿＿＿＿＿＿.

(should dry-clean)

A
· writer 작가
· still 여전히

B
· fill (가득) 채우다
· statue 조각상
· surprise 놀라게 하다

C
· traffic rule 교통 규칙

D
· stamp 우표
· post office 우체국
· dry-clean 드라이클리닝하다

Writing ①

A 우리말과 일치하도록 주어진 단어들을 활용하여 문장을 완성하시오.

1 바람 빠진 타이어는 나에 의해 교체되었다. (change)
→ The flat tire _____.

2 오늘밤에 영화가 상영될 것이다. (will, show)
→ A movie _____ tonight.

3 그 집은 허리케인으로 파괴되었다. (destroy)
→ _____ by the hurricane.

4 그 문은 Mr. Smith에 의해 페인트칠이 되지 않았다. (paint)
→ The door _____.

5 그 서류는 그에 의해 서명되어져야 한다. (should, sign)
→ The paper _____.

6 나와 나의 남동생은 그 결과에 놀랐다. (surprise)
→ My brother and I _____ the result.

B 우리말과 일치하도록 주어진 단어들을 바르게 배열하여 문장을 완성하시오.

1 이 바구니는 나뭇가지로 만들어진다. (made, twigs, this, of, basket, is)
→ _____

2 그 파이는 너의 강아지가 먹었니? (the pie, by, eaten, your puppy, was)
→ _____

3 나는 그의 건강이 걱정된다. (am, his, worried, I, health, about)
→ _____

4 그 고양이는 너에 의해 길러질 수 없다. (can't, you, raised, the cat, by, be)
→ _____

5 그 도로는 보수되고 있다. (being, the road, repaired, is)
→ _____

6 나의 자전거는 도난당하지 않았다. (hasn't, my bike, stolen, been)
→ _____

Writing

A 다음은 토요일 오후 진호 가족의 모습이다. 그림을 보고, 〈보기〉와 같이 문장을 완성하시오.

- Dad / wash the car
- Mom / wash the dishes
- Jinho / take out the trash
- Jinmi / clean the windows

◀ 보기 ▶
The car is being washed by Dad.

1 The dishes _____.

2 The trash _____.

3 The windows _____.

B 다음 자선 모금 행사의 역할 분담표를 보고, 〈보기〉와 같이 각 인물들이 할 일을 쓰시오.

Bora	Hansu	Sangwon	Jina
roll *gimbap*	make sandwiches	serve food	set the tables

◀ 보기 ▶
Gimbap will be rolled by Bora.

1 Sandwiches _____.

2 Food _____.

3 The tables _____.

Reading A

정답과 해설 • 9쪽

Vitamin A is important because it can prevent diseases. It proved its value during World War II. Pilots went out on bombing missions at night. They could see well in daylight, but they could not see very well when it was dark. This condition is known _____ night blindness. It can be prevented and cured by taking vitamin A. This vitamin is also good for the nose and throat.

1 윗글의 주제로 알맞은 것은?

① 비타민 A의 효능
② 야맹증의 원인과 대책
③ 균형 잡힌 식단의 중요성
④ 우리 몸에 필요한 영양소
⑤ 제2차 세계대전의 의학적 성과

2 윗글의 빈칸에 알맞은 것은?

① to   ② by   ③ with   ④ of   ⑤ as

Words and Phrases

vitamin 몡 비타민
prove 통 증명하다
mission 몡 임무
condition 몡 상태, 질환
throat 몡 목구멍, 목

prevent 통 막다, 예방하다
value 몡 가치
daylight 몡 (낮의) 햇빛, 일광
night blindness 야맹증

disease 몡 질병
bombing 몡 폭격
dark 혱 어두운
cure 통 치료하다

26 • EBS 중학 뉴런 영어 2 Main Book

Bamboo is one of the most useful grasses in the world. It is used to make fences, ladders, and even entire houses. Toys, rafts, fishing rods, and many other products ⓐ (make) from bamboo. Its leaves are used to feed animals and to make paper. Juice from the plant is used as medicine. Its stems are the most valuable part of the plant. They are hollow inside, so people ⓑ (use) them for water pipes, flutes, and flowerpots. Bamboo stems are eaten as vegetables. When they ⓒ (cook), they taste like asparagus. There is no end to the uses of this magic grass!

1 Why does the writer call bamboo "magic grass"?

① Its stem is hollow.

② It is used by magicians.

③ Its juice can be medicine.

④ It is used in so many ways.

⑤ It can be eaten by both people and animals.

2 윗글의 ⓐ, ⓑ, ⓒ를 각각 어법에 맞게 바꿔 쓰시오.

➡ ⓐ _____

➡ ⓑ _____

➡ ⓒ _____

Words and Phrases

bamboo 명 대나무
raft 명 뗏목
stem 명 줄기
flowerpot 명 화분

fence 명 울타리
fishing rod 낚싯대
valuable 형 가치 있는, 귀중한
asparagus 명 아스파라거스

ladder 명 사다리
product 명 제품, 생산품
hollow 형 속이 텅 빈

entire 형 전체의
medicine 명 약
water pipe 배수관, 송수관

Vocabulary

1 명사를 만드는 -tion

produce 동 생산하다 제품을 생산하다: _____ a product	**produc**tion 명 생산 자동차 생산: car _____
collect 동 수집하다 정보를 수집하다: _____ information	**collec**tion 명 수집품 동전 수집품: a coin _____
predict 동 예측하다, 예견하다 지진을 예측하다: _____ earthquakes	**predic**tion 명 예측, 예견 긍정적인 예측: a positive _____
educate 동 교육하다 십 대들을 교육시키다: _____ teenagers	**educa**tion 명 교육 대학 교육: a college _____
pollute 동 오염시키다 대기를 오염시키다: _____ the air	**pollu**tion 명 오염 수질 오염: water _____

inform 동 알리다 경찰에게 알리다: _____ the police	**informa**tion 명 정보 최신 정보: the latest _____
satisfy 동 만족시키다 어머니를 만족시키다: _____ my mother	**satisfac**tion 명 만족 소비자 만족: customer _____
suggest 동 제안하다 해법을 제시하다: _____ a solution	**sugges**tion 명 제안 어떤 제안도 환영하다: welcome any _____
calculate 동 계산하다 거리를 계산하다: _____ distances	**calcula**tion 명 계산, 산출 복잡한 계산: a complex _____
translate 동 번역하다, 통역하다 책을 번역하다: _____ a book	**transla**tion 명 번역, 통역 정확한 번역: an exact _____

breathe 图 호흡하다	breath 阅 호흡, 숨
깊이 호흡하다: _____ deeply	숨을 참다: hold one's _____

grow 图 자라다	growth 阅 성장
더 크게 자라다: _____ bigger	경제 성장: economic _____

dead 阅 죽은	death 阅 죽음, 사망
죽은 벌레: a _____ bug	갑작스러운 사망: a sudden _____

wide 阅 넓은	width 阅 폭, 너비
(폭이) 넓은 넥타이: a _____ necktie	폭 5미터: 5 meters in _____

deep 阅 깊은	depth 阅 깊이
깊은 호수: a _____ lake	깊이 10미터: 10 meters in _____

Voca Checkup

A 다음 영어는 우리말로, 우리말은 영어로 쓰시오.

1 collection _____
2 pollution _____
3 suggestion _____
4 translation _____
5 death _____

6 예측, 예견 _____
7 만족 _____
8 계산, 산출 _____
9 성장 _____
10 깊이 _____

B 다음 빈칸에 알맞은 말을 넣어 어구를 완성하시오.

1 mass _____ (대량 생산)
2 early childhood _____ (유아 교육)
3 some _____ on Australia (호주에 관한 몇 가지 정보)
4 take a deep _____ (숨을 한 번 깊이 들이마시다)
5 the _____ and length of the building (그 건물의 폭과 길이)

UNIT 03

조동사

Grammar ①

조동사는 '동사를 보조해 주는 동사'로 부정문이나 의문문을 만들 때 또는 시제를 표현할 때 사용된다.
ex. I don't like carrots.
    We will join the cartoon club.

① 조동사 had better

「had better＋동사원형」은 '~하는 편이 좋겠다'라는 의미로 상대방에게 강하게 충고하거나 경고할 때 쓰는 표현이다. 주어와 had를 줄여 You'd better, We'd better와 같이 쓸 수 있고 부정형은 「had better not＋동사원형」이다.

You'**d better** take an umbrella.	너는 우산을 갖고 가는 게 좋겠다.
You **had better not** say anything about this.	너는 이것에 대해 아무 말도 하지 않는 게 낫다.

◗ Grammar Plus

had better vs. should

had better와 should는 둘 다 '~해야 한다'로 해석되지만 had better는 그 충고를 따르지 않을 경우 문제가 생길 수도 있다는 의미를 포함하고 있다.

You **should** help your mother.	너는 너의 어머니를 도와 드려야 한다.
We'**d better** leave now, or we'll be late.	우리는 지금 출발해야 해, 안 그러면 늦을 수 있을 거야.

② 조동사 would

조동사 will의 과거형 would는 '(과거에) ~하곤 했었다'라는 의미로 과거의 반복적인 동작을 표현할 때 사용한다. would 다음에는 반드시 동사원형을 쓴다.

He **would** take a walk in the morning.	그는 아침에 산책을 하곤 했다.
Amy **would** often go swimming in the river.	Amy는 종종 강으로 수영하러 가곤 했다.
Tom **would** climb the tree when he was young.	Tom은 어렸을 때 그 나무에 오르곤 했다.

◗ Grammar Plus

조동사 would의 다양한 쓰임은 다음과 같다.

will의 과거	He said he **would** help me.	그는 나를 돕겠다고 말했다.
고집/의지	Jake **would** not take my advice.	Jake는 내 충고를 받아들이려 하지 않았다.
권유	**Would** you have some coffee?	커피 좀 드시겠어요?
부탁	**Would** you do me a favor?	제 부탁 하나 들어 주시겠어요?

과거의 동작이 아닌 상태를 나타낼 때는 would 대신 used to를 쓴다.

There <u>used to</u> be a big tree next to the house. (○)	그 집 옆에는 큰 나무 한 그루가 있었다.
There <u>would</u> be a big tree next to the house. (×)	

Grammar Practice ①

A 다음 괄호 안에서 알맞은 것을 고르시오.

1 You (had better / would) call him right now. He is waiting for your call.

2 Tim (had better / would) travel alone when he was a college student.

3 Tony looks so tired. He (had better / would) get some rest at home.

B 의미상 자연스러운 대화가 되도록 두 문장을 연결하시오.

1 I have a headache. ·

2 What did you do at the park? ·

3 Why is the teddy bear special for you? ·

· ⓐ I would play with it when I was young.

· ⓑ I would often take a walk there.

· ⓒ You'd better take some medicine.

C 다음 그림을 보고, 〈보기〉에서 알맞은 말을 골라 had better를 써서 충고를 완성하시오.

◀ 보기 ▶

| play outside | slow down | buy unnecessary things |

1   It's raining very hard. We _____ _____.

2  You have a cold. You _____ _____.

3   If you want to save money, you _____ _____.

D 우리말과 일치하도록 주어진 단어들을 바르게 배열하여 문장을 완성하시오.

1 나는 겨울에 스키를 타러 가곤 했다.

→ I _____ in winter.
    (skiing, would, go)

2 그녀는 다른 사람들을 험담하곤 했다.

→ She _____ behind their backs.
    (others, talk about, would)

A
· alone 혼자
· college 대학
· rest 휴식

B
· headache 두통
· take a walk 산책하다
· teddy bear 장난감 곰
· medicine 약

C
· unnecessary 불필요한
· have a cold 감기에 걸리다
· save 저축하다

D
· back 등

Grammar ②

① 조동사 might

조동사 might는 may처럼 약한 가능성 또는 추측을 나타내는 조동사로 '～일 수 있다', '～할지도 모른다'라는 의미이며, 뒤에는 동사원형이 온다. 부정문은 「might not + 동사원형」이고, might와 may는 바꿔 쓸 수 있다.

It **might** rain later.	나중에 비가 올지도 모른다.
We **might** move to Suwon next year.	우리는 내년에 수원으로 이사 갈지도 모른다.
He **might not** come.	그는 오지 않을지도 모른다.

Grammar Plus

must vs. might

must는 '～함에 틀림없다, ～임에 틀림없다'라는 뜻으로 아주 강한 추측 또는 가능성을, might는 '～할지도 모른다, ～일지도 모른다'라는 의미로 약한 추측 또는 가능성을 나타낸다.

Paul **must** be sick.	Paul은 아픈 것이 틀림없다.
Paul **might** be sick.	Paul은 아픈 것인지도 모른다.

② 조동사 used to

「used to + 동사원형」은 '(과거에) ～이었다, ～하곤 했었다'라는 의미로 과거의 동작이나 상태를 나타내며, 현재는 그렇지 않다는 의미가 포함되어 있다. used to의 부정문은 「주어 + didn't use to + 동사원형 ～.」이고, 의문문은 「Did + 주어 + use to + 동사원형 ～?」이다. would는 과거의 습관적 동작만 나타낼 수 있는 반면 used to는 과거의 동작뿐 아니라 일정 기간 지속된 상태를 나타낸다.

긍정문	We **used to** work on Saturdays.	(예전에) 우리는 토요일에 근무했었다.
	There **used to** be tigers in Korea.	(예전에) 한국에는 호랑이가 있었다.
부정문	I didn't **use to** like mushrooms.	(예전에) 나는 버섯을 좋아하지 않았었다.
의문문	Did he **use to** be a singer?	(예전에) 그는 가수였었니?

Grammar Plus

used to + 동사원형(～하곤 했다) vs. be used to -ing(～하는 데 익숙하다)

Lisa **used to play** with toy trains.	Lisa는 장난감 기차를 갖고 놀았었다.
(동사원형) → ～하곤 했다	
Lisa **is used to playing** with toy trains.	Lisa는 장난감 기차를 갖고 노는 데 익숙하다.
(-ing) → ～하는 데 익숙하다	

Grammar Practice ②

UNIT 03 조동사

A 다음 괄호 안에서 알맞은 것을 고르시오.

1 I'm not sure where Amy is. She (might / must) be in the gym.

2 This town (would / used to) be very peaceful. Now it's very crowded.

3 Don't make too much noise. You (had better / might) wake the baby.

4 There (would / used to) be a public bath near here.

B 조동사 might와 괄호 안의 말을 활용하여 다음 대화를 완성하시오.

1 A: What is Mijin doing now?
   B: Well... I don't know. She _____ TV. (watch)

2 A: Who is that man with Yuna?
   B: I'm not sure. He _____ her brother. (be)

3 A: Will Eddie come to the party?
   B: He told me he's not feeling that good. He _____
      to the party. (not, come)

C 다음 도표를 보고 used to 또는 didn't use to를 써서 Jisu에 대한 문장을 완성하시오.

10 Years Ago	Now
didn't like vegetables	like vegetables
played with dolls	play the piano
went to bed before 10	go to bed late at night

1 Jisu _____, but now she likes vegetables.

2 Jisu _____, but now she plays the piano.

3 Jisu _____, but now she goes to bed late
   at night.

D 다음 밑줄 친 부분을 어법에 맞게 고쳐 쓰시오.

1 I not used to like seafood when I was young.

   → _____

2 He used to hate eating alone, but now he used to eating alone.

   → _____

3 The restaurant use to be a church 100 years ago.

   → _____

A
· peaceful 평화로운
· crowded (사람들이) 붐비는, 복잡한
· make noise 소란을 피우다
· wake 깨우다
· public bath 공중 목욕탕

C
· vegetable 채소

D
· seafood 해산물

Writing ①

A 우리말과 일치하도록 주어진 단어와 조동사를 이용하여 문장을 완성하시오.

1 그 제품은 전 세계적으로 매우 인기가 있음에 틀림없다. (be)

→ The product _____ very popular all over the world.

2 이 책이 네가 세계 경제를 이해하는 데 도움을 줄지도 모른다. (help)

→ This book _____ you understand the global economy.

3 너는 저축을 하기 위해 지출을 줄이는 것이 좋겠다. (cut down on)

→ _____ your spending in order to save some money.

4 Jackson 부부는 유명한 밴드에 있었다. (be)

→ Mr. and Mrs. Jackson _____ in a famous band.

5 그 문은 방금 칠해졌다. 너는 그것을 만지지 않는 것이 좋다. (not, touch)

→ The door has just been painted. You _____ it.

6 내 남동생이 여분의 돈을 좀 가지고 있을지도 모른다. (have)

→ My brother _____ some extra money.

B 우리말과 일치하도록 주어진 단어들을 바르게 배열하여 문장을 완성하시오.

1 어렸을 때 나는 주말마다 할머니를 방문하곤 했다. (my grandmother, on weekends, I, visit, used to)

→ _____ when I was young.

2 너는 외출할 때 따뜻한 옷을 챙겨 가는 것이 좋겠다. (you'd, clothes, take, better, warm)

→ _____ when you go out.

3 그는 자신의 사촌들 이름을 모를 수도 있다. (of, might, he, not, the names, know)

→ _____ his cousins.

4 밖이 아주 추운 것이 틀림없다. 창문에 서리가 끼었다. (cold, it, be, must, very)

→ _____ outside. The windows are frosted.

5 나의 가족은 겨울이면 얼음낚시를 가곤 했다. (go, would, fishing, ice)

→ My family _____ in winter.

6 너는 이 멋진 기회를 놓치지 않는 것이 좋다. (opportunity, had better, not, this, great, miss)

→ You _____.

Writing 2

A 의사가 환자에게 충고한 내용을 보고, had better를 써서 문장을 다시 쓰시오.

1 You should drink a lot of water.

2 You shouldn't use your computer for too long.

3 Get enough sleep.

4 Don't stay up late at night.

5 You should exercise regularly.

1 You had better _____ .

2 _____

3 _____

4 _____

5 _____

B 자신의 생활방식을 바꾸기로 결심하고 예전의 생활방식에 대해 쓴 글을 완성하시오.

예전에 한 일	예전에 하지 않은 일
get up late	go to bed early
eat fast food every day	eat vegetables every day
play computer games too much	exercise in the gym

Nowadays, I have changed my lifestyle to live a healthy life.

I used to <u>get up late</u>. I didn't use to <u>go to bed early</u>.

_____

_____

_____

_____

Reading

The famous Manchester United Football Club waited for two years to sign Charlie Jackson. Why? Because Jackson was only three years old. So Manchester United F. C. waited until he was five. They believed that they must keep an eye on Jackson because they thought he would be a future superstar player. They saw him when he was playing football at Footytotz, a football program for young children. Two years later, they came back and signed the boy to train at the club's development center. Jackson still plays at Footytotz, and also trains with Manchester United once a week. His parents said, "If he stops enjoying football, we will find something else for him."

1 윗글은 무엇에 관한 글인가?

① 축구를 시작하기 가장 좋은 나이

② 맨체스터 유나이티드의 오랜 역사

③ 축구가 사람들에게 사랑받는 이유

④ 맨체스터 유나이티드와 계약한 축구 신동

⑤ 맨체스터 유나이티드 유소년 축구장의 설립 배경

2 윗글의 내용과 일치하도록 지문에서 한 단어를 찾아 빈칸에 알맞은 말을 쓰시오.

➡ Jackson _____ be very talented to join Manchester United Football Club when he was five.

Words and Phrases

famous ⑧ 유명한
keep an eye on ~을 계속 지켜보다
sign A to B A와 B하도록 계약하다
once a week 일주일에 한 번

club ⑨ (프로 스포츠) 클럽, 구단
future ⑧ 장래의
train ⑧ 훈련하다

until ⑳ ~할 때까지
superstar ⑨ (스포츠·예능의) 슈퍼스타
development ⑨ 발달

Reading B

Andy's great-grandfather _____ a cowboy. When Andy was a very little boy, he enjoyed listening to his great-grandfather's old stories about cowboys. Was a cowboy's job easy? Not at all. It was very hard. To keep the herd of cattle quiet and together, some cowboys had to ride at night. So when they went to sleep, they would saddle their horses in case of trouble. When the cattle got restless, the cowboys would sing or hum. This helped to calm them.

1 윗글의 빈칸에 알맞은 것은?

① will be   ② might be   ③ would be

④ use to be   ⑤ used to be

2 지문에서 알맞은 단어를 찾아 빈칸을 채우시오.

Why did cowboys sing or hum at night?

➡ To _____ the _____ cattle.

Words and Phrases

great-grandfather ⑲ 증조부
quiet ⑲ 조용한, 차분한
trouble ⑲ 문제, 곤란, 골칫거리
calm ⑧ 진정시키다

herd ⑲ (동종 짐승의) 떼
saddle ⑧ 안장을 얹다
restless ⑲ 들썩이는, 가만히 있지 못하는

cattle ⑲ (복수) 소
in case of ~에 대비해서
hum ⑧ 콧노래를 부르다, (노래를) 흥얼거리다

Vocabulary

1 명사를 만드는 -ment

announce 통 발표하다
그들의 결혼을 발표하다: _____ their marriage

announcement 명 발표
공식 발표: an official _____

invest 통 투자하다
주식에 투자하다: _____ in stocks

investment 명 투자
해외 투자: foreign _____

punish 통 처벌하다, 벌주다
아이를 벌주다: _____ a child

punishment 명 처벌
처벌을 면하다: avoid _____

govern 통 통치하다
국가를 통치하다: _____ the country

government 명 정부, 정권
정부 관리들: _____ officials

treat 통 다루다, 취급하다, 치료하다
그를 어린애처럼 다루다: _____ him like a child

treatment 명 대우, 처리, 치료
의학적인 치료: medical _____

develop 통 성장하다, 성장시키다
천천히 성장하다: _____ slowly

development 명 성장, 발달
아동 발달: child _____

argue 통 언쟁하다, 다투다
서로 언쟁하다: _____ with each other

argument 명 언쟁, 말다툼
논쟁에서 이기다: win an _____

pay 통 지불하다 명 급료, 보수
현금을 내다: _____ cash

payment 명 지불
세금 납부: tax _____

agree 통 동의하다
John에게 동의하다: _____ with John

agreement 명 동의, 합의, 협약
평화 협정: a peace _____

measure 통 측정하다, 재다
그의 키를 재다: _____ his height

measurement 명 치수, 측정
허리 치수: waist _____

❷ 명사를 만드는 -ness

tough 형 힘든, 어려운 힘든 결정: a _____ decision	**tough**ness 명 단단함, 강인함 강철의 단단함: the _____ of steel
aware 형 알고 있는 그 문제에 대해 알다: be _____ of the problem	**aware**ness 명 (중요성에 대한) 인식 브랜드 인지도: brand _____
dark 형 어두운, 캄캄한 어두운 색상들: _____ colors	**dark**ness 명 어둠, 색이 짙음 빛과 어둠: light and _____
ill 형 아픈, 병든 정신적으로 병든: mentally _____	**ill**ness 명 병, 아픔 아동기 질환: childhood _____
weak 형 약한 심장이 약하다: have a _____ heart	**weak**ness 명 약함, 약점 강점과 약점: strength and _____

Voca Checkup

A 다음 영어는 우리말로, 우리말은 영어로 쓰시오.

1 announcement _____
2 government _____
3 argument _____
4 measurement _____
5 darkness _____

6 처벌 _____
7 대우, 처리, 치료 _____
8 지불 _____
9 (중요성에 대한) 인식 _____
10 약함, 약점 _____

B 다음 빈칸에 알맞은 말을 넣어 어구를 완성하시오.

1 _____ in education (교육에 대한 투자)
2 economic _____ (경제 발달)
3 the _____ on human rights (인권에 대한 협약)
4 mental _____ (정신적인 강인함)
5 worry and _____ (근심과 병)

정답 A 1 발표 2 정부, 정권 3 언쟁, 말다툼 4 치수, 측정 5 어둠, 색이 짙음 6 punishment 7 treatment 8 payment 9 awareness 10 weakness
　　 B 1 investment 2 development 3 agreement 4 toughness 5 illness

Writing

예시문제 기억에 남는 가족여행에 대한 글을 다음 조건에 맞게 써 봅시다.

조건 1. 언제, 어디로, 누구와 가서, 무엇을 했는지를 포함할 것

2. 현재완료 시제 문장을 1개 이상 사용할 것

3. 여행을 통해 느낀 점을 포함할 것

Step 1 Get Ready

자신의 경험을 떠올리면서 다음 질문에 대한 답을 생각해 봅시다.

- Have you ever traveled with your family?

- Have you ever traveled by train?

- Have you ever traveled overseas?

- Have you ever tried local food while you traveled?

Step 2 Organize

자신의 가족여행을 떠올리며 질문에 맞게 내용을 완성해 봅시다.

Questions	Answers
Have you ever traveled with your family?	→ e.g. Yes, I have.
Where did you go?	→ e.g. We went to London, England.
When did you go there?	→ e.g. We went there last summer vacation.
How long did you stay there?	→ e.g. We stayed there for 6 days.
What did you do there?	→ e.g. We went to see the Tower of London.
How was your trip?	→ e.g. It was a really nice trip.

Draft

위 내용을 바탕으로 기억에 남는 가족여행에 대한 글을 완성해 봅시다.

My Family Trip to _____

Have you ever _____? If you haven't, I recommend

that you visit there. I went there _____.

We stayed _____.

We went to see _____.

We also went _____.

It was _____.

I would like to _____!

	평가 영역	채점 기준	점수
채점 기준 예시 (총 10점)	과제 완성도	조건을 모두 충족시켜 과제를 완성함	5점
		조건의 일부를 충족시켜 과제를 완성함	3점
		과제를 완성하지 못함	1점
	내용 타당성	글의 흐름에 맞게 필요한 내용을 알맞게 씀	2점
		글의 흐름에 맞는 내용을 쓰지 못함	1점
	언어 형식	문법과 어휘의 사용에 오류가 없음	3점
		문법과 어휘의 사용에 일부 오류가 있음	2점
		문법과 어휘의 사용에 대부분 오류가 있음	1점

UNIT

04

to부정사(1)

Grammar ①

부정사(不定詞)란?
'품사가 정해지지 않았다'라는 뜻이며 문장 안에서 쓰이는 역할에 따라
명사, 형용사, 부사 등의 품사가 정해진다.

❶ to부정사의 명사적 용법

to부정사는 「to＋동사원형」의 형태로 쓰며, 문장 안에서 주어, 목적어, 보어의 역할을 할 때 이것을 to부정사의 명사적 용법이라고 한다. '~하는 것, ~하기'로 해석한다.

To see is to believe.	보는 것이 믿는 것이다. (보면 믿게 된다.)
She promised **to be** on time.	그녀는 제시간에 오기로 약속했다.
His dream is **to travel** around the world.	그의 꿈은 세계를 여행하는 것이다.

Grammar Plus

to부정사를 부정형으로 표현할 때는 to부정사 앞에 not이나 never 등의 부정어를 쓴다.

He promised *not* **to open** the box.	그는 상자를 열어보지 않기로 약속했다.
I tried *not* **to mess** up the room.	나는 방을 어지르지 않으려고 노력했다.

❷ to부정사의 형용사적 용법

to부정사가 문장 안에서 명사를 꾸며 주는 형용사의 역할을 할 때 이것을 to부정사의 형용사적 용법이라고 한다. 일반적으로 형용사는 명사 앞에 쓰이지만 형용사 역할을 하는 to부정사는 명사 뒤에 오며, '~할, ~하는'으로 해석한다.

We always have time **to try** again.	우리에게는 언제나 다시 노력해 볼 시간이 있다.
She was the first girl **to arrive**.	그녀는 도착한 첫 번째 소녀였다.
I have some pictures **to show** you.	나는 너에게 보여 줄 몇 장의 사진들이 있다.

Grammar Plus

명사를 꾸며 주는 to부정사 다음에 반드시 어떤 전치사가 함께 있어야만 의미가 통하는 경우가 있다. to부정사가 수식하는 명사가 전치사의 목적어일 경우 to부정사는 그 전치사를 동반해야 한다.

She needs a friend **to talk** *to*.	그녀는 말할 친구가 필요하다.
→ '~에게 말하다'이므로 to가 필요함	
I need a pen **to write** *with*.	나는 쓸 펜이 필요하다.
→ '~을 갖고 쓰다'이므로 with가 필요함	
We have no chair **to sit** *on*.	앉을 의자가 없군요.
→ '~ 위에 앉다'이므로 on이 필요함	

Grammar Practice ①

A 다음 밑줄 친 부분을 우리말로 해석하시오.

1 <u>To walk to school</u> is sometimes tiring.

→ _____

2 She wants <u>to help sick people</u>.

→ _____

3 Her plan is <u>to finish the work by 10</u>.

→ _____

A
· tiring 피곤하게 하는

B 다음 빈칸에 들어갈 말을 〈보기〉에서 골라 to부정사 형태로 고쳐 쓰시오. (단, 한 번씩만 쓸 것)

◀ 보기 ▶			
make	go	hang out	exercise

1 _____ regularly is good for your health.

2 The best way is _____ your own summary notes.

3 I'd like _____ with my best friends.

4 Laura has a test tomorrow, so she decided _____ to the concert today.

B
· regularly 규칙적으로
· summary note 요약 노트
· decide 결정하다

C 다음 괄호 안에 주어진 단어를 이용하여 문장을 완성하시오.

1 We have nothing _____. (sit)

2 He has no house _____. (live)

3 I want some more time _____. (sleep)

D 다음 밑줄 친 부분을 어법에 맞게 고쳐 쓰시오.

1 I need a pencil to write <u>on</u>.

→ _____

2 My grandparents want a big house to live <u>with</u>.

→ _____

3 This is today's topic to talk <u>to</u>.

→ _____

4 Let's reserve a hotel to stay <u>by</u>.

→ _____

D
· reserve 예약하다

Grammar ②

① to부정사의 부사적 용법

to부정사가 동사, 형용사를 수식하여 어떤 행동의 목적, 감정의 원인, 결과, 판단의 근거 등을 나타내는 부사의 역할을 할 때 이것을 to부정사의 부사적 용법이라고 한다.

Phil came home early **to watch** the game.	Phil은 경기를 보기 위해 집에 일찍 왔다.
I was disappointed **to see** the empty box.	나는 빈 상자를 보고 실망했다.
She grew up **to be** a successful doctor.	그녀는 커서 성공한 의사가 되었다.
They must be smart **to get** perfect scores.	만점을 받은 것을 보니 그들은 똑똑한 것이 틀림없다.
His name is easy **to remember**.	그의 이름은 기억하기 쉽다.

Grammar Plus

목적을 나타내는 to부정사의 부사적 용법의 경우 「in order + to부정사」 또는 「so as + to부정사」로 나타내기도 한다.

I changed clothes **in order to(so as to) go** jogging.	나는 조깅하러 가려고 옷을 갈아입었다.

감정의 원인을 나타내는 to부정사는 surprised, happy, glad, pleased, disappointed 등의 감정 형용사 다음에 쓴다.

I am <u>glad</u> **to see** you again.	너를 다시 만나게 되어 기뻐.
I'm <u>sorry</u> **to forget** your birthday.	너의 생일을 잊어버려서 미안해.

② 의문사 + to부정사

「how + to부정사」는 '어떻게 ~할지', 「what + to부정사」는 '무엇을 ~할지', 「when + to부정사」는 '언제 ~할지', 「where + to부정사」는 '어디서 ~할지'의 의미이다.

I don't know **where to put** my bag.	나는 내 가방을 어디에 놓아야 할지 모르겠다.
Tell me **how to use** this machine.	내게 이 기계를 어떻게 사용하는지 말해 줘.
Let's decide **when to meet** tomorrow.	우리가 내일 언제 만날지 정하자.

Grammar Plus

「의문사 + to부정사」는 「의문사 + 주어 + should + 동사원형」으로 표현할 수 있다.

Sally decided **who to invite** to the party.	Sally는 파티에 누구를 초대해야 할지 정했다.
= Sally decided **who she should invite** to the party.	
I'm not sure **what to eat** first.	나는 무엇을 먼저 먹어야 할지를 모르겠다.
= I'm not sure **what I should eat** first.	

Grammar Practice ②

A 의미상 자연스러운 문장이 되도록 연결하시오. (단, 한 번씩만 연결할 것)

1 She goes to the park   •
2 He had to drive all night   •
3 I feel lucky   •

• ⓐ to get there on time.
• ⓑ to win the lottery.
• ⓒ to walk the dog.

B 다음 두 문장이 같은 뜻이 되도록 to부정사를 써서 빈칸을 완성하시오.

1 I was happy because I won first prize.

= I was happy _____.

2 He wears a helmet. He wants to protect his head.

= He wears a helmet _____.

3 You come early every day. You must be a hard-working person.

= You must be a hard-working person _____.

C 다음 빈칸에 알맞은 말을 〈보기〉에서 골라 대화를 완성하시오.

◀ 보기 ▶
| how to | what to | where to | when to |

1 A: I don't know _____ get some water.
B: I saw a supermarket on the corner.

2 A: Can you show me _____ use this printer?
B: Um... Let's ask the teacher for help.

3 A: Did Emily tell us _____ bring to the party?
B: Yes, we have to bring drinks.

4 A: Remind me _____ take out the cookies from the oven.
B: Why don't you set an alarm for 15 minutes?

D 다음 그림을 보고, 의문사와 to부정사를 이용하여 빈칸에 알맞은 말을 쓰시오.

무엇을 할까?
어디로 갈까?
무엇을 가져갈까?

Charlie is making plans for the weekend. First, he has decided _____ _____ do. He will go camping with his friends. Later today, he will talk about _____ _____ go and _____ bring with his friends.

Writing ①

A 우리말과 일치하도록 〈보기〉에서 알맞은 단어를 골라 to부정사의 형태로 바꿔 쓰시오.

| 보기 |
| share   understand   clean   swim   drink |

1 상황을 자세히 이해하는 것이 중요하다.
→ _____ the situation in detail is important.

2 그의 일은 사람들이 떠나자마자 테이블을 치우는 것이었다.
→ His job was _____ the table as soon as people left.

3 그 캠페인의 목적은 정보를 공유하는 것이다.
→ The aim of the campaign is _____ the information.

4 그녀는 간신히 수영해서 강을 건넜다.
→ She managed _____ across the river.

5 너는 내가 뭔가 시원한 마실 것을 주문하기를 원하니?
→ Would you like me to order something cold _____?

B 우리말과 일치하도록 주어진 단어들을 바르게 배열하여 문장을 완성하시오.

1 나의 친구는 언제 책들을 돌려줘야 할지 말하지 않았다. (to, the books, when, return)
→ My friend didn't tell me _____.

2 잠깐 들러서 뭔가 먹고 가는 것이 어때? (eat, something, have, to)
→ Why don't you stop by and _____?

3 Cathy는 지난달 손실을 메꾸는 데 실패했다. (to, last month's, cover, losses)
→ Cathy failed _____.

4 쓰기 시험을 준비하는 것은 어렵다. (for, to, a writing test, prepare)
→ _____ is hard.

5 나의 엄마의 충고는 진심으로 사과하라는 것이다. (to, the bottom, from, apologize, of my heart)
→ My mom's advice is _____.

6 나는 지민이를 위로하기 위해 무슨 말을 할지 몰랐다. (say, what, to, cheer up, to, Jimin)
→ I didn't know _____.

Writing ②

A

다음 그림을 보고, to부정사를 이용하여 질문에 대한 답을 완성하시오.

I like to ride skateboards.

I will get up early and study hard.

I want to be an architect.

Sumi   Paul   Mary

1 What's your resolution for this year, Sumi? → I decided _____.

2 What do you like to do, Paul? → I like _____.

3 What do you want to be, Mary? → My dream is _____.

B

다음 설명과 그림을 보고, 〈보기〉와 같이 질문에 대한 답을 완성하시오.

The house is a mess. Everyone is out, so there is no one to clean the house.
Where did everybody go and why did they go there?

◀ 보기 ▶

the bookstore / buy a book

1

a restaurant / meet his friend

2

the park / walk the dog

3

the store / buy a gift

◀ 보기 ▶

Jane went to the bookstore to buy a book.

1 Grandfather _____.

2 Grandmother _____.

3 Mom and Dad _____.

Reading A

In 1812, 3-year-old Louis Braille lost his vision in an accident. (①) When he was 10, he went to the National Institute of Blind Youth in Paris to study. There, he came up with the idea of putting raised dots in unique patterns for others like him. (②) It was the start of the braille system and in 1829, the first braille book came out. (③) Later on, in 1837, Louis added symbols for math and music. (④) Now braille is available in every language to help blind people all around the world. (⑤)

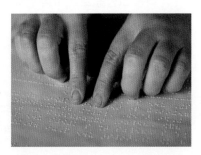

* National Institute of Blind Youth 국립 시각 장애 청소년 교육원
* braille system 점자법

1 윗글의 ① ~ ⑤ 중 다음 문장이 들어갈 위치로 알맞은 곳은?

Blind people could feel them with their fingers and understand them as letters.

①   ②   ③   ④   ⑤

2 윗글의 내용과 일치하도록 밑줄 친 부분을 알맞게 고쳐 쓰시오.

Louis Braille made the braille system <u>to be rich</u>.

➡ _____

Words and Phrases

vision 몡 시력, 시각
come up with ~을 생각해 내다
come out 출간되다

accident 몡 사고
raised dot 돌출된 점
add 툉 추가하다

national 혱 국립의
unique 혱 독특한
symbol 몡 상징, 기호

blind 혱 눈이 안 보이는, 시각 장애의
pattern 몡 모양, 무늬
available 혱 이용할 수 있는

Reading B

Swishing is a way ⓐ <u>to clear out</u> your wardrobe and get a whole new one without spending any money. The idea is ⓑ <u>to get together</u> with friends and family ⓒ <u>to exchange</u> clothes, accessories and shoes. Here is how it works:

Step 1 Choose people to invite, a house to use, and a date to throw your swishing party.

Step 2 Ask everyone to look through their wardrobes for good quality items to exchange.

Step 3 Tell everyone ⓓ <u>to bring</u> their items to the party and let the swishing begin. The aim is ⓔ <u>to find</u> new homes for all the donated items.

* swishing 불필요한 물건이나 옷을 교환하는 행사(좋은 물건을 차지하기 위해 빠르게 움직이는 모습을 표현한 말)

1 윗글을 읽고 답할 수 <u>없는</u> 질문은?

① What is the passage about?

② What is the purpose of swishing?

③ What can be exchanged at a swishing party?

④ What should every participant do for the party?

⑤ How many people usually join a swishing party?

2 윗글의 밑줄 친 ⓐ~ⓔ 중 다음 문장의 밑줄 친 부분과 쓰임이 같은 것은?

> He made a lot of friends <u>to play with</u>.

① ⓐ   ② ⓑ   ③ ⓒ   ④ ⓓ   ⑤ ⓔ

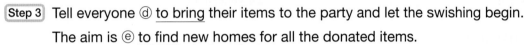

Words and Phrases

clear out 청소하다   wardrobe 명 옷장   whole 형 전체의, 온전한   spend 동 돈을 쓰다

exchange 동 교환하다   work 동 작동되다, 기능하다   throw 동 (파티를) 열다   look through (빠르게) 훑어보다

quality 명 품질   item 명 물건, 품목   aim 명 목적   donate 동 기부하다

Vocabulary

1 명사를 만드는 -ty/-ity

cruel 형 잔인한 잔인한 살인자: a ＿＿＿＿＿ killer	**cruelty** 명 잔인함, 잔혹 행위, 학대 동물에 대한 잔혹 행위: ＿＿＿＿＿ to animals
personal 형 개인의, 개인적인 개인적 경험: ＿＿＿＿＿ experience	**personality** 명 성격, 인격 외향적인 성격: an outgoing ＿＿＿＿＿
real 형 진짜의, 현실적인 실생활에서: in ＿＿＿＿＿ life	**reality** 명 현실, 실제 현실을 직시하다: face ＿＿＿＿＿
responsible 형 (~에) 책임이 있는 그 실수에 책임이 있는: ＿＿＿＿＿ for the mistake	**responsibility** 명 책임, 책무 책임을 지다: take ＿＿＿＿＿
curious 형 궁금한, 호기심 많은 호기심 많은 이웃: a ＿＿＿＿＿ neighbor	**curiosity** 명 호기심 호기심에서: out of ＿＿＿＿＿

equal 형 동등한, 동일한 동등한 권리: ＿＿＿＿＿ rights	**equality** 명 평등, 균등 사회적 평등: social ＿＿＿＿＿
difficult 형 어려운 어려운 시험: a ＿＿＿＿＿ exam	**difficulty** 명 어려움, 곤경, 장애 숨쉬기가 곤란하다: have ＿＿＿＿＿ in breathing
royal 형 국왕의 왕실: the ＿＿＿＿＿ family	**royalty** 명 왕족 그를 왕족처럼 대우하다: treat him like ＿＿＿＿＿
secure 형 안전한, 튼튼한 안정된 수입: a ＿＿＿＿＿ income	**security** 명 보안, 경비 보안 검사: a ＿＿＿＿＿ check
diverse 형 다양한 다양한 문화들: ＿＿＿＿＿ cultures	**diversity** 명 다양성 문화적 다양성: cultural ＿＿＿＿＿

❷ 명사를 만드는 -al

remove 통 제거하다, 없애다 얼룩을 제거하다: _____ stains	**removal** 명 제거, 없애기 제설: snow _____
propose 통 제안하다 해결책을 제안하다: _____ a solution	**proposal** 명 제안 제안을 거절하다: reject a _____
arrive 통 도착하다 런던에 도착하다: _____ in London	**arrival** 명 도착 때맞춘 도착: a timely _____
refuse 통 거절하다 제안을 거절하다: _____ the offer	**refusal** 명 거절 정중한 거절: a polite _____
deny 통 부인하다 강력히 부인하다: _____ strongly	**denial** 명 부인, 부정, 거부 소문에 대한 부인: a _____ of the rumor

Voca Checkup

A 다음 영어는 우리말로, 우리말은 영어로 쓰시오.

1	cruelty _____	6	성격, 인격 _____
2	responsibility _____	7	호기심 _____
3	difficulty _____	8	왕족 _____
4	security _____	9	거절 _____
5	proposal _____	10	부인, 부정, 거부 _____

B 다음 빈칸에 알맞은 말을 넣어 어구를 완성하시오.

1 virtual _____ (VR) (가상현실)

2 _____ of educational opportunity (교육의 기회 균등)

3 a wide _____ of opinions (대단히 다양한 의견)

4 days of _____ and departure (도착일과 출발일)

5 the _____ of a number of trees (여러 그루의 나무 제거)

정답 **A 1** 잔인함, 잔혹 행위, 학대 **2** 책임, 책무 **3** 어려움, 곤경, 장애 **4** 보안, 경비 **5** 제안 **6** personality **7** curiosity **8** royalty **9** refusal **10** denial
B 1 reality **2** equality **3** diversity **4** arrival **5** removal

UNIT

05

to부정사 (2)

Grammar 1
❶ to부정사의 가주어: It ~ to부정사
❷ to부정사의 의미상 주어: for + 목적격

Grammar 2
❶ 형용사(부사) + enough + to부정사
❷ too + 형용사(부사) + to부정사

Grammar ①

① to부정사의 가주어: It ~ to부정사

to부정사가 문장의 주어로 쓰인 경우 It을 사용해서 가주어, 진주어 문장으로 바꿔 쓸 수 있다. 이때 It은 '가주어', to부정사는 '진주어'라고 한다.

It's boring **to play** alone. 가주어　　　진주어	혼자 노는 것은 지루하다.
It's great **to see** you again. 가주어　　　진주어	너를 다시 보니 너무 좋다.
It's my hobby **to solve** crossword puzzles. 가주어　　　　진주어	십자말풀이는 내 취미이다.

Grammar Plus

to부정사와 동명사는 둘 다 주어로 쓰일 수는 있지만, to부정사가 주어일 때는 가주어 It을 이용한 문장으로 쓰는 것이 더 일반적이다.

It is not a good idea **to take** a bus.　　　버스를 타는 것은 좋은 생각이 아니다.

= **To take** a bus is not a good idea.

= **Taking** a bus is not a good idea.

② to부정사의 의미상 주어: for + 목적격

to부정사가 나타내는 동작의 주체를 to부정사의 의미상 주어라고 하고 to부정사 앞에 「for+목적격」으로 쓴다. to부정사의 의미상 주어가 문장의 주어와 일치하는 경우 의미상 주어를 따로 쓰지 않는다.

It is difficult **for me to speak** in English. └→ to speak의 의미상 주어	나는 영어로 말하는 것이 어렵다.
He baked cookies **for his children to enjoy**. └→ to enjoy의 의미상 주어	그는 자신의 아이들이 즐길 수 있도록 쿠키를 구웠다.
I'm glad **to hear** that. └→ to hear의 의미상 주어는 I	그 말을 들으니 기쁘다.

Grammar Plus

to부정사 앞에 kind(친절한), honest(정직한), polite(예의 바른), rude(무례한), nice(좋은), wise(현명한), generous(관대한), careless(부주의한), stupid(어리석은), foolish(미련한) 등과 같이 사람의 성품이나 성격을 나타내는 형용사가 있는 경우에는 의미상의 주어를 「of+목적격」으로 쓴다.

It was **nice of you** to help him.　　　네가 그를 도와준 것은 착한 일이었다.

It is **kind of him** to teach Susie how to swim.　　　Susie에게 수영하는 방법을 가르쳐 주다니 그는 친절하구나.

Grammar Practice ①

A 다음 밑줄 친 부분을 어법에 맞게 고쳐 쓰시오.

1 It is refreshing <u>goes</u> jogging in the morning. → _____

2 It's a lot of fun <u>learned</u> how to make a cake. → _____

3 Was it necessary <u>open</u> all the windows? → _____

A
· refreshing 상쾌한
· how to ~하는 방법
· necessary 필요한

B 같은 의미의 문장이 되도록 It으로 시작하는 문장으로 바꿔 쓰시오.

1 To make a new friend is not easy.

= _____

2 To walk on water is impossible.

= _____

3 To become a fashion designer is my dream.

= _____

B
· make a friend 친구를 사귀다
· impossible 불가능한

C 우리말과 일치하도록 주어진 단어들을 바르게 배열하여 문장을 완성하시오.

1 그가 화를 내는 것은 드문 일이다. (for, unusual, him, to get)

→ It is _____ angry.

2 네가 그를 무시한 것은 무례했다. (you, it, of, was, rude)

→ _____ to ignore him.

3 이 선글라스는 내가 쓰기에 완벽하다. (me, perfect, to wear, for)

→ These sunglasses are _____.

C
· unusual 드문
· rude 무례한
· ignore 무시하다
· perfect 완벽한

D 다음 그림을 보고, 주어진 표현을 활용하여 문장을 완성하시오.

1  Jake / impossible

2 Susan / polite

3  Jenny / dangerous

4  Paul / honest

D
· polite 예의 바른
· dangerous 위험한
· honest 정직한
· greet 인사하다
· cross 길을 건너다
· signal 신호

1 It is _____ wake up early.

2 It is _____ greet her teacher.

3 It is _____ cross when the signal is red.

4 It is _____ tell the truth.

Grammar ②

① 형용사(부사) + enough + to부정사

「형용사(부사)+enough+to부정사」는 '~하기에 충분히 …한[…하게]'의 의미로 어떤 일을 하기에 충분한 정도를 나타낼 때 쓴다.

Jane is not **old enough to drive**.	Jane은 운전하기에 충분히 나이가 들지 않았다.
Is the kid **tall enough to ride** the ride?	그 아이는 그 놀이기구를 타기에 충분히 키가 크니?
I didn't study **hard enough to answer** all the questions right.	나는 모든 질문에 맞게 답할 만큼 충분히 열심히 공부하지 않았다.

🗨 Grammar Plus

「형용사(부사)+enough+to부정사」는 「so+형용사(부사)+that+주어+can ~(매우 …해서 ~할 수 있다)」으로 바꿔 쓸 수 있다.

Mom cooks **well enough to publish** a cookbook.　엄마는 요리책을 출간하실 만큼 충분히 요리를 잘하신다.

→ Mom cooks **so well that she can publish** a cookbook.　엄마는 요리를 매우 잘하셔서 요리책을 출간하실 수 있다.

We arrived **early enough to catch** the bus.　우리는 그 버스를 탈 만큼 충분히 일찍 도착했다.

→ We arrived **so early that we could catch** the bus.　우리는 매우 일찍 도착해서 그 버스를 탈 수 있었다.

② too + 형용사(부사) + to부정사

「too+형용사(부사)+to부정사」는 '~하기에 너무 …한[…하게]' 또는 '너무 …해서 ~할 수 없는'의 뜻이다.

They are **too excited to sit** still.	그들은 가만히 앉아 있기에 너무 신이 나 있다.
Mark spoke **too fast** for me **to understand**.	Mark가 너무 빨리 말해서 나는 이해할 수 없었다.
My little sister is **too short to reach** the shelf.	내 여동생은 키가 너무 작아서 그 선반에 닿을 수 없다.

🗨 Grammar Plus

「too+형용사(부사)+to부정사」는 「so+형용사(부사)+that+주어+can't ~(너무 …해서 ~할 수 없다)」로 바꿔 쓸 수 있다.

I was **too full to eat** the dessert.　나는 후식을 먹기에는 배가 너무 불렀다.

→ I was **so full that I couldn't eat** the dessert.　나는 너무 배가 불러서 후식을 먹을 수 없었다.

Jessica is **too young to carry** the suitcase.　Jessica는 그 여행 가방을 들기에는 너무 어리다.

→ Jessica is **so young that she can't carry** the suitcase.　Jessica는 너무 어려서 그 여행 가방을 들 수 없다.

Grammar Practice ②

A 다음 괄호 안에 주어진 단어와 enough 또는 too를 써서 문장을 완성하시오.

1 The bag is _____ to buy. I can't spend that much money on a bag. (expensive)

2 The shoes are _____ for me to wear. I'll take them. (comfortable)

3 Jina was _____ to go to the movie. (well)

4 The questions were _____ to answer. I got them wrong. (hard)

A
• spend (돈)을 쓰다
• expensive 비싼
• wear (옷 등을) 입다, 착용하다
• well 건강한

B 다음 주어진 단어들을 바르게 배열하여 문장을 완성하시오.

1 Fred is _____ the exam.
(enough, pass, smart, to)

2 This computer is not _____.
(enough, carry, light, to)

3 The puzzle is _____.
(too, solve, difficult, to)

4 I'm _____ to school.
(too, go, sick, to)

B
• exam 시험
• light 가벼운
• solve (문제 등을) 풀다, 해결하다

C 다음 밑줄 친 부분을 어법에 맞게 고쳐 쓰시오.

1 The shirt is not big enough <u>fitting</u> you.

   → _____

2 This coat is <u>to wear too small</u>.

   → _____

3 He is <u>young too</u> to see that movie.

   → _____

C
• fit (몸에) 맞다

D 우리말과 일치하도록 각각의 빈칸에 알맞은 말을 쓰시오.

1 나는 너무 피곤해서 집에 걸어갈 수 없었다.

   → I _____ _____ _____ _____ walk home.

2 이 주스는 마시기에 충분히 차갑지 않다.

   → This juice is _____ drink.

3 너는 선반에 닿을 만큼 충분히 키가 크니?

   → Are you _____ reach the shelf?

D
• reach 닿다
• shelf 선반

Writing ①

A 우리말과 일치하도록 주어진 단어들을 이용하여 문장을 완성하시오.

1 새치기를 하다니 너는 예의가 없구나. (rude, cut in line)

→ It's _____.

2 이것이 네가 영어 시간에 읽을 책이야. (the book, read)

→ This is _____ in English class.

3 제가 스페인에서 공부할 수 있는 방법이 있나요? (any way, study)

→ Is there _____ in Spain?

4 그 수수께끼들을 해결하다니 그는 똑똑했다. (smart, solve)

→ It was _____ those riddles.

5 닭날개가 너무 매워서 먹을 수가 없었다. (spicy, too, eat)

→ The chicken wings _____.

6 소방관은 그 아기를 구할 만큼 용감했다. (brave, enough, save the baby)

→ The fire fighter was _____.

B 우리말과 일치하도록 주어진 단어들을 바르게 배열하여 문장을 완성하시오.

1 돼지 저금통에 저금을 하다니 그는 현명하다. (wise, save, of, him, to, money)

→ It is _____ in a piggy bank.

2 우리는 피구 경기에서 이길 수 있을 만큼 충분히 잘했다. (well, enough, win, played, to)

→ We _____ the dodgeball match.

3 나는 너무 바빠서 산책을 하러 나갈 수 없다. (so, go out for a walk, busy, I, that, can't)

→ I am _____.

4 영어로 에세이를 쓰는 것은 쉽지 않다. (an essay, to write, in English)

→ _____ is not easy.

5 Andy는 요리를 매우 잘해서 요리사가 될 수 있다. (so, well, he, cooks, that, can)

→ Andy _____ be a cook.

6 나의 아버지는 에베레스트 산에 오를 만큼 건강하시다. (healthy, to, climb, enough)

→ My father is _____ Mt. Everest.

Writing ②

A 다음 그림을 보고, 주어진 표현을 이용하여 〈보기〉와 같이 문장을 쓰시오.

> ◀ 보기 ▶
>
>
> a great pleasure / hang out with friends
> → It is a great pleasure to hang out with friends.

1

wise / save your allowance

→ _____

2

not easy / take care of a baby

→ _____

3

rude / talk loudly on the phone

→ _____

B Westwood 동물원 풍경이다. 주어진 표현과 enough 또는 too를 써서 〈보기〉와 같이 문장을 완성하시오.

> ◀ 보기 ▶
>
> The giraffe is tall enough to reach the high branches.
>   (tall, reach the high branches)

1 The cheetah jumps _____.
                    (high, catch a bird)

2 The elephant is _____.
                    (big, swim in the pool)

3 The baby deer is _____.
                    (young, walk well)

Reading

Pain is a signal from our body that something is not right. It can be due to a physical injury or some kind of disease. Most types of physical pain can be treated with pain relievers. Pain medications are used to treat mild 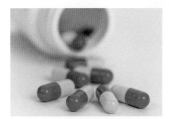 pain. They can also be used to reduce fevers. If pain lasts longer than a few days, (to consult, wise, is, it, a doctor). There are also alternate methods to reduce pain. These include heat for sore muscles, ice packs for recent injuries, massage, and relaxation techniques.

1 What is NOT recommended as an alternate method for reducing pain?

① heat   ② ice packs   ③ massage

④ medication   ⑤ relaxation

2 윗글의 밑줄 친 부분을 바르게 배열하시오.

➡ _____

Words and Phrases

pain ⑲ 통증	signal ⑲ 신호	due to ~ 때문에	physical ⑱ 신체의
injury ⑲ 부상	disease ⑲ 질병	treat ⑧ 치료하다	pain reliever 진통제
medication ⑲ 치료약	mild ⑱ 약한, 가벼운	reduce ⑧ 줄이다	fever ⑲ 열
consult ⑧ 상담하다	alternate ⑱ 대체의	method ⑲ 방법	sore ⑱ 쑤시는, 아픈
muscle ⑲ 근육	relaxation ⑲ 휴식	technique ⑲ 기법, 기술	recommend ⑧ 추천하다

Reading B

The desert is not an easy place ___ⓐ___ animals to live. There is little water ___ⓑ___ them to drink. Also, they must deal with extreme temperatures. Many animals in the desert simply stay out of the sunlight. They spend much of their time in burrows and come out at night to look for food. Some birds leave the desert during its hottest months. Desert squirrels sleep during the hottest months of the year. Other animals have adapted to the heat. Camels have long legs to keep their body away from the heat of the sand.

1 윗글의 제목으로 가장 알맞은 것은?

① Looking for Food in the Desert

② The Hottest Desert in the World

③ The Hottest Month in the Desert

④ The Beautiful Environment of the Desert

⑤ Different Ways for Desert Animals to Avoid the Heat

2 윗글의 빈칸 ⓐ와 ⓑ에 공통으로 알맞은 것은?

① with   ② of   ③ for   ④ on   ⑤ in

Words and Phrases

desert 명 사막
temperature 명 기온, 온도
burrow 명 굴
environment 명 환경

deal with ~에 대처하다, ~을 다루다
simply 부 그저, 단순히
adapt to ~에 적응하다

extreme 형 극한의
stay out of ~을 피하다
camel 명 낙타

Vocabulary

❶ 명사를 만드는 -ry

deliver 통 배달하다 피자를 배달하다: ＿＿＿＿＿ pizza	**delivery** 명 배달, 인도 배송비: ＿＿＿＿＿ charge
injure 통 부상을 입다, 부상을 입히다 그의 허리를 다치다: ＿＿＿＿＿ his back	**injury** 명 부상 다리 부상: a leg ＿＿＿＿＿
bake 통 (음식을) 굽다 빵을 굽다: ＿＿＿＿＿ bread	**bakery** 명 빵집, 제과점 모퉁이의 한 제과점: a ＿＿＿＿＿ on the corner
discover 통 발견하다 새로운 행성을 발견하다: ＿＿＿＿＿ a new planet	**discovery** 명 발견 전기의 발견: the ＿＿＿＿＿ of electricity
recover 통 회복하다 충격에서 벗어나다: ＿＿＿＿＿ from shock	**recovery** 명 회복 경제 회복: an economic ＿＿＿＿＿

❷ 명사를 만드는 -cy

pregnant 형 임신한 임신한 여성들: ＿＿＿＿＿ women	**pregnancy** 명 임신 임신 테스트: a ＿＿＿＿＿ test
frequent 형 잦은, 빈번한 더 빈번해지다: become more ＿＿＿＿＿	**frequency** 명 빈도, 빈발 빈도순: the order of ＿＿＿＿＿
private 형 개인 소유의, 사적인 개인 욕실: a ＿＿＿＿＿ bathroom	**privacy** 명 사생활 사생활을 보호하다: protect one's ＿＿＿＿＿
current 형 현재의, 통용되는 현재의 대통령: the ＿＿＿＿＿ president	**currency** 명 통화, 통용 외화를 벌다: earn foreign ＿＿＿＿＿
efficient 형 능률적인 효율적인 시스템: an ＿＿＿＿＿ system	**efficiency** 명 효율성 연료 효율: fuel ＿＿＿＿＿

❸ 명사를 만드는 -ure

close 통 (문을) 닫다 창문을 닫다: ＿＿＿＿＿ the window	**clos**ure 명 폐쇄 공장의 폐쇄: ＿＿＿＿＿ of the factory
press 통 누르다 버튼을 누르다: ＿＿＿＿＿ a button	**press**ure 명 압박, 압력 고혈압: high blood ＿＿＿＿＿
expose 통 드러내다 흉터를 드러내다: ＿＿＿＿＿ a scar	**expos**ure 명 노출, 폭로 햇빛에 노출: ＿＿＿＿＿ to the sun
create 통 창조하다 일자리를 창출하다: ＿＿＿＿＿ jobs	**creat**ure 명 생물 외계에서 온 생명체: a ＿＿＿＿＿ from outer space
fail 통 실패하다, (시험에) 떨어지다 시험에서 떨어지다: ＿＿＿＿＿ an exam	**fail**ure 명 실패 실패로 끝나다: end in ＿＿＿＿＿

Voca Checkup

A 다음 영어는 우리말로, 우리말은 영어로 쓰시오.

1 delivery ＿＿＿＿＿
2 recovery ＿＿＿＿＿
3 currency ＿＿＿＿＿
4 closure ＿＿＿＿＿
5 exposure ＿＿＿＿＿

6 빵집, 제과점 ＿＿＿＿＿
7 임신 ＿＿＿＿＿
8 효율성 ＿＿＿＿＿
9 압박, 압력 ＿＿＿＿＿
10 생물 ＿＿＿＿＿

B 다음 빈칸에 알맞은 말을 넣어 어구를 완성하시오.

1 a head ＿＿＿＿＿ (머리 부상)
2 a historic ＿＿＿＿＿ (역사적 발견)
3 ＿＿＿＿＿ of use (사용 빈도)
4 the right to ＿＿＿＿＿ (사생활에 대한 권리)
5 the cause of business ＿＿＿＿＿ (사업 실패의 원인)

UNIT

06

동명사

Grammar ①

① 동명사의 역할

동명사는 「동사원형+-ing」의 형태로, '~하기, ~하는 것'의 의미로 쓰이며 문장에서 명사처럼 주어, 목적어, 보어 역할을 한다.

주어	~하는 것은	**Getting up** early is not easy. 일찍 일어나는 것은 쉽지 않다.
목적어	~하는 것을	He likes **helping** his classmates. (동사 likes의 목적어) 그는 반 친구들을 돕는 것을 좋아한다. She is interested in **taking** pictures. (전치사 in의 목적어) 그녀는 사진 찍는 것에 관심이 있다. I considered *not* **going** to the party. 나는 파티에 가지 않는 것을 생각해 보았다. (동명사의 부정은 동명사 앞에 not이나 never를 쓴다.)
보어	~하는 것(이다)	My first job was **doing** the dishes. 나의 첫 번째 일은 접시를 닦는 것이었다.

Grammar Plus

동명사의 행동 주체를 따로 표시할 필요가 있을 때 일반적으로 동명사 앞에 소유격 또는 목적격을 쓰지만 일반인이거나 문장의 주어 또는 목적어와 일치하는 경우에는 생략된다.

His playing video games looked fun.　　　　그가 비디오 게임을 하는 것은 재미있어 보였다.

Don't be sorry for **(your) giving** me work.　　내게 일을 준 것에 대해 미안해하지 마세요.

② 동명사의 관용적 표현

He **is busy** prepar**ing** for the exam.	그는 시험 준비를 하느라 바쁘다.
Tony **spends** a lot of money buy**ing** shoes.	Tony는 신발 사는 데 많은 돈을 쓴다.
It's no use complain**ing** about the weather.	날씨에 대해 불평해봐야 소용없다.

동명사를 사용하는 관용 표현은 자주 쓰이므로 숙어처럼 암기한다.

- be busy -ing ~하느라 바쁘다
- It's no use -ing ~해봐야 소용없다
- keep -ing 계속 ~하다
- feel like -ing ~하고 싶다
- look forward to -ing ~하기를 고대하다
- spend + 시간·돈 + -ing ~하는 데 (시간·돈)을 쓰다
- go -ing ~하러 가다
- be worth -ing ~할 가치가 있다
- can't help -ing(can't help but + 동사원형) ~하지 않을 수 없다
- be used to -ing ~하는 데 익숙하다

Grammar Plus

동명사의 관용 표현에서 to는 전치사이므로 뒤에 명사나 동명사만 쓸 수 있다. to부정사로 혼동하지 않도록 유의한다.

I look forward to <u>meeting</u> you again. (○)　　당신을 다시 만나기를 고대합니다.

I look forward to <u>meet</u> you again. (×)

Grammar Practice ①

A 다음 괄호 안에서 알맞은 것을 <u>모두</u> 고르시오.

1 (Find / To find / Finding) a perfect job is almost impossible.

2 Ann likes (read / reads / reading) comic books.

3 Are you excited about (go / to go / going) to New York?

A
· perfect 완벽한
· almost 거의
· impossible 불가능한

B 다음 괄호 안에 주어진 동사를 알맞은 형태로 바꿔 대화를 완성하시오.

1 A: Thank you for coming.

　　B: Thank you for _____ us. (invite)

2 A: How about _____ out tonight? (eat)

　　B: It's raining. Let's just order in.

3 A: What are you looking at?

　　B: Pictures. I'm interested in _____ some photos. (take)

B
· invite 초대하다
· order in 음식을 시켜 먹다
· be interested in ~에 관심이 있다

C 다음 두 문장이 같은 뜻이 되도록 빈칸에 알맞은 말을 쓰시오.

1 I am sure that he will get the part.

　　= I am sure of _____ _____ the part.

2 Do you mind if I use your phone?

　　= Do you mind _____ _____ your phone?

3 I'm sorry that I am late.

　　= I'm sorry for _____ late.

C
· part 배역

D 우리말과 일치하도록 괄호 안의 단어들을 바르게 배열하여 문장을 완성하시오.

1 우리는 너를 다시 만나게 되기를 고대한다.

　　→ We _____ you again.

　　　　　(forward, meeting, look, to)

2 로미오는 줄리엣과 사랑에 빠지지 않을 수 없었다.

　　→ Romeo _____ in love with Juliet.

　　　　　(help, couldn't, falling)

3 나는 지금 별로 먹고 싶지 않다.

　　→ I don't _____ right now.

　　　　　(feel, eating, like)

D
· fall in love with ~와 사랑에 빠지다

Grammar ②

동명사와 to부정사가 주어 혹은 보어 역할을 할 경우 서로 바꿔 쓸 수 있지만, 목적어 역할을 할 때에는 동사에 따라 구분해서 써야 한다.

❶ 동명사와 to부정사

동명사만을 목적어로 쓰는 동사에는 avoid, enjoy, finish, mind, give up, keep, practice 등이 있다.

> **Do you mind turning the volume down?**
> 　　　　　목적어: 동명사
>
> 소리를 좀 줄여 주시겠어요?

to부정사만을 목적어로 쓰는 동사에는 want, hope, agree, choose, decide, expect, plan, wish 등이 있다.

> **They decided to travel around Europe.**
> 　　　　　　목적어: to부정사
>
> 그들은 유럽을 여행하기로 결정했다.

목적어로 동명사와 to부정사를 모두 쓰면서 의미가 같은 동사는 like, love, hate, begin, start, continue 등이 있다.

> **I hate going(to go) bungee jumping.**
> 　　　목적어: 동명사 / to부정사
>
> 나는 번지 점프를 하러 가는 것이 싫다.

❷ 목적어의 형태에 따라 의미가 달라지는 동사

목적어로 동명사와 to부정사를 모두 쓰지만 의미가 달라지는 동사는 remember, forget, try이다.

remember(forget)	to부정사	(미래에) ~해야 할 것을 기억하다(잊어버리다)
	동명사	(과거에) 이미 ~한 것을 기억하다(잊어버리다)
try	to부정사	~하려고 노력하다
	동명사	시험 삼아 한번 ~해 보다

> 미래　**Do you remember to meet Eric tomorrow?**　내일 Eric을 만날 것을 기억하고 있니?
> 　　　목적어: to부정사 → '만나야 할 것'을 기억하다
>
> 과거　**Do you remember meeting Eric last month?**　지난달에 Eric을 만난 것을 기억하고 있니?
> 　　　목적어: 동명사 → '만난 것'을 기억하다

🔖 Grammar Plus

「stop + 동명사」 vs. 「stop + to부정사」

stop은 목적어로 동명사를 쓴다. stop 뒤에 오는 to부정사는 부사적 용법인 '~하기 위해서'로 해석해야 한다.

I **stopped** reading.　　　나는 읽는 것을 멈췄다. → 읽는 것 (동명사)

I **stopped** to read.　　　나는 읽기 위해 (하던 일을) 멈췄다. → 읽기 위해 (to부정사의 부사적 용법 / 목적)

A 다음 괄호 안에서 알맞은 것을 <u>모두</u> 고르시오.

1 (To shop / Shopping / Shop) is always fun.

2 His favorite pastime is (plays / playing / to play) with kids.

3 Brad is thinking of (ride / to ride / riding) his bike home.

A
· favorite 가장 좋아하는
· pastime 여가 활동, 오락

B 다음 괄호 안에 주어진 동사를 알맞은 형태로 바꿔 쓰시오.

1 Keep _____ what you love. Someday, you'll succeed. (do)

2 What are you planning _____ during the holidays? (do)

3 We chose _____ Chinese food for dinner. (order)

B
· succeed 성공하다
· order 주문하다

C 다음 문장에 이어질 말을 〈보기〉에서 고르고 밑줄 친 부분을 바르게 고쳐 쓰시오.

> ◀ 보기 ▶
> ⓐ Stop <u>eat</u> fast food.   ⓑ Continue <u>read</u>.
> ⓒ She gave up <u>stay</u> on a diet.   ⓓ I hope <u>come</u> here again soon.

1 You're still on chapter 1. _____

2 I'm going back to Seoul. _____

3 She ate a lot. _____

4 You have gained a lot of weight. _____

C
· give up 포기하다
· gain a lot of weight 체중이 많이 늘다

D 우리말을 영어로 옮길 때 어법상 바르지 <u>않은</u> 부분을 알맞게 고쳐 쓰시오.

1 저녁 식사 전에 네 방을 좀 청소해 줄래?

= Would you mind to clean your room before dinner?

_____ → _____

2 나한테 전화해야 할 것을 잊지 마라.

= Don't forget calling me.

_____ → _____

3 그는 체중을 줄이려고 노력하고 있니?

= Is he trying losing some weight?

_____ → _____

D
· lose weight 체중이 줄다

Writing

A 우리말과 일치하도록 주어진 단어들을 활용하여 문장을 완성하시오.

1 나는 그녀를 버스 정거장에서 본 것을 기억한다. (remember, see)

→ I _____ her at the bus stop.

2 아침 먹는 것을 잊지 마. (forget, eat)

→ Don't _____ breakfast.

3 그들은 문을 잠그려고 애썼다. (try, lock)

→ They _____ the door.

4 그는 봉사활동 하는 것을 그만두었다. (stop, do volunteer work)

→ He _____ .

5 나는 멋진 셔츠와 바지를 살 것을 기대한다. (look forward to, buy)

→ I _____ a nice shirt and pants.

6 그는 숙제를 하면서 두 시간을 보냈다. (spend, two hours, do)

→ He _____ his homework.

B 우리말과 일치하도록 주어진 단어들을 바르게 배열하여 문장을 완성하시오.

1 그는 길에서 자신의 열쇠를 줍기 위해 멈췄다. (his key, stopped, pick up, to)

→ He _____ on the road.

2 Patrick은 한국에서 사는 것에 익숙하다. (used to, living, Korea, in, is)

→ Patrick _____ .

3 그는 컴퓨터 게임을 하면서 시간을 낭비한다. (wastes, playing, computer games, time)

→ He _____ .

4 그는 축구 경기를 잘한다. (is, playing, at, good)

→ He _____ soccer.

5 나는 오늘 병원에 가고 싶지 않다. (feel, going, like, don't)

→ I _____ to the hospital today.

6 나의 좌우명은 절대 포기하지 않는 것이다. (never, give up, to, is)

→ My motto _____ .

Writing

A

다음 두 개의 상자에서 알맞은 단어를 하나씩 골라 어법에 맞게 글을 완성하시오. (중복 사용 가능)

~~try~~	start	forget
stop	remember	

~~put up~~	bring	cook

Johnny went camping in the woods. First, he tried to put up his tent. It took him an hour. And then he 1 _____ dinner. But he 2 _____ a pan, so he used a pot instead. Suddenly, he heard something. He 3 _____ and listened. He heard someone screaming. He 4 _____ a flashlight, so he took it out from his backpack and went into the woods.

B

다음 〈보기〉를 참고하여 질문을 완성한 후, 자신의 경우로 답하시오.

◀ 보기 ▶
(What / like / do / on Saturdays / ?)
A: What do you like doing on Saturdays?
B: I like going(to go) to the movies with my friends.

1 (What / enjoy / do / on weekends / ?)

A: _____

B: _____

2 (What / hope / be / in the future / ?)

A: _____

B: _____

3 (What / decided / do / recently / ?)

A: _____

B: _____

Reading

_____ⓐ_____ temperatures from Celsius to Fahrenheit is not difficult. First, multiply the Celsius temperature by 9. Then divide the answer by 5. Then add 32 to your answer. That is the temperature in Fahrenheit. For instance, if the Celsius temperature is 32, you multiply 32 by 9. Then you divide the answer, 288, by 5. The result is 57.6. Next, add 32, and you have the Fahrenheit temperature, _____ⓑ_____. Now you know how _____ⓒ_____ a temperature from Celsius to Fahrenheit.

1 윗글의 빈칸 ⓐ와 ⓒ에 들어갈 change의 알맞은 형태를 각각 쓰시오.

➡ ⓐ _____

➡ ⓒ _____

2 윗글의 빈칸 ⓑ에 알맞은 것은?

① 32˚C   ② 160˚C   ③ 57.6˚C   ④ 288˚C   ⑤ 89.6˚C

Words and Phrases

temperature 몡 온도, 기온
Fahrenheit 몡 화씨
multiply A by B A에 B를 곱하다
add 통 더하다

from A to B A에서 B로
difficult 혱 어려운
divide A by B A를 B로 나누다
for instance 예를 들면

Celsius 몡 섭씨
first 뷘 먼저, 우선
answer 몡 답, 대답, 응답
result 몡 결과

Reading B

① <u>Getting</u> pimples is a normal part of ② <u>to grow up</u>, but many teenagers get stressed because of pimples and want ③ <u>to get</u> rid of them. Some people might tell you that ④ <u>popping</u> your pimples will make them less noticeable and help them heal faster. But you had better step away from the mirror because they're wrong. Picking or popping your pimples pushes germs further under your skin, and it can cause more redness, pain and even infection. And popping pimples can also lead to ⑤ <u>scarring</u> which can last forever. So when you get pimples, just leave them as they are.

1 윗글에서 알맞은 말을 찾아 다음 주제 문장을 완성하시오. (필요한 경우에는 어형을 바꿀 것)

If pimples appear on your face, don't _____ or_____ them.

2 윗글의 밑줄 친 ①~⑤ 중 어법상 바르지 <u>않은</u> 것을 찾아 바르게 고쳐 쓰시오.

_____ ➡ _____

Words and Phrases

pimple ⑲ 여드름
pop ⑧ 터뜨리다
step away from ~에서 물러나다
scar ⑧ 흉터를 남기다 ⑲ 상처, 흉터

normal ⑱ 정상적인, 보통의
noticeable ⑱ 뚜렷한, 눈에 띄는
germ ⑲ 세균, 미생물
last ⑧ 지속되다

get rid of ~을 제거하다
heal ⑧ 치유되다, 치료하다
infection ⑲ 감염
forever ⑭ 영원히

Vocabulary

① 형용사를 만드는 -ful

thought 몡 생각 재미있는 생각: an interesting _____	**thought**ful 혱 사려 깊은, 정성스러운 정성스러운 선물: a _____ gift
cheer 통 환호하다 몡 환호(성) 기운 내!: _____ up!	**cheer**ful 혱 쾌활한, 경쾌한 경쾌한 음악: _____ music
pain 몡 고통, 통증 무릎의 통증: a _____ in the knee	**pain**ful 혱 고통스러운 고통스러운 기억: a _____ memory
regret 통 후회하다 몡 후회 깊이 후회하다: _____ deeply	**regret**ful 혱 후회스러운 후회하는 표정: a _____ look
harm 통 해치다 몡 피해, 손해 돌고래를 해치다: _____ dolphins	**harm**ful 혱 해로운 유해 가스: _____ gas

success 몡 성공 성공에 이르는 열쇠: a key to _____	**success**ful 혱 성공한, 성공적인 성공한 작가: a _____ writer
doubt 통 의심하다 몡 의심 그 이야기를 의심하다: _____ the story	**doubt**ful 혱 의심스러운 효과를 의심하는: _____ about the effect
skill 몡 기술 컴퓨터 기술: a computer _____	**skill**ful 혱 숙련된, 노련한 노련한 선수: a _____ player
fear 몡 두려움 거미에 대한 공포: a _____ of spiders	**fear**ful 혱 걱정하는, 무서운 개를 무서워하다: be _____ of dogs
forget 통 잊다 그의 생일을 잊다: _____ his birthday	**forget**ful 혱 잘 잊어버리는 이름을 잘 잊어버리는: _____ of names

② 형용사를 만드는 -able

comfort 명 안락 동 위로하다 안락함을 제공하다: provide _____	**comfortable** 형 편안한, 쾌적한 편안한 의자: a _____ chair
profit 명 수익 동 수익을 얻다 이익과 손실: _____ and loss	**profitable** 형 수익성 있는 수익성 있는 사업: a _____ business
rely 동 의지하다, 신뢰하다 기술에 의지하다: _____ on technology	**reliable** 형 믿을 수 있는 믿을 수 있는 친구: a _____ friend
reason 명 이유 유일한 이유: the only _____	**reasonable** 형 타당한, 합리적인 합리적인 가격: a _____ price
value 명 가치 동 가치 있게 여기다 가치가 올라가다: go up in _____	**valuable** 형 소중한, 값비싼 소중한 경험: a _____ experience

Voca Checkup

A 다음 영어는 우리말로, 우리말은 영어로 쓰시오.

1 cheerful _____
2 regretful _____
3 skillful _____
4 forgetful _____
5 reasonable _____

6 고통스러운 _____
7 의심스러운 _____
8 걱정하는, 무서운 _____
9 편안한, 쾌적한 _____
10 소중한, 값비싼 _____

B 다음 빈칸에 알맞은 말을 넣어 어구를 완성하시오.

1 a _____ person (사려 깊은 사람)
2 a _____ effect (해로운 효과)
3 many _____ products (성공적인 많은 제품들)
4 our least _____ product (우리의 가장 수익성이 없는 제품)
5 a _____ person for the position (그 직책에 믿을 만한 사람)

정답 **A** 1 쾌활한, 경쾌한 2 후회스러운 3 숙련된, 노련한 4 잘 잊어버리는 5 타당한, 합리적인 6 painful 7 doubtful 8 fearful 9 comfortable 10 valuable
B 1 thoughtful 2 harmful 3 successful 4 profitable 5 reliable

Writing

수행 평가

예시문제 자신의 장래 희망에 대한 글을 다음 조건에 맞게 써 봅시다.

조건 1. dream job이 무엇이고, 왜 그 직업을 택하게 되었는지를 포함할 것

2. role model이 누구이며, 그렇게 되기 위한 계획을 포함할 것

3. to부정사가 포함된 문장을 2개 이상 사용할 것

Step 1 Get Ready

자신의 장래희망을 떠올리면서 다음 질문에 대한 답을 생각해 봅시다.

- What do you want to be in the future?

- How do you imagine yourself 10-15 years from now?

- Who is your role model?

- What do you need to do to make your dreams come true?

Step 2 Organize

자신의 장래희망에 대해 생각하며 질문에 맞게 내용을 완성해 봅시다.

Questions	Answers
What is your dream job?	→ e.g. My dream job is to be a fashion model.
Who is your role model?	→ e.g. My role model is Jessica Stam.
Why is he(she) your role model?	→ e.g. She is one of the most famous fashion models in the world.
Why do you want to be a(n) _____?	→ e.g. I'm interested in fashion. I also like to make clothes.
What do you plan to do to get your dream job?	→ e.g. I plan to practice walking like a model and plan on entering a world-famous modeling agency.

Draft

위 내용을 바탕으로 자신의 장래희망에 대한 글을 완성해 봅시다.

My Dream Job: _____

My dream job is to be _____. My role model is

_____. He(She) is _____.

I want to be a(n) _____ like him(her) because

_____.

I also _____.

To be _____, I need to be _____.

I plan to _____

to get my dream job.

	평가 영역	채점 기준	점수
채점 기준 예시 (총 10점)	과제 완성도	조건을 모두 충족시켜 과제를 완성함	5점
		조건의 일부를 충족시켜 과제를 완성함	3점
		과제를 완성하지 못함	1점
	내용 타당성	글의 흐름에 맞게 필요한 내용을 알맞게 씀	2점
		글의 흐름에 맞는 내용을 쓰지 못함	1점
	언어 형식	문법과 어휘의 사용에 오류가 없음	3점
		문법과 어휘의 사용에 일부 오류가 있음	2점
		문법과 어휘의 사용에 대부분 오류가 있음	1점

UNIT

07

분사

Grammar ①

❶ 분사의 개념 및 종류

분사는 동사가 형용사의 성질을 가지게 된 것으로, 분사에는 현재분사와 과거분사 두 가지 종류가 있다.

	현재분사	과거분사
형태	동사원형+-ing	규칙(동사원형+-ed) / 불규칙
의미	~하는, ~하고 있는 (능동, 진행) **falling** snow 내리는 눈 a **barking** dog 짖고 있는 개	~당한, ~된 (수동, 완료) a **broken** window 깨진 창문 a **parked** car 주차된 차

◗ Grammar Plus

감정을 나타내는 분사

주어가 감정을 일으킬 때는 interesting(재미있는), exciting(신나는), surprising(놀라운) 같은 현재분사가 사용되고, 주어가 감정을 느낄 때는 interested(관심 있는), excited(신난), surprised(놀란) 같은 과거분사가 사용된다.

The soccer match was really **exciting**.   그 축구경기는 정말 흥미진진했다.

I was really **excited** about the soccer match.   나는 그 축구경기에 정말 흥분했었다.

❷ 분사의 역할

형용사처럼 명사를 꾸며 주거나, 주어나 목적어의 상태를 보충 설명하는 보어의 역할을 한다.

명사 수식	Look at the **sleeping** baby.	자고 있는 아기를 보렴.
	A **polluted** river runs through the city.	그 도시에는 오염된 강이 흐른다.
보어	I heard someone **calling** my name.	나는 누군가가 내 이름을 부르는 것을 들었다.
	She found the front door **locked**.	그녀는 앞문이 잠겨 있는 것을 발견했다.

◗ Grammar Plus

분사가 명사를 수식할 때는 형용사처럼 명사 앞에 위치하지만, 분사에 수식어구 등이 붙어 길어질 때는 수식하는 명사 뒤에 위치한다.

Catch the **running** dog.   저 뛰어가는 개를 잡아라.

Look at the **broken** windows.   깨진 유리창을 보아라.

I saw a boy **playing the guitar**.   나는 기타 치는 한 소년을 보았다.

I have a car **made in Germany**.   나는 독일에서 만든 차를 가지고 있다.

Grammar Practice ①

A 우리말과 일치하도록 주어진 단어를 활용하여 문장을 완성하시오.

1 그 영화는 흥미진진하다. (excite)

→ The movie is _____.

2 Jane, 너 음악에 관심이 있니? (interest)

→ Jane, are you _____ in music?

3 저것이 도난당한 자전거 아니니? (steal)

→ Isn't that the _____ bike?

A
• steal 훔치다

B 다음 밑줄 친 부분을 어법에 맞게 고쳐 쓰시오.

1 The woman <u>live</u> next door is a lawyer.

→ _____

2 This is the picture <u>painting</u> by Picasso.

→ _____

3 I bought a new cell phone <u>advertising</u> on TV.

→ _____

B
• next door 옆집
• lawyer 변호사
• cell phone 휴대전화
• advertise 광고하다

C 다음 괄호 안에 주어진 동사를 알맞은 형태로 바꿔 쓰시오.

1 I was _____ at the news. (surprise)

2 The scientists found a bright comet _____ through the solar system. (move)

3 A person _____ for pearls must dive deep. (search)

C
• scientist 과학자
• comet 혜성
• solar system 태양계
• pearl 진주
• search for ~을 찾다 〔탐색하다〕

D 우리말과 일치하도록 주어진 단어들을 바르게 배열하여 문장을 완성하시오.

1 나는 미국 작가에 의해 쓰인 책 몇 권을 가지고 있다.

(written, some books, by an American writer)

→ I have _____.

2 스페인에서 쓰는 언어는 무엇이니?

(in Spain, the language, spoken)

→ What is _____?

3 개를 산책시키는 노인은 나의 할아버지이다.

(walking, the elderly man, a dog)

→ _____ is my grandfather.

D
• language 언어
• walk (동물 등을) 산책 시키다

Grammar

1 분사구문의 개념

분사구문이란 「접속사 + 주어 + 동사」 형태의 부사절을 「동사원형 + -ing」의 분사를 활용하여 간단하게 만든 것이다.

> ① ② ③
> **When he saw** the ghost, he screamed.　　　　　　　　귀신을 보자 그는 비명을 질렀다.
> 　접속사 주어 동사
>
> → **Seeing** the ghost, he screamed.

〔분사구문 만들기〕
① 접속사 생략
② 부사절 주어 생략 (부사절의 주어와 주절의 주어가 같을 경우)
③ 부사절의 동사를 「동사원형 + -ing」 형태로 바꾸기

Grammar Plus

부정문을 분사구문으로 표현할 때는 분사 앞에 not이나 never를 쓴다.

As I didn't know what to say, I kept silent.　　　　　　　나는 무슨 말을 해야 할지 몰라 침묵했다.

→ *Not* **knowing** what to say, I kept silent.

2 분사구문의 여러 가지 의미

분사구문은 문맥에 따라 '시간, 이유, 조건, 양보, 동시동작, 연속동작'의 의미로 쓰인다.

시간	**Arriving** home, I turned on the light.	집에 도착했을 때, 나는 불을 켰다.
이유	**Having** a toothache, he went to the dentist.	이가 아팠기 때문에, 그는 치과에 갔다.
조건	**Turning** to the left, you'll find the park.	왼쪽으로 돌면, 너는 공원을 찾게 될 것이다.
양보	**Going** to bed early, he got up late.	일찍 잠자리에 들었지만, 그는 늦게 일어났다.
동시동작	**Crossing** the street, she sang a song.	길을 건너면서 그녀는 노래를 불렀다.
연속동작	She got up early, **washing** her face.	그녀는 일찍 일어나서 세수를 했다.

Grammar Plus

분사구문에서 분명한 의미 전달을 위해 분사 앞에 접속사를 남겨두기도 한다.

Though living next door, he doesn't even say hello to me.　　　옆집에 살고 있지만, 그는 나에게 인사조차 하지 않는다.

Grammar Practice ②

A 다음 그림의 내용과 일치하도록 주어진 단어를 활용하여 문장을 완성하시오.

 **1**  **2**  **3**

1 _____ a song, Jane is doing the dishes. (sing)

2 _____ to music, Anna does yoga. (listen)

3 _____ hands, my mom and dad walked along the road. (hold)

A
• do the dishes 설거지를 하다
• do yoga 요가를 하다
• along ~을 따라
• hold 잡다

B 다음 주어진 단어들을 바르게 배열하여 문장을 완성하시오.

1 _____, I made some tea.
(for, waiting, John)

2 _____, they forgot to have lunch.
(the baseball game, being, at, excited)

3 _____, you can go directly to the
airport. (this, taking, shuttle bus)

B
• make tea 차를 끓이다
• directly 바로, 곧장
• airport 공항

C 다음 두 문장이 같은 뜻이 되도록 빈칸에 알맞은 말을 쓰시오.

1 Because he is honest, he has a lot of friends.

= _____ _____, he has a lot of friends.

2 If you turn left, you'll find a bakery easily.

= _____ _____, you'll find a bakery easily.

3 Although she isn't rich, she likes to help others.

= _____ _____ _____, she likes to help others.

C
• a lot of 많은
• bakery 제과점

D 다음 밑줄 친 부분을 바르게 고쳐 쓰시오.

1 <u>Arrive</u> late, Ben sat in the back row. → _____

2 <u>Be</u> sick, Susan was absent from school. → _____

3 <u>Being not</u> thirsty, Tom didn't drink water. → _____

D
• row 줄, 열
• be absent from ~에 결석하다
• thirsty 갈증이 나는

Writing ①

A 우리말과 일치하도록 주어진 단어를 활용하여 문장을 완성하시오.

1 나는 어제 그로부터 놀라운 소식을 들었다. (surprise)

→ I heard the _____ news from him yesterday.

2 농구를 하고 있는 그 소년은 내 친구 Jack이다. (play)

→ The boy _____ basketball is my friend Jack.

3 떨어진 나뭇잎들이 모든 뒷마당을 덮었다. (fall)

→ _____ leaves covered the whole backyard.

4 그 외국인은 한국에서 만들어진 스마트폰을 구입했다. (make)

→ The foreigner bought a smartphone _____ in Korea.

5 그 책을 두 번 읽으면, 너는 그 이야기를 더 잘 이해할 거야. (read)

→ _____ the book twice, you will understand the story better.

6 충분한 돈이 없어서, 그녀는 그 자전거를 살 수 없었다. (have)

→ _____ _____ enough money, she couldn't buy the bike.

B 우리말과 일치하도록 주어진 단어들을 바르게 배열하여 문장을 완성하시오.

1 그녀는 다친 사람들을 보살폈다. (people, injured, the)

→ She took care of _____.

2 이웃집의 짖는 개 때문에 나는 잠을 잘 못 잤다. (the, dog, barking)

→ I didn't sleep well because of _____ next door.

3 너는 고양이와 놀고 있는 저 소녀를 아니? (a cat, the girl, with, playing)

→ Do you know _____?

4 Monet가 그린 그림이 벽에 있다. (by, painted, a picture, Monet)

→ _____ is on the wall.

5 나는 모험영화 보는 것에 관심이 있다. (interested, watching, am, in)

→ I _____ adventure movies.

6 아침에 등교할 때 나는 음악 듣기를 좋아한다. (to, going, school)

→ _____ in the morning, I like to listen to music.

Writing ②

A 다음은 Paul의 학급 사진이다. 주어진 동사를 활용하여 〈보기〉와 같이 문장을 완성하시오.

> **〈보기〉**
> Laura is the girl <u>waving her hand</u>. (wave)

1 Ms. Green is the woman _____. (surround)

2 Mark is the boy _____. (hug)

3 The boy _____ is Paul. (stand behind)

B 다음 그림을 보고, 주어진 정보를 이용하여 〈보기〉와 같이 그림을 설명하는 문장을 완성하시오.

Title: *The Dancers*

1. Painter: Georges Noel

2. Some dancers are kicking their feet high in the air.

3. Some musicians are playing instruments.

> **〈보기〉**
> This is the painting <u>titled *the Dancers*</u>.

1 This is the painting _____ Georges Noel.

2 The painting shows some dancers _____.

3 There are some musicians _____.

Reading

정답과 해설 • 23쪽

There are many superstitions around the world. Among them, the number 13 is probably the most popular superstition. Many buildings do not have a room number 13 or a 13th floor. Some say that a long time ago, a man used his ten fingers and two feet to count, and he could only count up to 12. People got so <u>scare</u> that they couldn't continue beyond number 12. However, the ancient people of Egypt and China regarded this number as very lucky. So, there is not a single acceptable explanation or answer for treating it as unlucky.

1 윗글의 내용과 일치하지 <u>않는</u> 것은?

① There is no 13th floor in many buildings.
② Some people don't like the number 13.
③ Ancient Egyptians and Chinese liked the number 13.
④ The number 13 is the most popular number in the world.
⑤ Some say that people in the old days could only count up to 12.

2 윗글의 밑줄 친 scare를 알맞은 형태로 쓰시오.

➡ _____

Words and Phrases

superstition 몡 미신
popular 휑 인기 있는, 유명한
up to (특정한 수·정도 등) 까지
beyond 젠 ~을 넘어서
acceptable 휑 합당한

among 젠 ~사이(에서)
floor 몡 (건물의) 층
scare 동 겁주다, 무서워하다
ancient 휑 고대의
explanation 몡 설명

probably 閉 아마
count 동 세다
continue 동 계속하다
regard A as B A를 B로 생각하다
treat 동 여기다

90 • EBS 중학 뉴런 영어 2 Main Book

Reading B

Do you know the New York City Marathon? A man (A) (naming / named) Fred Lebow started it in 1970. It began as a small and unimportant race, but today, it has become popular enough to attract people from all over the world. Recently, more than 43,000 people ran in the marathon and large crowds cheered the runners on. The participants ran through New York City and it took the best runners less than three hours. Through the years, many (B) (exciting / excited) events happened during the marathon. A young couple got married a few minutes before the race. Then they ran the race with their wedding guests. Although Fred Lebow, the founder of the New York City Marathon, has died, the marathon and all its excitement will continue.

1 윗글을 읽고 New York City Marathon에 대해 알 수 <u>없는</u> 것은?

① 창시자   ② 창설 연도   ③ 최근 참가자 수

④ 출발점   ⑤ 최고 주자들의 완주 시간

2 윗글의 (A)와 (B)의 괄호 안에서 어법에 맞는 표현을 골라 쓰시오.

➡ (A) _____ (B) _____

Words and Phrases

marathon ⑲ 마라톤
recently ⑭ 최근에
participant ⑲ 참가자
founder ⑲ 설립자, 창시자

unimportant ⑲ 중요하지 않은, 하찮은
more than ~보다 많이, ~ 이상
less than ~보다 적게, ~ 미만
excitement ⑲ 흥분, 신남

attract ⑧ 마음을 끌다
crowd ⑲ 군중
get married 결혼하다

Vocabulary

❶ 형용사를 만드는 -ous

poison 명 독, 독약 치명적인 독: a deadly _____	**poison**ous 형 유독한 유독 가스: _____ gas
religion 명 종교 종교의 자유: freedom of _____	**religi**ous 형 종교적인 종교적인 신념: _____ belief
continue 동 계속하다, 지속되다 2주간 지속되다: _____ for two weeks	**continu**ous 형 계속되는, 지속적인 지속적인 경제 성장: _____ economic growth
danger 명 위험 위험에 직면하다: face _____	**danger**ous 형 위험한 위험한 상황: a _____ situation
mystery 명 신비, 불가사의 수수께끼로 남다: remain a _____	**mysteri**ous 형 불가사의한, 신비스러운 불가사의한 사건: a _____ event

❷ 형용사를 만드는 -(t)ive

protect 동 보호하다 사생활을 보호하다: _____ one's privacy	**protec**tive 형 보호하는 보호 장갑: _____ gloves
effect 명 영향, 효과, 결과 원인과 결과: cause and _____	**effec**tive 형 효과적인 효과적인 치료: an _____ treatment
create 동 창조(창작)하다 등장인물을 창조하다: _____ a character	**crea**tive 형 창조적인, 창의적인 창의적인 디자인: _____ design
talk 동 말하다 낯선 사람들과 말하다: _____ with strangers	**talka**tive 형 말하기 좋아하는, 수다스러운 수다스러운 사람: a _____ person
inform 동 (공식적으로) 알리다 그에게 그것을 알리다: _____ him of it	**informa**tive 형 유익한, 정보를 주는 유익한 기사: an _____ article

③ 형용사를 만드는 -ish

fool 명 바보 바보처럼 행동하다: act like a _____	**foolish** 형 어리석은 어리석은 행동: _____ behavior
child 명 아이 두 살짜리 아이: a two-year-old _____	**childish** 형 어린애 같은, 유치한 유치한 생각: _____ thinking
self 명 자신, 자아, (자신의) 본모습 자신의 예전 본모습: one's old _____	**selfish** 형 이기적인 이기적인 선택: _____ choices
Britain 명 영국 대영제국: Great _____	**British** 형 영국의 영국(의) 억양: a _____ accent
Spain 명 스페인 스페인 남부: southern _____	**Spanish** 형 스페인의 스페인 영화: a _____ film

Voca Checkup

A 다음 영어는 우리말로, 우리말은 영어로 쓰시오.

1 religious _____
2 dangerous _____
3 talkative _____
4 foolish _____
5 British _____

6 계속되는, 지속적인 _____
7 창조적인, 창의적인 _____
8 유익한, 정보를 주는 _____
9 이기적인 _____
10 스페인의 _____

B 다음 빈칸에 알맞은 말을 넣어 어구를 완성하시오.

1 a _____ snake (독사)
2 a beautiful and _____ story (아름답고 신비스러운 이야기)
3 a _____ layer (보호막)
4 the _____ use of color (효과적인 색채 사용)
5 _____ handwriting (어린애 같은 필체)

정답 **A 1** 종교적인 **2** 위험한 **3** 말하기 좋아하는, 수다스러운 **4** 어리석은 **5** 영국의 **6** continuous **7** creative **8** informative **9** selfish **10** Spanish
B 1 poisonous **2** mysterious **3** protective **4** effective **5** childish

UNIT

08

5형식 문장

Grammar ①

5형식 문장은 「주어＋동사＋목적어＋목적격 보어」의 형태이다. 이때 목적격 보어는 목적어를 보충 설명해 주는 말이다.

1 목적격 보어로 〈명사/형용사〉가 오는 경우

목적격 보어로 명사가 올 경우 〈목적격＝목적격 보어〉의 동격 관계가 성립하며, 형용사가 올 경우 목적어의 상태를 설명한다.

They call her **an angel**. (her = an angel) 목적어 목적격 보어	그들은 그녀를 천사라고 부른다.
I left the back door **open**. 목적어 목적격 보어	나는 뒷문을 열어두었다.

Grammar Plus

목적격 보어 자리에 형용사 대신 부사를 쓰지 않도록 주의해야 한다.

The boy made me angry. (○)   그 소년은 나를 화나게 만들었다.

The boy made me angrily. (×)

2 목적격 보어로 〈to부정사〉가 오는 경우

목적격 보어로 to부정사가 올 경우 목적어와 to부정사는 의미상으로 〈주어 – 동사〉의 관계이다.

My dad **wants** me **to turn off** the TV.	아빠는 내가 TV를 끄기를 원하신다.
I **expect** him **to win** the race.	나는 그가 경주에서 우승할 것이라고 예상한다.
He **asked** me **to wake** him up at 6.	그는 나에게 6시에 깨워 달라고 부탁했다.

〈to부정사를 목적격 보어로 취하는 동사〉

want, tell, ask, allow(허락하다), advise(충고하다), expect(예상하다) 등 ＋ 목적어 ＋ 목적격 보어(to부정사)

Grammar Plus

to부정사의 부정형은 to부정사 앞에 not을 넣어 「동사 ＋ 목적어＋not＋to부정사」 형태가 된다.

He told me *not* **to do** it.   그는 내게 그것을 하지 말라고 했다.

Grammar Practice ①

A 다음 빈칸에 들어갈 말을 〈보기〉에서 골라 쓰시오.

┤ 보기 ├
| find | call | want | make |

1 I hope you _____ the book interesting. I became a fan of the author.

2 Do you _____ me to call a taxi?

3 Some people _____ me 'Ice Princess' and I don't like it.

A
• author 저자

B 우리말과 일치하도록 주어진 단어들을 바르게 배열하여 문장을 완성하시오.

1 우리는 우리 개를 Sweetie라고 부른다. (our dog, call, Sweetie)

→ We _____.

2 그 책은 그녀를 유명하게 만들었다. (her, famous, made)

→ The book _____.

3 그 헬멧이 너의 머리를 안전하게 지켜줄 것이다. (your head, keep, safe)

→ The helmet will _____.

B
• famous 유명한
• safe 안전한

C 다음 그림을 보고, 그림의 상황에 맞도록 문장을 완성하시오.

1 She asked him _____.

2 David told Sally _____.

3 The doctor advised me _____.

C
• sweets 사탕, 단 것
• advise 충고하다

D 다음 괄호 안에서 알맞은 것을 고르시오.

1 You must keep your room (clean / cleanly).

2 The song made everyone (happy / happily).

3 He found the restaurant (easy / easily).

Grammar ②

① 사역동사

사역동사는 '~에게 …하도록 시키다'라는 의미로 남에게 어떤 행동이나 동작을 하게 하는 것으로 let(허락), have(요청/요구), make(강요) 등이 있다. 사역동사는 목적격 보어로 동사원형을 쓴다.

The teacher **let** us **go** earlier than usual.	선생님은 우리가 평소보다 더 일찍 가는 것을 허락하셨다.
We **had** him **fix** the doorbell.	우리는 그에게 현관 벨을 수리하도록 시켰다.
The movie **made** me **cry**.	그 영화는 나를 울게 만들었다.

let, have, make + 목적어 + 목적격 보어(동사원형)

> **Grammar Plus**
>
> help(도움) 동사는 목적격 보어로 동사원형과 to부정사가 둘 다 가능하다.
>
> I'll **help** you **(to) study** English.   나는 네가 영어 공부하는 것을 도울 거야.

② 지각동사

지각동사는 보고, 듣고, 느끼는 등의 감각과 관련된 동작을 나타내는 동사로 see, hear, feel, watch, smell 등이 있다. 지각동사가 5형식 문장에 쓰일 때는 '~가 …하는 것을 보다/듣다/느끼다'의 의미가 된다. 지각동사는 목적격 보어로 동사원형을 쓴다.

We **saw** him **sweep** the snow.	우리는 그가 눈을 치우는 것을 보았다.
I **felt** the house **shake**.	나는 집이 흔들리는 것을 느꼈다.
Jane **heard** him **talk** on the phone.	Jane은 그가 전화 통화하는 것을 들었다.

see, hear, feel, watch, smell 등 + 목적어 + 목적격 보어(동사원형)

> **Grammar Plus**
>
> 동작이 진행 중인 것을 강조할 때 지각동사는 목적격 보어로 현재분사를 쓸 수 있다.
>
> They **watched** the player **scoring** a goal.   그들은 그 선수가 골을 넣는 것을 보았다.
>
> I **smell** something **burning**.   무엇인가가 타는 냄새가 난다.

Grammar Practice ②

정답과 해설 • 25쪽

A 다음 괄호 안에서 알맞은 것을 고르시오.

1 I saw James (to run / run) across the field.

2 He heard someone (to call / calling) his name.

3 Did you make Jane (sing / to sing) on stage?

4 Jim let his kids (to play / play) ping-pong yesterday.

A
- across 가로질러
- field 들판
- stage 무대
- kid 아이
- ping-pong 탁구

B 어제 Jina에게 엄마와 선생님께서 하신 말씀을 참고하여 사역동사 make와 let 중 알맞은 것을 활용하여 Jina의 말을 완성하시오.

> **Mom**: Before you go out, you must clean your room.

> **Teacher**: You may hand in the report by Friday.

Jina

1 My mom _____ before I went out.

2 My teacher _____ by Friday.

B
- go out 외출하다
- hand in ~을 제출하다
- report 과제, 보고서

C 다음 밑줄 친 부분을 어법에 맞게 고쳐 쓰시오.

1 I felt my cat <u>to touch</u> my hand. → _____

2 I'll let you <u>knowing</u> the result by next Monday. → _____

3 The doctor made the patient <u>staying</u> in bed. → _____

4 Mom allowed me <u>have</u> a pet dog. → _____

C
- result 결과
- patient 환자
- pet dog 반려견

D 우리말과 일치하도록 주어진 단어들을 바르게 배열하여 문장을 완성하시오.

1 그 선생님은 학생들에게 그 역사책을 읽게 하셨다. (the students, had, read)

→ The teacher _____ the history book.

2 나는 누군가 문을 두드리는 소리를 들었다. (knocking, heard, someone)

→ I _____ at the door.

3 그들은 내가 빙판에서 넘어지는 것을 쳐다보았다. (me, watched, fall)

→ They _____ on the ice.

D
- fall 넘어지다

Writing ①

A 우리말과 일치하도록 주어진 단어를 활용하여 문장을 완성하시오.

1 그 문을 좀 닫아 두세요. (close)

→ Please keep the door _____.

2 나는 Paul에게 창문을 열어 달라고 요청했다. (open)

→ I asked Paul _____ the window.

3 Charles는 그의 어머니가 그에게 반려동물을 사 주시길 원했다. (buy)

→ Charles wanted his mother _____ him a pet.

4 그 선생님은 학생들이 떠들지 않을 것이라고 기대했다. (make)

→ The teacher expected the students _____ any noise.

5 박 선생님께서는 우리들에게 그 수학 문제를 풀게 하셨다. (solve)

→ Ms. Park made us _____ the math problems.

6 나는 어제 Tara가 피아노 수업을 받는 것을 봤다. (take)

→ I saw Tara _____ a piano lesson yesterday.

B 우리말과 일치하도록 주어진 단어들을 바르게 배열하여 문장을 완성하시오.

1 무엇이 너를 그렇게 화나게 했니? (angry, so, you, made)

→ What _____?

2 그녀는 그녀의 반려동물을 Cutty라고 이름을 지어주었다. (her, named, Cutty, pet)

→ She _____.

3 의사는 아빠에게 담배를 피우지 말라고 충고했다. (my dad, advised, smoke, to, not)

→ The doctor _____.

4 그 왕자는 신데렐라에게 파티에 오라고 요청했다. (Cinderella, come, to, asked)

→ The prince _____ to the party.

5 그 교사는 시험 중에 학생들이 교과서를 사용하도록 허락했다. (use, the students, let)

→ The teacher _____ their textbooks during the test.

6 Christine은 시청에서 오케스트라가 연주하는 것을 들었다. (heard, play, the orchestra)

→ Christine _____ at the city hall.

Writing

A 다음 그림을 보고, 주어진 단어들을 바르게 배열하여 문장을 완성하시오.

1    2    3

1 The teacher _____.

(heard, loudly, the students, talking)

2 The elderly man _____ on the ground.

(the girls, saw, the trash, throwing)

3 The boy _____.

(downstairs, something, smelled, burning)

B 위 A 상황에서 각 사람이 문제를 해결한 방법을 주어진 단어들을 활용하여 문장을 완성하시오. (과거형으로 쓸 것)

1    2    3

1 The teacher _____.

(make, stand at the back)

2 The elderly man _____.

(have, pick up the trash)

3 The boy _____.

(help, get out of the house)

Reading

James Givens is a police officer in Ohio. One day, he was sitting in his car when he heard something (A) (knocking / to knock). He turned around and saw a goose (B) (pecking / to peck) at the car door. It didn't stop, so he stepped out. Then the bird began to walk away, but it kept turning around and checking if James was following. When they finally stopped, he saw a gosling trapped in some balloon strings. The goose needed his help to free her baby. After a few minutes, he freed the little bird, and it went to its mom. The duo took off shortly after. That's a true story! Can you believe it?

* gosling 새끼 거위

1 윗글을 읽고 답할 수 <u>없는</u> 질문은?

① What does James Givens do?

② What was pecking at James Givens' car door?

③ Why did the goose keep turning around?

④ How far away was the gosling from James Givens' car?

⑤ How did James Givens help the goose?

2 윗글의 (A)와 (B)의 괄호 안에서 어법에 맞는 표현을 골라 쓰시오.

➡ (A) _____ (B) _____

Words and Phrases

knock ⑧ 두드리다, 노크하다

peck ⑧ (부리로) 쪼다

follow ⑧ 따라가다

free ⑧ 풀어 주다, 빼내다

turn around 몸을 돌리다

step out 나가다

trap ⑧ 가두다

take off 서둘러 떠나다, 날아오르다

goose ⑲ 거위 (복수형 geese)

walk away 떠나가다

string ⑲ 끈, 줄

shortly after 금세, 곧

Music affects people. According to some scientists, the sound of western classical music (*e.g.* Bach and Mozart) makes people (A) (feel / feeling) richer. So when a restaurant plays classical music, people spend more money on food and drinks than when a restaurant plays modern music. Scientists also say that loud, fast music makes people (B) (eat / eating) faster. So some restaurants play fast music during their busy hours. In addition, some scientists think music makes you (C) (think / thinking) and learn better. They believe that music helps students feel relaxed, and it is true that people learn better when they are relaxed. The next time you hear music somewhere, be careful. It might change the way you behave.

1 윗글의 내용과 일치하지 <u>않는</u> 것은?

① People spend more money in restaurants that play classical music.

② Music can affect how quickly someone eats.

③ Music can help you learn better.

④ Loud music can make you feel more relaxed.

⑤ Music can change people's behavior.

2 윗글의 (A)~(C)의 괄호 안에서 어법에 맞는 표현을 골라 쓰시오.

➡ (A) _____ (B) _____ (C) _____

Words and Phrases

affect ⑧ 영향을 미치다   according to ~에 따르면   classical ⑲ 고전적인   spend ⑧ (돈 · 시간을) 쓰다
loud ⑲ 시끄러운   in addition 게다가   relaxed ⑲ 느긋한, 긴장이 풀린   behave ⑧ 행동하다

Vocabulary

1 형용사를 만드는 -al

accident 명 사고
교통사고: a traffic _____

accidental 형 우연한
우연한 발견: _____ discovery

universe 명 우주
우주의 태양: the sun in the _____

universal 형 보편적인, 우주적인
보편적 진리: _____ truth

essence 명 본질
그 책의 본질: the _____ of the book

essential 형 필수의
필수 비타민들: _____ vitamins

race 명 인종, 경주
다른 인종: a different _____

racial 형 인종의, 인종상의
인종적 평등: _____ equality

crime 명 범죄
폭력적인 범죄: a violent _____

criminal 형 범죄의
범죄 행위: a _____ behavior

culture 명 문화
유럽 문화: European _____

cultural 형 문화적인
문화적 차이: _____ differences

nature 명 자연
자연의 아름다움: the beauties of _____

natural 형 자연의, 천연의
천연 자원: _____ resources

person 명 사람
매력적인 사람: a fascinating _____

personal 형 개인의
개인적인 의견: a _____ opinion

nation 명 국가
독립된 국가: an independent _____

national 형 국가의, 전국적인
국경일: a _____ holiday

tradition 명 전통
문화적 전통: a cultural _____

traditional 형 전통적인
전통(적인) 가옥: a _____ house

❷ 형용사를 만드는 -(l)y

month 명 월, 달 마지막 달: the last _____	**month**ly 형 한 달에 한 번, 매월의 월례 회의: a _____ meeting
friend 명 친구 나의 가장 친한 친구: my best _____	**friend**ly 형 친절한, 친화적인 친절한 사람: a _____ person
time 명 시간, 때 시간의 흐름: the passing of _____	**time**ly 형 시기적절한 시기적절한 조언: _____ advice
elder 형 나이가 더 든 우리 형(오빠): my _____ brother	**elder**ly 형 연세가 드신 연세 드신 부부: an _____ couple
curl 명 곱슬머리 자연적인 곱슬머리: natural _____s	**curl**y 형 곱슬곱슬한 갈색 곱슬머리: _____ brown hair

---

Voca Checkup

A   다음 영어는 우리말로, 우리말은 영어로 쓰시오.

1   accidental   _____   6   보편적인, 우주적인   _____

2   criminal   _____   7   자연의, 천연의   _____

3   personal   _____   8   국가의, 전국적인   _____

4   friendly   _____   9   시기적절한   _____

5   elderly   _____   10   곱슬곱슬한   _____

B   다음 빈칸에 알맞은 말을 넣어 어구를 완성하시오.

1   _____ to happiness (행복에 필수적인)

2   _____ harmony (인종의 조화)

3   a _____ event (문화 행사)

4   a new _____ Korean dress (새 한국 전통의상)

5   a _____ visit (월례 방문)

정답 **A** 1 우연한   2 범죄의   3 개인의   4 친절한, 친화적인   5 연세가 드신   6 universal   7 natural   8 national   9 timely   10 curly
    B 1 essential   2 racial   3 cultural   4 traditional   5 monthly

UNIT

09

대명사

Grammar

① 부정대명사 one

정해지지 않은 막연한 사람이나 사물을 가리키는 대명사를 부정(不定)대명사라고 하는데 one은 앞에 나온 것과 같은 종류의 막연한 사람이나 사물을 지칭할 때 쓰고, 앞에 나온 특정한 명사를 지칭할 때는 it을 쓴다.

I lost my umbrella, so I bought a new **one**.	나는 내 우산을 잃어버려서, 새 것을 샀다.
I lost my umbrella, but I found **it** in the garage.	나는 내 우산을 잃어버렸는데, 그것을 차고에서 찾았다.

> **Grammar Plus**

another는 '다른 하나'의 의미로 앞에 나온 것과 같은 종류의 사람이나 사물을 나타내거나 '또 하나(의), 더'의 의미로 추가를 나타낼 때 쓴다. 뒤에 나온 명사를 수식하는 형용사적 용법으로도 쓰인다.

I don't like this shirt. Can you show me **another** (one)?	이 셔츠는 맘에 안 들어요. 다른 걸로 보여줄 수 있나요?
Would you like **another** cup of tea?	차 한 잔 더 하실래요?

② 부정대명사 one, the other

one ~, the other ... '(둘 중) 하나는 ~, 나머지 하나는 …'
one ~, another ~ the other ... '(셋 중) 하나는 ~, 또 다른 하나는 ~, 나머지 하나는 …'

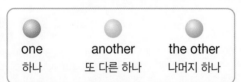

I brought two books. **One** is mine and **the other** is my friend's.	
나는 두 권의 책을 갖고 왔다. 한 권은 내 것이고 나머지 한 권은 내 친구의 것이다.	
I bought three pens. **One** is blue, **another** is red, and **the other** is green.	
나는 세 개의 펜을 샀다. 한 개는 파란색, 또 다른 하나는 빨간색, 나머지 하나는 초록색이다.	

> **Grammar Plus**

〈막연한 다수와 또 다른 막연한 다수〉
 some ~ , others ... '어떤 것(사람)들은 ~, 다른 어떤 것(사람)들은 …'
〈다수의 어떤 것들과 나머지 전부〉
 some ~ , the others ... '어떤 것(사람)들은 ~, 나머지 전부는 …'

Some people prefer summer, and **others** prefer winter.
어떤 사람들은 여름을 더 좋아하고, 다른 어떤 사람들은 겨울을 더 좋아한다.

Some of my classmates wanted to go camping, but **the others** wanted to swim.
우리 반 친구들 중 일부는 캠핑가기를 원했지만, 나머지 전부는 수영하기를 원했다.

Grammar **Practice** ①

A 다음 괄호 안에서 알맞은 것을 고르시오.

1 I don't like the blue T-shirt. I like the red (it / one).

2 I have already read this book. Do you have (another / other) book?

3 She has two daughters. One is nine years old and (another/ the other) is seven years old.

B 다음 빈칸에 들어갈 말을 〈보기〉에서 골라 쓰시오.

◀ 보기 ▶
| another | others | the other |

1 Look at the two women over there. One is my older sister and _____ is my aunt.

2 In Canada, some people speak English, and _____ speak French.

3 People call him Jimmy, but he has _____ name.

C 우리말과 일치하도록 빈칸에 알맞은 말을 쓰시오.

1 나는 펜이 필요해. 너 펜 하나 있어?

→ I need a pen. Do you have _____?

2 어떤 학생들은 영어를 좋아하고, 또 어떤 학생들은 수학을 좋아한다.

→ _____ students like English, and _____ like math.

3 나는 네 권의 책을 빌렸다. 한 권은 여기 있다. 나머지는 어디에 있지?

→ I borrowed four books. One is here. Where are _____?

C
· math 수학
· borrow 빌려오다

D 다음 그림을 보고, 문장을 완성하시오.

1  **2**  **3**

1 He has five children: one is a daughter, and _____.

2 Some people are fishing, and _____ music.

3 I bought three caps: one is black, _____.

Grammar ②

1 every, each

every는 '모든'이라는 복수의 의미이지만 단수 취급하여 뒤에는 단수 명사와 단수 동사가 오고, each는 '각자, 각각의'의 뜻으로 단수 취급한다.

Every country *has* its own culture.	모든 나라는 자신만의 문화를 가지고 있다.
Each group *has* four members.	각 모둠에는 네 명의 구성원들이 있다.

Grammar Plus

both는 '둘 다, 양쪽의'의 뜻으로 복수 취급하여 뒤에 복수 명사와 복수 동사가 온다.

Both Andrew's parents *are* musicians.	Andrew의 부모님 두 분은 모두 음악가이다.

2 재귀대명사

재귀대명사는 인칭대명사의 소유격이나 목적격에 -self(selves)를 붙여 만들며, self는 '자신'이라는 뜻으로 재귀대명사는 '~ 자신'이라는 뜻을 나타낸다.
- 재귀 용법: 문장의 주어와 목적어가 가리키는 대상이 같을 때 동사 또는 전치사의 목적어로 재귀대명사를 쓴다. 이때 재귀대명사는 생략할 수 없다.
- 강조 용법: 주어, 목적어, 보어를 강조할 때 강조되는 말 바로 뒤나 문장 맨 끝에 쓰는데, 이때 재귀대명사는 생략이 가능하다.

	단수	복수
1인칭	myself	ourselves
2인칭	yourself	yourselves
3인칭	himself, herself, itself	themselves

Andy blamed **himself** for the accident. =	Andy는 그 사고에 대해 자기 자신을 탓했다.
Andy blamed **him** for the accident. ≠	Andy는 그 사고에 대해 그를 탓했다.
You should take a look at **yourself**. (재귀 용법)	너는 네 자신을 한 번 살펴봐야 한다.
He baked a cake **himself**. (강조 용법)	그는 직접 케이크를 구웠다.

Grammar Plus

재귀대명사를 사용한 관용적 표현

by oneself 혼자(다른 사람 없이), 도움을 받지 않고	help oneself to ~을 마음껏 먹다
make oneself at home 편히 쉬다	enjoy oneself 즐거운 시간을 보내다

He lives **by himself**.	그는 혼자 산다.
The food is ready. **Help yourself**.	음식이 준비되었어요. 마음껏 드세요.

Grammar Practice ②

A   다음 괄호 안에서 알맞은 것을 고르시오.

1   She goes shopping almost every (weekend / weekends).

2   Every (person / people) in this town loves baseball.

3   Each (question / questions) (has / have) only one answer.

4   Both (window / windows) in the house are closed.

A

• almost 거의
• weekend 주말

B   다음 밑줄 친 부분을 어법에 맞게 고쳐 쓰시오.

1   In my school, every <u>classes</u> has 25 students.

    → _____

2   Every book in this library <u>are</u> in English.

    → _____

3   Each <u>groups</u> in the test had five members.

    → _____

C   우리말과 일치하도록 빈칸에 알맞은 재귀대명사를 쓰시오.

1   그녀는 거울 속의 자신을 보기를 좋아한다.

    → She likes to look at _____ in the mirror.

2   칼이 날카롭다. 베이지 않도록 조심해라.

    → The knife is sharp. Be careful not to cut _____.

3   그는 급해서 직접 세차했다.

    → He was in a hurry, so he washed the car _____.

4   우리는 외식할 필요가 없다. 우리는 직접 저녁 식사를 해먹을 수 있다.

    → We don't have to eat out. We can fix dinner _____.

C

• mirror 거울
• sharp 날카로운
• fix (식사를) 준비하다

D   다음 빈칸에 알맞은 재귀대명사를 쓰시오.

1   He is too young to go out by _____.

2   Please make _____ at home while you wait.

3   The children enjoyed _____ at the party.

Writing ①

A 우리말과 일치하도록 주어진 단어를 이용하여 문장을 완성하시오.

1 내 컴퓨터가 오래되어서 새 것을 하나 사야 합니다. (a new)

→ My computer is old and I need to buy _____.

2 어떤 사람들은 등산을 갔고, 또 어떤 사람들은 수영을 하러 갔다. (swimming)

→ Some went hiking, and _____.

3 나는 배터리를 잊어버리고 안 가져왔어. 너 하나 있니? (do, have)

→ I forgot to bring my battery. _____

4 나는 티셔츠를 세 개 샀다. 하나는 검은색, 또 하나는 흰색, 나머지 하나는 빨간색이다. (red)

→ I bought three T-shirts: one is black, another is white, and _____.

5 각 모둠은 한 개의 질문을 합니다. (each)

→ _____ asks one question.

6 너 자신을 너무 탓하지 마. (blame)

→ Do not _____ too much.

B 우리말과 일치하도록 주어진 단어들을 바르게 배열하여 문장을 완성하시오.

1 이 쿠키 정말 맛있어요. 제가 하나 더 먹어도 될까요? (another, have, I, can, one)

→ This cookie is really delicious. _____

2 우산 하나는 내 것이고 나머지는 내 학급 친구들 것이다. (are, my classmates', others, the)

→ One umbrella is mine and _____.

3 그는 저 큰 집에서 혼자 살고 있다. (by, he, lives, himself)

→ _____ in that big house.

4 테이블에 있는 음식을 마음껏 드세요. (yourself, help, the food, to)

→ _____ on the table.

5 내가 어렸을 때는 모든 반에 적어도 45명의 학생들이 있었다. (at least, class, every, 45 students, had)

→ When I was young, _____.

6 교실의 양쪽 문이 다 잠겨있다. (are, in the classroom, both, doors)

→ _____ locked.

Writing

A 다음 그림을 보고, 각 대화를 완성하시오.

1  2  3

1 A: The potatoes smell good. _____

　　B: Sure, I'll get you one.

2 A: John, yesterday was your birthday! Did you get any presents?

　　B: Yes, I got two presents. _____

3 A: Judy! What is in the basket?

　　B: There are some fruits in it. _____

B 다음 〈보기〉의 단어들을 이용하여 아래 그림을 설명하는 글을 완성하시오.

> ◀ 보기 ▶
>
> others　　one　　another　　the other　　some　　the others

1

2 **Teens' Hobbies**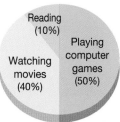

3

1 I have three sons. _____

2 This graph shows what teens' hobbies are. _____ like playing computer games and _____ like watching movies. Only 10% of teens like reading.

3 There were twenty tourists. _____ went shopping and _____ .

Reading

People say hello in many ways. In one land, people fall down on the ground, and in _____ⓐ_____ land, people rub their own hands together when they meet. _____ⓑ_____ people put one foot up in the air, _____ⓒ_____ kiss the hand of a friend, and others take their friend's foot and rub it on their faces when they see one another. There are many ways of saying hello. No one knows which way is the best but all of us know ⓓ <u>one thing</u>: Saying hello is an act of communication.

1 윗글의 빈칸 ⓐ~ⓒ에 알맞은 말을 순서대로 짝지어진 것은?

① another – Some – others
② other – Some – the others
③ the other – Others – others
④ the other – Some – another
⑤ another – Others – the others

2 윗글의 밑줄 친 ⓓ가 가리키는 내용을 우리말로 쓰시오.

➡ _____

Words and Phrases

say hello 인사말을 건네다, 인사하다	way 명 방법	land 명 땅, 국토, 지역
fall down 엎드리다, 넘어지다, 떨어지다 (fall – fell – fallen)		ground 명 땅바닥, 지면
rub 통 문지르다	put ~up in the air 공중으로 ~을 들어 올리다	take 통 붙잡다
communication 명 의사소통		

Reading B

One day, Walt Disney took his daughters to an amusement park. They went on the rides, played games, and saw animals. But the kids didn't enjoy themselves. He wanted to take his children to a better place. He dreamed of a new park with different parts named "Fantasyland" and "Adventureland." He wanted Mickey Mouse and other cartoon characters to walk around and talk to the guests at the park. In 1955, Disneyland finally opened in California. It was an immediate hit. People came from all over the United States and all over the world. In 1971, Walt Disney World opened in Florida. Today, there are also Disneylands in Tokyo, Paris, Hong Kong and Shanghai.

1 윗글의 제목으로 알맞은 것은?

① 디즈니랜드는 어떻게 생기게 되었나?
② 놀이공원은 왜 사람들에게 외면 받았나?
③ 세계에는 얼마나 많은 놀이공원이 있나?
④ 만화영화 캐릭터는 어떻게 만들어졌나?
⑤ 아이들이 놀이공원을 좋아하는 이유는 무엇인가?

2 윗글의 밑줄 친 부분을 우리말로 쓰시오.

➡ _____

Words and Phrases

amusement park 놀이공원 cartoon 몡 만화 character 몡 등장인물 walk around 돌아다니다
guest 몡 손님 immediate 톙 즉각적인 hit 몡 히트, 대성공

Vocabulary

① 형용사를 만드는 -less (~이 없는, ~하지 않는, ~할 수 없는)

count 통 (수를) 세다
10까지 세다: _____ to ten

countless 형 셀 수 없이 많은
셀 수 없이 많은 사람들: _____ people

hope 명 희망, 가망
희망을 갖다: have _____

hopeless 형 희망 없는, 가망 없는
희망 없는 상황: a _____ situation

rest 명 휴식, 나머지
휴식을 취하다: take a _____

restless 형 들썩이는, (지루해서) 가만히 못 있는
들썩이는 관객: a _____ audience

price 명 가격
가격표: a _____ tag

priceless 형 값을 매길 수 없는, 귀중한
귀중한 예술품: _____ artwork

speech 명 말, 연설
연설하다: make a _____

speechless 형 (놀라서) 말을 못 하는
놀라서 말을 못하는: _____ with surprise

use 통 사용하다, 이용하다
그의 전화를 사용하다: _____ his phone

useless 형 소용없는, 쓸모없는
쓸모없는 생각들: _____ thoughts

care 통 배려하다, 관심을 가지다
아이를 보살피다: _____ for a child

careless 형 부주의한, 조심성 없는
부주의한 운전: _____ driving

worth 명 가치
그것의 가치를 증명하다: prove its _____

worthless 형 가치 없는, 쓸모없는
가치 없는 동전들: _____ coins

taste 명 맛 통 맛이 나다
맛이 좋다: _____ good

tasteless 형 맛없는
맛없는 소스: _____ sauce

meaning 명 의미
단어의 의미: the _____ of a word

meaningless 형 의미 없는, 무의미한
의미 없는 말들: _____ words

❷ 형용사를 만드는 -y

salt 명 소금 소금을 첨가하다: add _____	salty 형 짭짤한, 소금이 든 짠 음식: _____ food
greed 명 탐욕 금전욕: _____ for money	greedy 형 탐욕스러운 욕심 많은 여우: a _____ fox
scare 동 겁주다, 겁먹게 하다 겁주어 새를 쫓다: _____ birds away	scary 형 무서운 무서운 영화: a _____ movie
fog 명 안개 자욱한 안개: a thick _____	foggy 형 안개가 낀 안개 낀 날씨: _____ weather
hair 명 머리(털), 털 직모인 머리: straight _____	hairy 형 털이 많은 털이 많은 팔: _____ arms

---

Voca Checkup

A 다음 영어는 우리말로, 우리말은 영어로 쓰시오.

1 hopeless _____
2 speechless _____
3 worthless _____
4 salty _____
5 foggy _____

6 가만히 못 있는 _____
7 부주의한 _____
8 맛없는 _____
9 무서운 _____
10 털이 많은 _____

B 다음 빈칸에 알맞은 말을 넣어 어구를 완성하시오.

1 the idol of _____ teenagers (셀 수 없이 많은 십 대들의 우상)
2 _____ jewels (대단히 귀중한 보석)
3 a _____ idea (쓸모없는 발상)
4 a _____ training (무의미한 훈련)
5 with _____ eyes (탐욕스러운 눈으로)

정답 A 1 희망(가망) 없는 2 말을 못 하는 3 가치 없는, 쓸모없는 4 짭짤한, 소금이 든 5 안개가 낀 6 restless 7 careless 8 tasteless 9 scary 10 hairy
B 1 countless 2 priceless 3 useless 4 meaningless 5 greedy

Writing

[예시문제] 가장 좋아하는 영화를 소개하는 글을 다음 조건에 맞게 써 봅시다.

[조건] 1. 영화의 내용을 간단하게 언급할 것   2. 영화에 대해 어떻게 느꼈는지를 포함할 것
3. 분사구문 1개 이상을 포함할 것

Step 1 Get Ready

가장 좋아하는 영화에 관한 정보를 아래 표에 간략하게 정리해 봅시다.

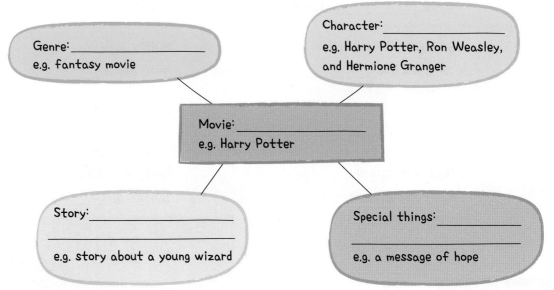

Step 2 Organize

가장 좋아하는 영화를 떠올리며 질문에 맞게 내용을 완성해 봅시다.

Questions	Answers
Why do you like this movie?	→ I like this movie because _____ e.g. the story is very entertaining
What is this movie about?	→ _____ e.g. The *Harry Potter* series is about a young wizard named Harry Potter and his friends.
Who are the main characters in the movie?	→ _____ e.g. The main characters are Harry Potter, Ron Weasley, and Hermione Granger.
Why is the movie special to you?	→ _____ e.g. It provides a message of hope.
How do you feel when you watch this movie?	→ _____ e.g. happy and excited

Draft

위 내용을 바탕으로 가장 좋아하는 영화를 소개하는 글을 완성해 봅시다.

My Favorite Movie: _____

My favorite movie is _____. I like this movie because
_____.

_____ is about _____

_____

_____.

This movie is special to me because _____

_____. _____,

I feel _____.

	평가 영역	채점 기준	점수
채점 기준 예시 (총 10점)	과제 완성도	조건을 모두 충족시켜 과제를 완성함	5점
		조건의 일부를 충족시켜 과제를 완성함	3점
		과제를 완성하지 못함	1점
	내용 타당성	글의 흐름에 맞게 필요한 내용을 알맞게 씀	2점
		글의 흐름에 맞는 내용을 쓰지 못함	1점
	언어 형식	문법과 어휘의 사용에 오류가 없음	3점
		문법과 어휘의 사용에 일부 오류가 있음	2점
		문법과 어휘의 사용에 대부분 오류가 있음	1점

UNIT

10

비교

Grammar ①

❶ 원급(동등) 비교

원급 비교는 「as+형용사(부사)+as」를 써서 '~만큼 …한(하게)'의 뜻으로 서로 동등함을 표현한다. 원급(동등) 비교의 부정은 서로가 같지 않음을 나타내는 것으로 「not as(so)+형용사(부사)+as」의 형태로 쓴다.

She is **as tall as** her mother.	그녀는 그녀의 어머니만큼 키가 크다.
You can run **as fast as** Billy.	너는 Billy만큼 빨리 뛸 수 있어.
Jane is **not as tall as** Tom.	Jane은 Tom만큼 키가 크진 않다.

🔵 Grammar Plus

「as + 형용사(부사)의 원급 + as possible」=「as + 형용사(부사)의 원급 + as + 주어 + can(could)」: 가능한 한 ~한(하게)

Please call me **as soon as possible**.　　　　　가능한 한 빨리 전화 주세요.

= Please call me **as soon as you can**.

❷ 비교급

비교급은 두 대상을 비교할 때 「비교급+than」을 써서 '~보다 더 …한'의 의미를 나타낸다. '훨씬 더 …한'의 의미가 되도록 비교급을 강조할 때는 비교급 앞에 much, even, still, far, a lot 등의 부사를 쓴다.

His bag was **heavier than** mine.	그의 가방은 내 것보다 더 무거웠다.
His idea is **better than** mine.	그의 생각이 내 것보다 더 낫다.
This question is *much* **more difficult than** others.	이 문제는 다른 것들보다 훨씬 더 어렵다.

🔵 Grammar Plus

「The + 비교급~, the + 비교급…」: ~하면 할수록 더 …하다

The more you practice, **the better** you'll become.　　연습하면 할수록, 너는 더 잘하게 될 거다.

「비교급 + and + 비교급」: 점점 더 ~한

It is getting **hotter and hotter**.　　　　점점 더 더워지고 있다.

Grammar Practice ①

A 다음 괄호 안에서 알맞은 것을 고르시오.

1 Nick is a very (smart / smarter) student.
2 She became (as famous / more famous) than her father.
3 This lake is (beautiful / more beautiful) in winter than in summer.
4 Annie jumped (quite / much) high, but Lena jumped (quite / much) higher.

B 다음 밑줄 친 부분을 어법에 맞게 고쳐 쓰시오.

1 I feel <u>good</u> today than yesterday.　　　　→ _____
2 George's room is <u>big</u> than Tim's.　　　　→ _____
3 Dancing is <u>easy</u> than singing for me.　　　→ _____
4 I always get <u>little</u> money than my elder brother.　→ _____

C 우리말과 일치하도록 주어진 단어들을 바르게 배열하여 문장을 완성하시오.

1 한국에서 야구는 축구만큼 인기가 있다. (soccer, as, as, popular)
　→ Baseball is _____ in Korea.
2 Joey는 너만큼 춤을 잘 출 수 있다. (as, you, as, well)
　→ Joey can dance _____.
3 그녀만큼 힘센 여자아이를 본 적이 있니? (as, as, she, strong)
　→ Have you ever seen a girl _____?

D 다음 두 문장이 같은 뜻이 되도록 문장을 완성하시오.

1 The exam was not as difficult as the quiz.
　= The quiz was _____ than the exam.
2 Jane can read faster than Phil.
　= Phil cannot read as _____ as Jane.
3 Her new book didn't sell as much as her last book.
　= Her last book sold _____ than her new book.

A
· smart 똑똑한
· quite 꽤, 상당히

B
· elder 나이가 더 많은

C
· popular 인기 있는

D
· difficult 어려운
· sell 팔다, 팔리다

Grammar ②

❶ 최상급

'~ (중)에서 가장 …한(하게)'의 의미로 셋 이상을 비교하여 정도가 가장 심함을 표현할 때 쓴다. 앞에는 원칙적으로 the를 붙여 「the + 최상급」의 형태로 쓴다. 뒤에 비교 대상이 올 때 장소나 집단을 나타내는 단수 명사일 때는 in, 복수 명사일 때는 of를 쓴다.

This is **the oldest building in the city**. 〈in + 장소, 집단〉	이것은 그 도시에서 가장 오래된 건물이다.
Kate is **the shortest of all her friends**. 〈of + 복수 명사〉	Kate는 그녀의 친구들 전체 중 키가 가장 작다.

🔹 Grammar Plus

「one of the + 최상급 + 복수 명사」: 가장 ~한 것 중의 하나

Anna is **one of the most popular singers** these days.　　Anna는 요즘 가장 인기 있는 가수들 중 한 사람이다.

「부정주어 + 원급/비교급」 = 「the + 최상급」

Jane is **the tallest** girl in her class.　　Jane은 반에서 가장 키가 큰 소녀이다.

= **No** girl in her class is **as(so) tall as** Jane.

= **No** girl in her class is **taller than** Jane.

❷ 형용사(부사)의 비교급과 최상급 만들기

1) 규칙 변화

		원급	비교급	최상급
대부분의 형용사(부사)	+-er/-est	long tall	long**er** tall**er**	long**est** tall**est**
-e로 끝나는 형용사(부사)	+-r/-st	nice cute	nice**r** cute**r**	nice**st** cute**st**
「단모음 + 단자음」으로 끝나는 형용사(부사)	끝자음을 한 번 더 쓰고 +-er/-est	thin big	thin**ner** big**ger**	thin**nest** big**gest**
「자음 + -y」로 끝나는 형용사(부사)	y를 i로 고치고 +-er/-est	lucky happy	luck**ier** happ**ier**	luck**iest** happ**iest**
-ful, -less, -ous, -ly로 끝나는 일부 2음절 단어와 3음절 이상의 형용사(부사)	단어 앞에 more/most	expensive careful	**more** expensive **more** careful	**most** expensive **most** careful

2) 불규칙 변화

원급	비교급	최상급	원급	비교급	최상급
good / well	better	best	many / much	more	most
bad / ill	worse	worst	little	less	least

Grammar Practice ②

A 다음 그림을 보고, 빈칸에 알맞은 말을 쓰시오.

1    2    3

1 An airplane is much faster than a car or a train.

It is the _____ of the three.

2 A bowling ball is heavier than a balloon or a shuttlecock.

It is the _____ of the three.

3 A ring is a lot more expensive than a watch or a toy bear.

It is the _____ _____ of the three.

A
· bowling 볼링
· balloon 풍선
· shuttlecock 셔틀콕
· toy bear 장난감 곰

B 다음 밑줄 친 부분을 어법에 맞게 고쳐 쓰시오.

1 What is the popularest music among teens?

→ _____

2 Nothing is important than time in the world.

→ _____

3 Oprah Winfrey is one of the richer woman in the world.

→ _____

C 우리말과 일치하도록 주어진 단어를 활용하여 문장을 완성하시오.

1 우리는 파리에서 가장 유명한 카페에 가봤어요. (famous)

→ We've been to _____ in Paris.

2 박 선생님은 우리 학교에서 가장 엄격한 선생님이다. (strict)

→ Mr. Park is _____ in our school.

3 영어는 저에게 가장 재미있는 과목들 중 하나입니다. (interesting, subject)

→ English is _____ for me.

C
· strict 엄격한

D 다음 단어들의 비교급과 최상급을 쓰시오.

1 deep – _____ – _____   **5** harmful – _____ – _____

2 healthy – _____ – _____   **6** delicious – _____ – _____

3 hot – _____ – _____   **7** slowly – _____ – _____

4 important – _____ – _____   **8** little – _____ – _____

D
· harmful 해로운

Writing ①

A 우리말과 일치하도록 주어진 단어를 활용하여 문장을 완성하시오.

1 네가 이제 나만큼 키가 크구나. (tall)

→ Now, you are _____ I am.

2 우리 할아버지는 이전보다 더 건강해지셨다. (healthy)

→ My grandfather became _____ before.

3 나는 너만큼 수영을 잘하지 못한다. (swim, well)

→ I can't _____ you.

4 우리 아빠는 엄마보다 훨씬 더 늦게 집에 오신다. (late)

→ My father comes home _____ my mother.

5 우리가 더 많이 함께할수록 우리는 더 행복해질 거야. (happy, will)

→ The more we get together, _____.

6 두바이에 있는 Burj Khalifa는 세계에서 가장 높은 건물이다. (tall, the world)

→ Burj Khalifa, in Dubai, is _____.

B 우리말과 일치하도록 주어진 단어들을 바르게 배열하여 문장을 완성하시오.

1 속도를 줄여. 나는 너만큼 빨리 걸을 수 없어. (as, walk, can't, fast, can, you, as)

→ Slow down. I _____.

2 그것은 내가 지금까지 본 것 중에 가장 웃긴 코미디 쇼이다. (I've, the, show, watched, ever, comedy, funniest)

→ That is _____.

3 이 의자가 저것보다 훨씬 더 편안하다. (comfortable, much, more, is, than)

→ This chair _____ that one.

4 이곳이 시내에서 가장 유명한 식당 중의 하나이다. (the, restaurants, famous, one, of, town, in, most)

→ This is _____.

5 가능한 빨리 답변을 주세요. (as, possible, respond, as, soon)

→ Please _____.

6 그 소식을 듣고 Amy는 더욱 슬퍼졌다. (the news, sadder, to, became, hear)

→ Amy _____.

Writing ②

A 다음 Jane과 Tom의 모습을 보고, 괄호 안의 단어를 활용하여 비교하는 문장을 완성하시오.

1    2    3

1 Tom runs _____. (fast)

2 Jane's food is _____. (delicious)

3 Tom's test score is _____. (good)

B 다음 소설책들을 비교해 보고, 괄호 안의 단어를 활용하여 문장을 완성하시오.

$23.00
published in 2010
350 pages
★★★☆☆

$15.23
published in 2015
200 pages
★★★★★

$10.45
published in 2018
90 pages
★★☆☆☆

1 *I Found a Hat* is _____ than *The Giant Apple*. (expensive)

2 *The Giant Apple* has _____ stars among the three books. (much)

3 *The Secret of Shark Island* is _____ than *I Found a Hat*. (thin)

4 *The Secret of Shark Island* was published _____ among the three books. (recently)

Reading

Lightning is formed when storm clouds are full of drops of water. As the clouds move, these tiny drops of water rub against one another. Electric sparks leap from one cloud to another and sometimes jump to the earth. The flashes we see are not very wide. (<u>그것들은 대략 성인 남자의 손가락 정도의 넓이이다.</u>) They are long, however, and sometimes even as long as eight miles. The flashes are very hot. They are hotter than the surface of the sun.

1 윗글의 내용과 일치하지 <u>않는</u> 것은?

① 섬광의 면적은 매우 넓다.

② 섬광의 온도는 매우 높다.

③ 번개는 먹구름과 관련이 있다.

④ 구름 속 전기 불꽃이 지표면으로 튀기도 한다.

⑤ 움직이는 구름 안에서 작은 물방울들의 마찰이 일어난다.

2 윗글의 밑줄 친 우리말과 일치하도록 주어진 단어들을 알맞게 배열하시오.

➡ They are about _____.

(wide, as, a man's finger, as)

Words and Phrases

lightning 몡 번개, 번갯불
tiny 톙 아주 작은, 아주 적은
leap 용 뛰다, 뛰어넘다(leap – leapt – leapt)
mile 몡 마일(거리 단위, 1,609미터 또는 1,760야드에 해당)

form 용 형성하다
rub 용 문지르다

be full of ~로 가득 차 있다
electric 톙 전기의
flash 몡 섬광, 번쩍임
surface 몡 표면

drop 몡 방울
spark 몡 불꽃, 불똥
wide 톙 넓은

Reading (B)

Sugar cane was first grown in India thousands of years ago. In Roman times it was considered a great luxury in Europe. It remained rare and expensive for centuries, even after the fall of the Roman Empire. In 1493, Columbus took a sugar cane plant to the West Indies. It grew so well that huge plantations were started by Europeans and worked on by slaves from Africa. So much money was made that sugar was known as "white gold." Sugar was used to sweeten food but it was addictive. <u>In the 16th century, the English were the greater sugar-consumers in history.</u> Queen Elizabeth I lost all her teeth because she had so much of it.

* West Indies 서인도 제도

1 설탕에 관한 윗글의 내용과 일치하지 <u>않는</u> 것은?

① 사탕수수는 인도에서 처음 재배되었다.

② 로마 제국 시대에 설탕이 매우 귀했다.

③ 콜럼버스가 사탕수수 묘목을 서인도 제도에 가져갔다.

④ 사탕수수 재배의 확대로 설탕 가격이 하락했다.

⑤ 16세기에는 설탕이 영국에서 가장 많이 소비되었다.

2 윗글의 밑줄 친 문장에서 어법상 바르지 <u>않은</u> 한 부분을 찾아 바르게 고쳐 쓰시오.

_____ ➡ _____

Words and Phrases

sugar cane 사탕수수	Roman 형 로마 제국의	times 명 시대	luxury 명 사치(품)
rare 형 진귀한, 드문	plant 명 식물, 묘목	huge 형 매우 큰	plantation 명 대규모 농장
slave 명 노예	sweeten 동 달게 하다	addictive 형 중독성의	consumer 명 소비자

Vocabulary

1 동사를 만드는 -ify

simple 혱 단순한, 간단한 간단한 해결책: a _____ solution	**simplify** 통 단순화하다, 간소화하다 생활을 간소화하다: _____ life
class 몡 등급, 종류, 학급 제1등급: first _____	**classify** 통 분류하다, 구분하다 도서를 분류하다: _____ the books
quality 몡 (품)질, 자질 양과 질: quantity and _____	**qualify** 통 자격을 취득하다 의사자격을 취득하다: _____ as a doctor
pure 혱 순수한 순금: _____ gold	**purify** 통 정화하다 공기를 정화시키다: _____ the air
clear 혱 분명한, 확실한 분명한 증거: _____ evidence	**clarify** 통 분명하게 하다 입장을 분명히 하다: _____ one's position

2 동사를 만드는 -ize

apology 몡 사과 사과를 받아들이다: accept an _____	**apologize** 통 사과하다 지연에 대해 사과하다: _____ for the delay
symbol 몡 상징 힘의 상징: a _____ of strength	**symbolize** 통 상징하다 죽음을 상징하다: _____ death
modern 혱 현대의 현대 미술: _____ art	**modernize** 통 현대화하다 교실을 현대화하다: _____ classrooms
real 혱 실제의, 진짜의 실제 세계: the _____ world	**realize** 통 깨닫다, 실현하다 그의 실수를 깨닫다: _____ his mistake
civil 혱 시민의, 민간의 시민 사회: a _____ society	**civilize** 통 개화하다, 세련되게 하다 사람들을 개화시키다: _____ people

❸ 동사를 만드는 -en

<table>
<tr>
<td>

fright 몡 놀람, 두려움

놀라서 소리 지르다: cry out in _____

</td>
<td>

frighten 통 놀라게 만들다

아이들을 놀라게 하다: _____ children

</td>
</tr>
<tr>
<td>

worse 혱 더 나쁜, 엉망인

악화되다: get _____

</td>
<td>

worsen 통 악화시키다

문제를 악화시키다: _____ a problem

</td>
</tr>
<tr>
<td>

threat 몡 위협

심각한 위협: a serious _____

</td>
<td>

threaten 통 위협하다

세계평화를 위협하다: _____ world peace

</td>
</tr>
<tr>
<td>

sharp 혱 날카로운, 뾰족한

날카로운 통증: a _____ pain

</td>
<td>

sharpen 통 날카롭게 하다

칼을 갈다: _____ a knife

</td>
</tr>
<tr>
<td>

tight 혱 단단한, 빡빡한, 꽉 조인

빡빡한 스케줄: a _____ schedule

</td>
<td>

tighten 통 팽팽해지다, 꽉 조이다

나사를 조이다: _____ a screw

</td>
</tr>
</table>

Voca Checkup

A 다음 영어는 우리말로, 우리말은 영어로 쓰시오.

1 classify _____
2 clarify _____
3 modernize _____
4 frighten _____
5 threaten _____

6 자격을 취득하다 _____
7 상징하다 _____
8 개화하다, 세련되게 하다 _____
9 악화시키다 _____
10 팽팽해지다, 꽉 조이다 _____

B 다음 빈칸에 알맞은 말을 넣어 어구를 완성하시오.

1 _____ the explanation (설명을 단순화하다)
2 _____ water with a filter (여과기로 물을 정화하다)
3 _____ for the late departure (출발 지연을 사과하다)
4 _____ the danger of crime (범죄의 위험을 깨닫다)
5 _____ a pencil (연필을 날카롭게 하다)

UNIT

11

관계대명사

Grammar

관계대명사는 두 문장을 연결해 주는 접속사 역할과 두 문장에서 공통으로 쓰이는 명사를 대신하는 역할을 함께 한다. 관계대명사가 이끄는 절은 바로 이 명사(선행사)를 꾸며주는 형용사절이다.

❶ 주격 관계대명사

주격 관계대명사는 자신이 이끄는 관계대명사절 안에서 주어 역할을 한다.

> I saw **a girl**. **She** was dancing.
> I saw **a girl** who was dancing.
>   선행사
>
> 나는 춤추고 있는 한 소녀를 보았다.

선행사	주격 관계대명사	예문
사람	who(that)	I know a man **who(that)** speaks French. 나는 프랑스어를 하는 남자를 안다.
사물, 동물	which(that)	I know a restaurant **which(that)** is open 24 hours a day. 나는 하루 24시간 문 여는 식당을 알고 있다.

🔵 Grammar Plus

의문사 **who** vs. 관계대명사 **who**

의문사	**Who** won the game?	누가 게임에서 이겼니?
관계대명사	He is the man **who** won the game.	그가 그 게임에서 이긴 사람이다.

❷ 소유격 관계대명사

소유격 관계대명사는 자신이 이끄는 관계대명사절 안에서 대명사의 소유격 역할을 한다.

> He has **a daughter**. **Her** name is Eva.
> He has **a daughter** whose name is Eva.
>   선행사
>
> 그는 이름이 Eva인 딸이 하나 있다.

선행사	소유격 관계대명사	예문
사람	whose	I know a man **whose** wife is a lawyer. 나는 부인이 변호사인 남자를 안다.
사물, 동물	whose	I know a dog **whose** leg was cut off. 나는 다리 하나가 잘린 개를 안다.

🔵 Grammar Plus

의문사 **whose** vs. 관계대명사 **whose**

의문사	**Whose** shoes are these?	이것은 누구의 신발이니?
관계대명사	He is the boy **whose** shoes were stolen.	그가 신발을 도둑맞은 소년이다.

Grammar Practice ①

A 의미상 자연스러운 한 문장이 되도록 연결하시오.

1 Look at the children	•	• ⓐ whose daughter is a popular singer.
2 That is the bus	•	• ⓑ that flies an airplane.
3 A pilot is someone	•	• ⓒ which goes to Seoul.
4 I know a man	•	• ⓓ who lost their parents in the war.

A
· pilot 조종사
· war 전쟁

B 다음 빈칸에 들어갈 말을 〈보기〉에서 골라 쓰시오.

◀ 보기 ▶
whose	which	who

1 This is the car _____ runs on electricity.

2 He showed me a book _____ title is in Russian.

3 He is the man _____ lives next door to me.

B
· electricity 전기
· title 제목
· Russian 러시아어
· next door 옆집

C 다음 밑줄 친 부분을 어법에 맞게 고쳐 쓰시오.

1 A blender is a machine <u>who</u> mixes foods.

→ _____

2 She is an actress <u>which</u> starred in the movie *Spider-Man* 3.

→ _____

3 That's the man <u>which</u> car was stolen.

→ _____

C
· blender 믹서기
· actress 여배우
· star 주연을 맡다

D 관계대명사를 이용하여 두 문장을 한 문장으로 쓰시오.

1 I don't like people. They talk too much.

→ _____

2 My brother is a university professor. His major is economics.

→ _____

3 She lives in a two-story building. Its roof is red.

→ _____

D
· professor 교수
· major 전공
· economics 경제학
· two-story 2층 짜리
· roof 지붕

Grammar ②

① 목적격 관계대명사

목적격 관계대명사는 자신이 이끄는 관계대명사절 안에서 목적어 역할을 한다.

> This is **the cup**. I bought **it** yesterday.
> This is **the cup** that I bought yesterday .
> 　　　　선행사
> 이것이 내가 어제 산 컵이다.

선행사	목적격 관계대명사	예문
사람	whom(who/that)	The people **whom(who/that)** I work with are really nice. 나와 같이 일하는 사람들은 정말 친절하다.
사물, 동물	which(that)	Do you remember the note **which(that)** Jane gave you? 너는 Jane이 너에게 준 쪽지를 기억하니?

Grammar Plus

목적격 관계대명사는 생략하는 경우가 많으며, 선행사가 사람일 때 목적격 관계대명사 whom 대신 who를 쓰기도 한다.

Ms. Park is the teacher **(who)** I admire most. 　　　　박 선생님은 내가 가장 존경하는 선생님이다.

What is the language **(which)** people in Peru use? 　　　페루 사람들이 사용하는 언어는 무엇이니?

② 관계대명사 what

관계대명사 what은 선행사를 포함하는 관계대명사로, '~하는 것(the thing(s) that)'이란 뜻으로 쓰인다. what이 이끄는 관계대명사절은 명사절로서 문장에서 주어, 목적어, 보어로 사용된다.

> This is the cup that I bought yesterday .
> 　　　　선행사　　　관계대명사절 (형용사 역할)
> 이것이 내가 어제 산 컵이다.
>
> This is what I bought yesterday .
> 　　　　명사절 (보어 역할)
> 이것이 내가 어제 산 것이다.

What she lost was his love. (주어) 　　　　그녀가 잃은 것은 그의 사랑이었다.

I know **what** you did last summer. (목적어) 　　나는 네가 지난여름에 한 일을 알고 있다.

Rest is **what** I need most now. (보어) 　　　휴식은 지금 내가 가장 필요로 하는 것이다.

Grammar Plus

의문사 what vs. 관계대명사 what

| 의문사 | **What** do you want? (무엇) | 너는 무엇을 원하니? |
| 관계대명사 | He gave me **what** I wanted. (~하는 것) | 그는 내가 원하는 것을 주었다. |

Grammar Practice ②

A 〈보기〉와 같이 한 문장을 두 문장으로 바꿔 쓰시오.

> ◀ 보기 ▶
> The boy whom you are interested in is my cousin.
> = The boy is my cousin. You are interested in the boy.

1 The women whom he's talking with are lawyers.

= The women are lawyers. _____

2 How was the movie that you watched?

= You _____. How _____?

A
· lawyer 변호사

B 다음 문장에서 생략할 수 있는 부분에 밑줄을 치시오. (없는 경우는 ×표 하시오.)

1 The bus which I was waiting for didn't come.

2 The people whom I met were very nice.

3 Is this the book that you were looking for?

4 She met a boy who had big eyes.

B
· look for ~을 찾다

C 다음 괄호 안에서 알맞은 것을 고르시오.

1 He didn't like the food (that / what) I cooked.

2 (What / That) makes me happy is music.

3 My mother told a story (which / what) we couldn't believe.

4 This is (what / that) my brother asked for.

C
· ask for ~을 요청하다

D 우리말과 일치하도록 밑줄 친 부분을 바르게 고쳐 쓰시오.

1 여기, 내가 어제 산 초콜릿이야.

= Here's the chocolate <u>what</u> I bought yesterday.　→ _____

2 이것이 그녀가 원했던 것 아니니?

= Isn't this <u>that</u> she wanted?　→ _____

3 그가 네게 준 것을 내게 보여줘.

= Let me see <u>who</u> he gave you.　→ _____

Writing ①

A 우리말과 일치하도록 빈칸에 알맞은 관계대명사를 쓰시오.

1 이것은 내가 너를 위해 그린 그림이다.

→ This is the picture _____ I drew for you.

2 나는 콘서트로 달려가고 있는 사람들이 보인다.

→ I see the people _____ are running to the concert.

3 부모님이 늦게까지 일하시는 내 친구는 때때로 외로워한다.

→ My friend _____ parents work late sometimes gets lonely.

4 이것들은 내가 구운 쿠키이다.

→ These are the cookies _____ I baked.

5 네가 지금 필요한 것은 좋은 친구이다.

→ _____ you need now is a good friend.

6 나는 미국으로 이사 간 내 친구가 그립다.

→ I miss my friend _____ moved to America.

B 우리말과 일치하도록 주어진 단어들을 바르게 배열하여 문장을 완성하시오.

1 나는 내가 직접 만든 원피스를 판다. (make, that, I, myself)

→ I sell dresses _____.

2 내 옆에 앉아있는 소녀는 내 여동생이다. (is, next, me, who, sitting, to)

→ The girl _____ is my sister.

3 빈센트 반 고흐에 의해 그려진 그 그림은 아주 귀중하다. (was, by, Vincent van Gogh, which, painted)

→ The picture _____ is priceless.

4 그 남자는 유명한 디자이너가 만든 모자를 쓰고 있다. (made, a, famous, that, designer)

→ The man is wearing a hat _____.

5 내가 필요한 것은 휴식할 시간이다. (need, I, what)

→ _____ is time to relax.

6 생일이 오늘인 소녀가 누구니? (today, whose, is, birthday)

→ Who is the girl _____?

Writing

A 〈보기〉와 같이 관계대명사를 이용하여 영화 광고문을 완성하시오.

People want to see this movie.

1 Its director is John Davis.

2 Michael Holly starred in this movie.

3 People can enjoy fantastic special effects in this movie.

◀ 보기 ▶
Skyline is a movie which people want to see.

1 *Skyline* is a movie _____ .

2 *Skyline* is a movie _____ .

3 *Skyline* is a movie _____ .

B 어느 날 실종된 배우 Tom의 용의자에 대한 경찰의 다음과 같은 메모 내용을 보고, 〈보기〉와 같이 관계대명사를 이용한 문장을 쓰시오.

George Baker, movie director, He had an argument with Tom.
➡
◀ 보기 ▶
George Baker is the movie director who(that) had an argument with Tom.

Felix Goldman, reporter, He knew Tom at school.
➡ **1** _____

Bill Wang, farmer, Tom bought his land.
➡ **2** _____

Sonia Carter, house guest, Her fingerprints were on the door handle.
➡ **3** _____

Have you ever wondered why women in famous paintings look like men? A study of the women in the paintings of the Sistine Chapel by the great artist Michelangelo found many features _____ are unique to the male body. All the women in the paintings have well-developed muscles. They also have long thighs _____ are typical of the male body. Maybe it was difficult to find female models during the Renaissance. So, Michelangelo could have drawn male models first and painted women's clothing on top of them.

1 미켈란젤로의 여성 그림에서 찾아볼 수 있는 남성 신체의 특징은 무엇인가?

① small face

② thick neck

③ hairy chest

④ long thighs

⑤ broad shoulders

2 윗글의 빈칸에 공통으로 들어갈 알맞은 말을 쓰시오.

➡ _____

Words and Phrases

wonder ⑧ 궁금해하다	look like ~처럼 보이다	chapel ⑲ 예배당	feature ⑲ 특색, 특징
unique ⑲ 독특한, 독자적인	male ⑲ 남성의	well-developed ⑲ 잘 발달된	muscle ⑲ 근육
thigh ⑲ 허벅지	typical ⑲ 전형적인, 대표적인	female ⑲ 여성의	Renaissance ⑲ 르네상스
thick ⑲ 굵은	hairy ⑲ 털이 많은	chest ⑲ 가슴	broad ⑲ 폭이 넓은

정답과 해설 • 36쪽

In North America and Europe, most women want to be slim. (①) In those places, a slim woman is considered a beautiful and healthy woman. (②) To help girls and women look healthy and beautiful, people in Central Africa send them to a fattening room. (③) The fattening room is usually near the family's house. In the fattening room, a girl lives, sleeps, and eats food <u>that</u> helps her get fat. (④) The only visitors are women who teach her how to sit, walk and talk. (⑤) They also give her advice about cleaning, sewing and cooking.

1 윗글에서 다음 문장이 들어갈 위치로 알맞은 곳은?

> But, in many parts of Africa, a fat woman is considered beautiful and healthy.

①   ②   ③   ④   ⑤

2 윗글의 밑줄 친 that과 쓰임이 같은 것은?

① Look at that car.
② That's what I want to buy.
③ I think that you're wrong.
④ I know a cafe that has good coffee.
⑤ Do you remember that he works at the theater?

Vocabulary

① 부사를 만드는 -ly

sad 형 슬픈 나에게 슬픈 날: a _____ day for me	**sad**ly 부 슬프게 슬프게 울다: cry _____
serious 형 심각한, 진지한 심각한 부상: _____ injury	**serious**ly 부 (나쁘거나 위험한 정도가) 심하게, 진지하게 심하게 다치다: be _____ hurt
terrible 형 끔찍한, 형편없는 끔찍한 꿈: a _____ dream	**terrib**ly 부 대단히, 지독히 정말 미안해요.: I'm _____ sorry.
regular 형 규칙적인 규칙적인 박동: a _____ beat	**regular**ly 부 규칙적으로 규칙적으로 운동하다: work out _____
poor 형 가난한, 좋지 못한 좋지 못한 대답: a _____ answer	**poor**ly 부 형편없이 형편없이 디자인된: _____ designed

rapid 형 빠른 급속한 변화: a _____ change	**rapid**ly 부 빠르게 빠르게 성장하다: grow _____
usual 형 보통의, 흔한 늘 하던 방식으로: in the _____ way	**usual**ly 부 보통, 대개 보통 차로 가다: _____ go by car
clear 형 맑은, 분명한 맑은 하늘: a _____ sky	**clear**ly 부 분명히, 또렷하게 명확하게 말하다: speak _____
common 형 흔한, 공통의 흔한 이름: a _____ name	**common**ly 부 흔히, 보통 흔히 발생하다: _____ happen
equal 형 동일한 균등한 기회: an _____ opportunity	**equal**ly 부 동일하게 동등하게 대우하다: treat _____

exact 형 정확한 정확한 위치: an _____ location	**exactly** 부 정확히 정확히 12시에: at _____ 12 o'clock
safe 형 안전한 안전한 피난처: a _____ shelter	**safely** 부 안전하게 안전하게 운전하다: drive _____
wide 형 넓은 넓은 지역: a _____ area	**widely** 부 폭넓게, 널리 널리 사용되다: be _____ used
rare 형 드문, 희귀한 희귀한 동물: a _____ animal	**rarely** 부 드물게, 좀처럼 ~하지 않는 거의 왕래하지 않다: _____ come and go
heavy 형 무거운, (정도가) 심한 폭설 _____ snow	**heavily** 부 (양·정도가) 심하게, 아주 많이 비가 아주 많이 내리다: rain _____

Voca Checkup

A 다음 영어는 우리말로, 우리말은 영어로 쓰시오.

1 sadly _____
2 poorly _____
3 usually _____
4 equally _____
5 widely _____

6 대단히, 지독히 _____
7 빠르게 _____
8 분명히, 또렷하게 _____
9 안전하게 _____
10 심하게, 아주 많이 _____

B 다음 빈칸에 알맞은 말을 넣어 어구를 완성하시오.

1 _____ ill (심하게 아픈)
2 _____ attend the meeting (그 회의에 규칙적으로 참가하다)
3 _____ known as street basketball (흔히 길거리 농구로 알려진)
4 _____ a year ago (정확히 일 년 전에)
5 a _____ - performed play (거의 공연되지 않은 연극)

정답 **A 1** 슬프게 **2** 형편없이 **3** 보통, 대개 **4** 동일하게 **5** 폭넓게, 널리 **6** terribly **7** rapidly **8** clearly **9** safely **10** heavily
 B 1 seriously **2** regularly **3** commonly **4** exactly **5** rarely

UNIT

12

접속사

Grammar ①

① 명사절을 이끄는 접속사 that

접속사 that은 명사 역할을 하는 절을 이끈다. 접속사 that이 이끄는 절은 문장에서 주어, 목적어, 보어로 쓰이는데, that 절이 주어 역할을 할 때는 보통 가주어 it으로 대신하고 that절은 맨 뒤로 보낸다.

주어	**That** he will help us is certain. = It is certain **that** he will help us.	그가 우리를 도와줄 것이 확실하다.
목적어	I believe **that** you are mistaken.	나는 네가 잘못 알고 있다고 믿는다.
보어	The truth is **that** he is innocent.	진실은 그가 결백하다는 것이다.

Grammar Plus

· that절이 목적어 역할을 하는 경우 접속사 that은 흔히 생략된다.

I think **(that)** Korean is easy to learn.	나는 한국어가 배우기 쉽다고 생각한다.
He knew **(that)** the story was true.	그는 그 이야기가 사실이라는 것을 알았다.

② 부사절을 이끄는 시간 접속사 while, until

접속사 while은 '~하는 동안'이라는 뜻으로 동시에 일어나는 동작을 나타낼 때 쓰이며, 접속사 until은 '~까지 (계속)'이라는 뜻으로 쓰인다.

What happened **while** I was out?	내가 없는 동안 무슨 일이 일어났니?
Please wait here **until** I call you.	제가 부를 때까지 여기에서 기다리세요.

Grammar Plus

접속사 while은 '~하는 반면에'라는 뜻으로 대조를 나타낼 때에도 쓰인다.

In August, it is cold in Australia **while** it is hot here.	8월에는, 여기는 더운 반면에 호주는 춥다.

Grammar Practice ①

A 우리말과 일치하도록 빈칸에 알맞은 접속사를 쓰시오.

1 내가 이것을 끝낼 때까지 기다려주겠니?

→ Will you wait for me _____ I finish this?

2 그는 Joan이 그 공책을 훔치지 않았다는 것을 믿는다.

→ He believes _____ Joan did not steal the notebook.

B 우리말과 일치하도록 주어진 단어들을 바르게 배열하여 문장을 완성하시오.

1 나는 그녀가 Andy와 결혼하기를 바란다. (she, Andy, hope, will marry, that)

→ I _____ .

2 문제는 이 차가 연료를 너무 많이 소모한다는 것이다. (that, this car, is, consumes, too much fuel)

→ The problem _____ .

3 Susan은 시험을 치르는 동안 긴장했다. (was taking, she, while, the exam)

→ Susan was nervous _____ .

4 내가 점심을 먹는 동안 수영하러 가거라. (lunch, am having, I, while)

→ Go swimming _____ .

C 다음 괄호 안에서 알맞은 것을 고르시오.

1 I usually watch TV (that / while) I walk on the treadmill.

2 (Until / While) Minjae likes winter sports, his brother likes summer sports.

3 She waved (until / while) the train was out of sight.

D 다음 〈보기〉의 표현을 이용하여 고민에 대한 조언을 완성하시오.

┌─ 보기 ─────────────────────────────────────┐
that, should (not), you	• get some rest
	• drink coffee
	• work out regularly
└──┘

1 A: I'm overweight.

B: I think _____ .

2 A: I have a bad cold.

B: I think _____ .

3 A: I can't sleep well at night.

B: I think _____ .

B
· consume 소비하다
· fuel 기름, 연료
· nervous 긴장된

C
· treadmill 러닝머신
· wave 손을 흔들다
· out of sight 보이지 않는

D
· work out 운동하다
· regularly 규칙적으로
· work out 운동하다
· overweight 과체중의, 비만의
· have a cold 감기에 걸리다

Grammar ②

❶ 부사절을 이끄는 이유 접속사 as, since

접속사 as와 since는 모두 '~때문에'라는 뜻으로 이유를 언급할 때 쓰인다. because와 뜻은 비슷하나 강한 인과 관계보다는 주로 이미 알려진 이유나 당연한 이유 등을 말할 때 쓰인다.

As I was tired, I went to bed early.	나는 피곤해서, 일찍 잠자리에 들었다.
Since it's raining, let's stay at home.	비가 오니까, 집에 있자.

> **Grammar Plus**

as는 '~할 때, ~하면서', since는 '~한 이래로'의 의미로 시간을 나타내기도 한다.

The artist sings **as** he paints.	그 화가는 그림을 그릴 때 노래를 부른다.
I have known Paul **since** he was a child.	나는 Paul이 아이일 때부터 알아왔다.

❷ 부사절을 이끄는 양보 접속사 though, although, even though

접속사 though(although)는 '비록 ~임에도 불구하고'라는 뜻으로 양보의 부사절을 이끈다. 비슷한 표현으로 even though가 있다.

They are happy **though** they are poor.	그들은 비록 가난하지만 행복하다.
Although it was cold, I went swimming.	비록 추웠지만, 나는 수영하러 갔다.
John will come **even though** it is snowing.	눈이 오고 있지만 John은 올 것이다.

> **Grammar Plus**

조건의 접속사 **if, unless (=if ~ not)**

if는 조건을 나타내어 '~하면'의 의미이고, unless는 '~하지 않으면'의 의미로 쓰인다. 이때 unless는 자체적으로 부정의 의미가 있으므로 not과 함께 쓰지 않도록 주의한다.

If the answer is wrong, the red light comes on.	답이 틀리면, 빨간 불이 들어온다.
I forget things **unless** I write them down.	나는 일들을 적어두지 않으면 잊어버린다.

Grammar Practice ②

A 다음 두 문장의 의미가 일치하도록 빈칸에 알맞은 접속사를 쓰시오.

1 It rained, but we went hiking.

= We went hiking _____ it rained.

2 I took a taxi to the station, but I missed my train.

= _____ I took a taxi to the station, I missed my train.

A
· miss 놓치다
· station (기차) 역

B 의미상 자연스러운 한 문장이 되도록 연결하시오.

1 He was very poor ·

2 Although she was late, ·

3 I didn't wear a coat ·

· ⓐ though it was chilly outside.

· ⓑ nobody got upset.

· ⓒ though he worked very hard.

B
· chilly 쌀쌀한, 추운
· upset 마음이 상한

C 우리말과 일치하도록 주어진 단어들을 바르게 배열하여 문장을 완성하시오.

1 질문 있으면, 손을 드세요. (your hand, raise, if, have, you, any questions)

→ _____

2 너는 서두르지 않으면, 학교에 늦을 거야. (hurry up, unless, you'll, school, you, be late for)

→ _____

3 그녀의 부모님은 키가 크지만, 그녀는 작다. (she, tall, although, parents, short, is, her, are)

→ _____

C
· raise (손 등을) 들어 올리다

D 다음 밑줄 친 접속사의 의미로 가장 알맞은 것을 〈보기〉에서 골라 쓰시오.

◀ 보기 ▶

~할 때   ~때문에   ~한 이래로

1 Sam spilled milk on his computer <u>as</u> he was getting up. → _____

2 I skipped dinner <u>as</u> I ate so much pizza for lunch. → _____

3 It has been seventy years <u>since</u> the war broke out. → _____

4 I was very nervous <u>since</u> it was my first job interview. → _____

D
· spill (액체를) 흘리다, 쏟다
· skip 거르다, 빼먹다
· break out (전쟁 등이) 일어나다, 발발하다

Writing ①

정답과 해설 • 38쪽

A 우리말과 일치하도록 빈칸에 알맞은 접속사를 쓰시오.

1 나는 너무 행복해서, 하루 종일 미소 지었다.

→ _____ I was so happy, I smiled all day.

2 네가 여권이 있으면, 아무 문제가 없을 거야.

→ _____ you have your passport, you will have no problem.

3 네가 ID 번호만 잊지 않는다면 너는 괜찮을 거야.

→ You will be fine _____ you forget your ID number.

4 나는 10살 때부터 영어를 공부해 오고 있다.

→ I have been studying English _____ I was 10.

5 그것이 어려울지라도, 너는 할 수 있어.

→ _____ it is difficult, you can do it.

6 나는 그가 그 아이디어를 훔치지 않았다는 것을 안다.

→ I know _____ he did not steal the idea.

B 우리말과 일치하도록 주어진 단어들을 바르게 배열하여 문장을 완성하시오.

1 엄마가 나가신 동안, 나는 내 방을 청소했다. (my, while, mom, out, was)

→ _____, I cleaned my room.

2 나는 네가 좋은 선생님이 될 거라고 생각한다. (you, be, good, that, will, a, teacher)

→ I think _____.

3 나는 내 점수에 실망했음에도 불구하고, 포기하지 않았다. (was, with, score, though, I, disappointed, my)

→ _____, I didn't give up.

4 Jane은 너에게 동의하는 반면에, Susan은 그렇지 않다. (with, you, agrees, while, Jane)

→ _____, Susan doesn't.

5 Andrew는 포기하지 않는다면 시험을 통과할 것이다. (gives, unless, he, up)

→ Andrew will pass the exam _____.

6 네 꿈이 실현될 때까지 나는 네 곁에 있을 것이다. (your, comes, until, dream, true)

→ I will be there for you _____.

Writing

A 다음 그림을 보고, 주어진 〈조건〉에 맞게 문장을 완성하시오.

> ◀ 조건 ▶
> 1. 접속사를 사용할 것
> 2. 주어진 단어를 포함하여 총 4단어로 쓸 것

1

2

1 _____, he likes Korean food. (Scott, American)

2 He held the robber _____. (arrived, the police)

B 다음 주어진 어구와 접속사 while을 이용하여 그림을 묘사하는 문장들을 〈보기〉와 같이 완성하시오.

> **1** Jinho was interested in it
> **2** the door was closed
> **3** the window was open

> ◀ 보기 ▶
> Minsu sang a song while the music teacher played the piano.

1 Jina was not interested in the performance _____.

2 The window was wide open _____.

3 The wind blew heavily _____.

Reading

The tooth fairy is an imaginary figure common in early childhood. When children lose a baby tooth and place it under a pillow, the tooth fairy is believed to visit _____ the children sleep, and replace the lost tooth with a small gift or money. The tooth fairy exists in different forms all around the world. In Mongolia, for example, a lost tooth is given to a dog, since dogs are considered guardian angels. In Korea and Japan, when children lose a tooth, they are told to throw it over the roof, or put it under the house.

1 윗글의 주제로 알맞은 것은?

① Beliefs about lost baby teeth
② A childhood fantasy
③ Fairies around the world
④ How to replace a lost tooth
⑤ A bad dream about losing teeth

2 윗글의 빈칸에 들어갈 말로 알맞은 것은?

① during ② while ③ unless
④ since ⑤ though

Words and Phrases

fairy 명 요정
childhood 명 어린 시절
pillow 명 베개
consider 통 생각하다, (~으로) 여기다

imaginary 형 상상에만 존재하는, 가상적인
lose a tooth 이가 빠지다
replace 통 교체하다
guardian 명 수호자

figure 명 인물, 숫자
place 통 두다
exist 통 존재하다

Reading B

The kiwi, a strange bird from New Zealand, doesn't act at all like other birds. It can't even fly. Its sleeping habits are just as strange. It sleeps during the brightest hours of the day. The kiwi lays eggs like other birds. Do mother kiwis sit on the eggs to get them to hatch? Not at all. Daddy kiwis sit on the eggs (as / that) mother kiwis walk about looking for worms and snails. Most birds are covered with feathers and so is the kiwi. But kiwi feathers are so thin that the kiwi seems to be covered by hair.

1 윗글의 제목으로 알맞은 것은?

① What Is the Kiwi?

② The Daddy Kiwi's Love

③ A Dream of the Kiwi

④ How Strange the Kiwi Is!

⑤ The Kiwi: a Fruit or a Bird?

2 윗글의 괄호 안에서 알맞은 것을 골라 쓰시오.

➡ _____

Words and Phrases

kiwi 몡 키위(새)   habit 몡 습관   brightest 혱 가장 밝은   lay 동 (알을) 낳다 (lay－laid－laid)

hatch 동 부화하다, 부화시키다   walk about (걸어) 돌아다니다, 산책하다   snail 몡 달팽이

be covered with ～로 덮여 있다   feather 몡 (새의) 털, 깃털   thin 혱 얇은   hair 몡 머리(털), 털

Vocabulary

1 부정의 의미를 만드는 in-

correct 형 정확한, 올바른 올바른 답: a _____ answer	**incorrect** 형 부정확한, 맞지 않는 틀린 답: _____ answers
formal 형 공식적인, 격식 있는 공식 발표: a _____ announcement	**informal** 형 비공식의, 비격식의 비공식적인 회의: _____ meetings
expensive 형 비싼 비싼 장난감: an _____ toy	**inexpensive** 형 비싸지 않은 저렴한 호텔: an _____ hotel
direct 형 직접적인 직접적인 질문: a _____ question	**indirect** 형 간접적인 간접적인 방법: an _____ method
dependent 형 의존적인 부모에게 의존적인: _____ on parents	**independent** 형 독립된, 독립 정신이 강한 독립국가: an _____ country

2 부정의 의미를 만드는 un-

fair 형 공정한 공정한 경기: a _____ play	**unfair** 형 불공정한 부당한 법: an _____ law
easy 형 쉬운, 편안한 쉬운 질문: an _____ question	**uneasy** 형 불안한, 불편한 불편한 수면: an _____ sleep
likely 형 ~할 것 같은 그럴듯한 이야기: a _____ story	**unlikely** 형 ~할 것 같지 않은 그건 가능하지 않다.: It's _____.
known 형 알려진 알려진 원수(적): a _____ enemy	**unknown** 형 알려지지 않은 알려지지 않은 이유: _____ reasons
lock 동 잠그다 문을 잠그다: _____ the door	**unlock** 동 (잠긴 문 등을) 열다 (잠긴) 문을 열다: _____ the door

❸ 부정의 의미를 만드는 dis-

appear 동 나타나다, 출연하다 TV에 출연하다: _____ on TV	**disappear** 동 사라지다 흔적도 없이 사라지다: _____ without a trace
agree 동 동의하다 해야 할 일에 동의하다: _____ on what to do	**disagree** 동 동의하지 않다, 일치하지 않다 강하게 반대하다: strongly _____
cover 동 가리다, 씌우다 무릎을 가리다: _____ one's knees	**discover** 동 발견하다, 알아내다 미국을 발견하다: _____ America
order 명 순서, 정돈, 질서 크기 순서로: in _____ of size	**disorder** 명 엉망, 무질서, 이상 정신 이상: a mental _____
ability 명 능력 지불 능력: the _____ to pay	**disability** 명 (신체적·정신적) 장애 장애가 있는 사람: a person with a _____

Voca Checkup

A 다음 영어는 우리말로, 우리말은 영어로 쓰시오.

1 informal _____
2 indirect _____
3 unlikely _____
4 unlock _____
5 discover _____

6 비싸지 않은 _____
7 불공정한 _____
8 알려지지 않은 _____
9 사라지다 _____
10 (신체적, 정신적) 장애 _____

B 다음 빈칸에 알맞은 말을 넣어 어구를 완성하시오.

1 an _____ spelling (틀린 철자)
2 an _____ leader (독립 정신이 강한 지도자)
3 _____ feelings (불안한 감정)
4 _____ with his opinion (그의 의견에 동의하지 않다)
5 a physical _____ (신체적인 이상)

정답 **A 1** 비공식의, 비격식의 **2** 간접적인 **3** ～할 것 같지 않은 **4** (잠긴 문 등을) 열다 **5** 발견하다, 알아내다 **6** inexpensive **7** unfair **8** unknown
  9 disappear **10** disability
  B 1 incorrect **2** independent **3** uneasy **4** disagree **5** disorder

Writing

수행평가

예시문제　다음 표를 참고하여 세 가지 노트북 제품을 비교하며 신제품(Vista 7)을 광고하는 글을 다음 조건에 맞게 써 봅시다.

조건　1. 원급, 비교급, 최상급 문장을 하나 이상씩 포함할 것　2. 광고의 특성이 드러나는 문장을 포함할 것
3. 70~100자로 쓸 것

Model Detail	Vista 5	Vista 6	Vista 7
Screen Size	9 inches	13 inches	14 inches
Memory	2 GB	4 GB	8 GB
Weight	2kg	1.4kg	1kg
Color	2 colors	2 colors	4 colors

Step 1 Get Ready

위 표의 내용과 일치하도록 괄호 안의 말을 활용하여 문장을 완성해 봅시다.

1 Vista 7 has _____ screen size. (large)

2 The memory of Vista 7 is _____ Vista 5. (four times, big)

3 Vista 7 is _____ among the three. (light)

4 Vista 7 weighs _____ Vista 5. (half, much)

5 Vista 7 has _____ than the others. (color)

Step 2 Organize

시작과 마지막에 광고문에 자주 쓰이는 문구들을 추가하여 빈칸을 완성해 봅시다.

tip
• This model has been improved a lot!
• You should hurry to get this product!
• Supplies are limited!
• It's different!

Beginning	(Your own) _____
Middle	Vista 7 has _____ screen size. The memory of Vista 7 is _____ Vista 5. It is _____ among the three. Plus, it weighs _____ Vista 5, and has _____ than the previous models. (color)
End	(Your own) _____

Draft

위 내용을 바탕으로 신제품(Vista 7)을 광고하는 글을 완성해 봅시다.

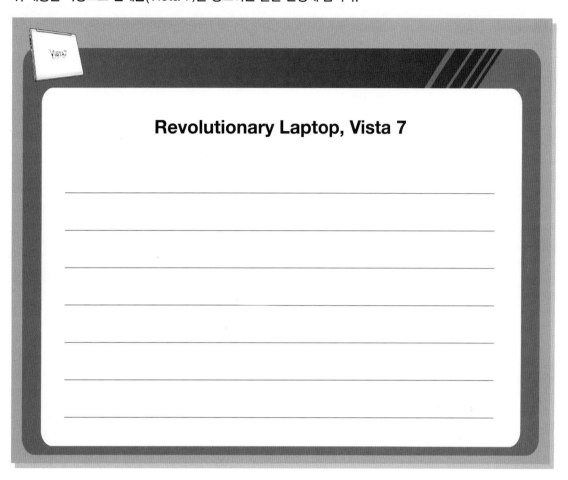

Revolutionary Laptop, Vista 7

	평가 영역	채점 기준	점수
채점 기준 예시 (총 10점)	과제 완성도	조건을 모두 충족시켜 과제를 완성함	5점
		조건의 일부를 충족시켜 과제를 완성함	3점
		과제를 완성하지 못함	1점
	내용 타당성	글의 흐름에 맞게 필요한 내용을 알맞게 씀	2점
		글의 흐름에 맞는 내용을 쓰지 못함	1점
	언어 형식	문법과 어휘의 사용에 오류가 없음	3점
		문법과 어휘의 사용에 일부 오류가 있음	2점
		문법과 어휘의 사용에 대부분 오류가 있음	1점

MEMO

중/학/기/본/서 베/스/트/셀/러 ────────

교과서가 달라도,
한 권으로 끝내는
자기 주도 학습서
──── 뉴런

국어 1~3   영어 1~3   수학 1(상)~3(하)

사회 ①, ②   과학 1~3   역사 ①, ②

문제 상황

 학교마다 다른 교과서

 자신 없는 자기 주도 학습

 풀이가 꼭 필요한 수학

뉴런으로 해결!

어떤 교과서도 통하는
중학 필수 개념 정리

All-in-One 구성(개념책/실전책/미니북),
무료 강의로 자기 주도 학습 완성

수학 강의는 문항코드가 있어
원하는 문항으로 바로 연결

세상에 없던 새로운 공부법

EBS 중학

뉴런

| 영어 2 |

Main Book

EBS

중학도 역시 EBS

세상에 없던 새로운 공부법

EBS 중학 뉴런

전 단원 무료 강의

영어 2

무료 강의 제공

Workbook

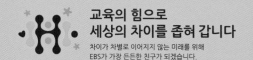

교육의 힘으로
세상의 차이를 좁혀 갑니다
차이가 차별로 이어지지 않는 미래를 위해
EBS가 가장 든든한 친구가 되겠습니다.

모든 교재 정보와 다양한 이벤트가 가득!
EBS 교재사이트 book.ebs.co.kr

본 교재는 EBS 교재사이트에서
eBook으로도 구입하실 수 있습니다.

본 교재의 강의 프로그램은
TV와 모바일 APP, EBS 중학사이트(mid.ebs.co.kr)에서
무료로 이용하실 수 있습니다.

발행일 2018. 12. 20. 21쇄 인쇄일 2025. 1. 13. 신고번호 제2017-000193호 펴낸곳 한국교육방송공사 경기도 고양시 일산동구 한류월드로 281
표지디자인 위북스 표지 ㈜무닉 편집디자인 ㈜글사랑 편집 ㈜글사랑 인쇄 팩컴코리아㈜
인쇄 과정 중 잘못된 교재는 구입하신 곳에서 교환하여 드립니다. 신규 사업 및 교재 광고 문의 pub@ebs.co.kr

EBS 중학

뉴런

| 영어 2 |

Workbook

| 기획 및 개발 |

정자경 김현영 허진희

| 집필 및 검토 |

김수진(전 평창고) 염지선(구현고) 유현주(언남중) 윤진섭(신일중) 유지현(신사중) 이지애(파주 교하중) 고미라(상원중) 박리원(아주중) 손연주(강동중)

양소영(서울금융고) 이현주(연주중) 정운경(강남서초교육지원청)

| 검토 |

김순천 신수진 정두섭 조현정 Robin Klinkner Colleen Chapco

교재 정답지, 정오표 서비스 및 내용 문의 ⟨ EBS 중학사이트 ⟩ → ⟨ 교재 검색 ⟩ → ⟨ 교재 선택 ⟩

필독

중학 국어로 수능 잡기

✦ **필독** 중학 국어로 수능 잡기 시리즈

문학 ── 비문학 독해 ── 문법 ── 교과서 시 ── 교과서 소설

EBS 중학

뉴런

| 영어 2 |

Workbook

Application
이 책의 효과적인 활용법

1 방송 시청을 생활화

방송 강의의 특성상 시청 시간을 한두 번 놓치면 계속 학습할 의욕을 잃게 되기 마련입니다. 강의를 방송 시간에 시청할 수 없을 경우에는 EBS 홈페이지의 무료 VOD 서비스를 활용하도록 하세요.

2 철저한 예습은 필수

방송 강의는 마법이 아닙니다. 자신의 노력 없이 단순히 강의만 열심히 들으면 실력이 저절로 향상될 것이라고 믿으면 오산! 예습을 통해 학습할 내용과 자신의 약한 부분을 파악하고, 강의를 들을 때 이 부분에 중점을 두어 학습하도록 합니다.

3 적극적이고 능동적으로 강의에 참여

수동적으로 강의를 듣기만 하는 것이 아니라 직접 강의에 참여하는 자세가 중요합니다. 중요한 내용이나 의문 사항을 메모하는 습관은 학습 내용의 이해와 복습을 위해 필수입니다.

4 자신의 약점을 파악한 후 선택적으로 집중 복습

자신이 약한 부분과 개념, 문항들을 점검하여 집중 복습함으로써 확실한 자기 지식으로 만드는 과정이 더해진다면, 어느 날 실력이 눈부시게 발전한 자신과 마주하게 될 것입니다.

- EBS 홈페이지(http://mid.ebs.co.kr)로 들어오셔서 회원으로 등록하세요.
- 본 방송교재의 프로그램 내용은 EBS 인터넷 방송을 통해 동영상(VOD)으로 다시 보실 수 있습니다.

Contents 이 책의 차례

Writing Practice

A 우리말과 일치하도록 주어진 단어들을 활용하여 문장을 완성하시오.

1 나는 이 동네에서 10년간 살았다. (live)

→ I _____ in this town for 10 years.

2 기차는 이미 역을 떠났다. (leave)

→ The train _____ already _____ the station.

3 그녀는 홀로 여행을 해 본 적이 없다. (travel)

→ She _____ never _____ alone.

4 Mark는 그 뮤지컬을 두 번 봤다. (see)

→ Mark _____ the musical twice.

5 너는 내 안경을 찾았니? (find)

→ _____ you _____ my glasses?

6 Julia는 그를 7월부터 알고 있다. (know)

→ Julia _____ him since July.

7 나는 하늘의 별을 저녁 내내 계속 세고 있다. (count)

→ I _____ the stars in the sky all evening.

8 그 팀은 2000년 이후로 한 번도 진 적이 없다. (never, lose)

→ The team _____ since 2000.

9 그녀는 그에게 선물을 주었니? (give)

→ _____ she _____ him the present?

10 내가 일어난 이후에도 계속 비가 내리고 있다. (rain)

→ It _____ since I woke up.

11 그들은 아직 어디에 갈지 정하지 않았다. (decide)

→ They _____ where to go yet.

12 나는 전에 내 조카들을 동물원에 데려간 적이 있다. (take)

→ I _____ my cousins to the zoo before.

13 너는 공원에서 계속 뛰고 있었니? (you, run)

→ _____ at the park?

14 그의 눈자위가 붉게 충혈되었어. 그는 안과 의사를 만나러 갔니? (go)

→ His eyes were red. _____ to see the eye doctor?

15 너는 지금까지 계속해서 노래를 듣고 있는 중이었니? (listen)

→ Have _____ music until now?

B 우리말과 일치하도록 주어진 단어들을 바르게 배열하시오.

1 나는 차를 운전해 본 적이 없다. (a car, driven, never, have)

→ I _____.

2 학생들은 미술 프로젝트를 끝냈다. (the art, finished, project, have)

→ The students _____.

3 나는 아직 아침을 먹지 않았다. (eaten, haven't, yet, breakfast)

→ I _____.

4 그는 2010년 이후로 수영을 한 적이 없다. (since, swum, hasn't)

→ He _____ 2010.

5 그녀는 Tom에게서 반지를 받았다. (received, has, a ring)

→ She _____ from Tom.

6 Alex가 학교에서 집에 돌아왔니? (back, from school, come)

→ Has Alex _____?

7 그 아기는 한 시간 동안 계속 울고 있다. (crying, has, been)

→ The baby _____ for an hour.

8 그는 전에 뉴욕에 가 본 적이 있니? (been, to New York, has, he)

→ _____ before?

9 그녀는 하루 동안 잠을 자지 않았다. (slept, a day, hasn't, for)

→ She _____.

10 Jane은 나의 이름을 세 번이나 잊어버렸다! (my name, forgotten, three times, has)

→ Jane _____!

11 나의 어머니는 주방에서 계속 요리를 하고 계신다. (in, cooking, has, the kitchen, been)

→ My mother _____.

12 배송 기사가 문 앞에 막 도착했다. (has, the door, arrived, just, at)

→ The delivery man _____.

13 너는 추리 소설을 읽어 본 적 있니? (ever, read, you, have)

→ _____ a mystery novel?

14 나는 아직 옷을 세탁하지 않아서 입을 옷이 없다. (the clothes, washed, haven't, yet, I)

→ I have nothing to wear because _____.

15 손님들은 오랫동안 계속 기다리고 있다. (a long time, for, waiting, been, have)

→ The customers _____.

Actual Test

1 다음 중 동사의 과거분사 형태가 바르지 <u>않은</u> 것은?

① ride – ridden
② lose – lost
③ sing – sang
④ find – found
⑤ forget – forgotten

2 다음 대화의 빈칸에 알맞은 것은?

> A: I can't find my English book. Have you
> _____ it?
> B: Yes, I have. Jim has it.

① see
② saw
③ sees
④ seeing
⑤ seen

3 다음 괄호 안의 동사를 알맞은 형태로 바꿔 쓰시오.

> (1) I have been (learn) English since 2015.
> (2) She has (buy) a new bike.

(1) _____
(2) _____

4 다음 우리말을 바르게 영작한 것은?

> 지수는 테니스를 쳐 본 적이 없다.

① Jisu has played tennis before.
② Jisu has never played tennis.
③ Jisu has already played tennis.
④ Jisu hasn't been playing tennis.
⑤ Jisu hasn't played tennis since she was young.

5 다음 밑줄 친 부분을 어법에 맞게 고쳐 쓰시오.

> I <u>have planted</u> the tree three years ago.

➡ _____

6 다음 빈칸에 들어갈 말이 순서대로 바르게 짝지어진 것은?

> I _____ been to Sydney once. I visited a friend there in 2016. It _____ already been three years since I saw him.

① have – has
② haven't – has
③ have – hasn't
④ has – hasn't
⑤ has – haven't

7 다음 밑줄 친 ①~⑤ 중 어법상 바르지 <u>않은</u> 것은?

> I ①<u>went</u> to see my grandparents last winter. I ②<u>haven't seen</u> them since our last visit. They ③<u>lived</u> with us before they ④<u>moved</u> to Jeju Island two years ago. They ⑤<u>has lived</u> there for two years.

8 다음 중 현재완료의 용법이 나머지 넷과 <u>다른</u> 것은?

① She <u>has flown</u> a kite once.
② The movie <u>has</u> just <u>started</u>.
③ I <u>have</u> never <u>been</u> to Paris.
④ Joe <u>hasn't tried</u> *kimchi* before.
⑤ He <u>has read</u> the book ten times.

9 다음 문장의 빈칸에 공통으로 알맞은 것은?

> • I have _____ some medicine.
> • Have you _____ your umbrella?

① take   ② took   ③ taken

④ takes   ⑤ taking

10 우리말과 일치하도록 괄호 안의 단어들을 바르게 배열하여 문장을 완성하시오.

> 그는 10년 동안 음악을 가르쳐 왔다.
> (for, music, taught, ten years, has)

➡ He _____.

11 다음 문장을 의문문으로 바르게 바꾼 것은?

> Jina has broken the rules.

① Has Jina broken the rules?

② Did Jina broken the rules?

③ Has broken Jina the rules?

④ Have Jina broken the rules?

⑤ Haven't Jina broken the rules?

12 다음 문장을 부정문으로 바르게 바꾼 것은?

> I have written her the e-mail.

① I didn't write her the e-mail.

② I haven't write her the e-mail.

③ I haven't written her the e-mail.

④ I hasn't written any e-mail to her.

⑤ I haven't been writing any e-mail to her.

[13~14] 다음 두 문장을 한 문장으로 바르게 연결한 것을 고르시오.

13

> • Mike moved to Tokyo in 2010.
> • He still lives in Tokyo.

① Mike lived in Tokyo in 2010.

② Mike has never lived in Tokyo.

③ Mike has been to Tokyo once.

④ Mike has lived in Tokyo since 2010.

⑤ Mike hasn't been to Tokyo since 2010.

14

> • I started to clean my room in the morning.
> • I am still cleaning my room.

① I have been cleaning my room.

② I have already cleaned my room.

③ I haven't been cleaning my room.

④ I haven't started to clean my room.

⑤ I cleaned my room in the morning.

15 다음 밑줄 친 부분을 어법상 바르게 고쳐 쓰시오.

> Jake <u>has been</u> to Europe and he hasn't returned yet.

➡ _____

16 우리말과 일치하도록 빈칸에 알맞은 말을 쓰시오.

> 너는 말을 타 본 적이 있니?

_____ you ever _____ a horse?

[17~19] 다음 괄호 안의 단어를 활용하여 빈칸에 알맞은 말을 쓰시오.

17
> A: Did you tidy your bedroom?
> B: No, I _____ _____ it yet.
> (tidy)

18
> A: Have you been to Egypt?
> B: No, I _____ never _____ to Egypt. (be)

19
> A: Is Tom home?
> B: No, he isn't. He _____ already _____ for school. (leave)

[20~22] 다음 문장의 빈칸에 알맞은 말을 〈보기〉에서 골라 쓰시오.

> ◀ 보기 ▶
> | have | has | worked | been |
> | since | for | never | |

20 We _____ _____ played chess before.

21 Christine _____ _____ dancing _____ an hour.

22 I have _____ here _____ 1990.

[23~24] 다음 괄호 안에서 알맞은 것을 고르시오.

23 Billy (lost / has lost) his dog yesterday.

24 I (hear / have heard) that song once.

25 다음 괄호 안의 표현을 이용하여 우리말을 영작하시오.

> 나는 그 시장에 가 본 적이 없다.
> (been, the market)

➡ _____

[26~27] 다음 그림을 보고, 그림 내용과 일치하지 <u>않는</u> 부분을 문장에서 찾아 고치시오.

26

Dave has been washing his car all day.

_____ ➡ _____

27

A boy has been playing basketball for two hours.

_____ ➡ _____

28 다음 중 밑줄 친 부분이 어법상 바른 것은?

① She <u>has been</u> abroad twice.

② It <u>has never snowed</u> last month.

③ I <u>have gone</u> to the party yesterday.

④ She <u>has left</u> school three hours ago.

⑤ He <u>have been sleeping</u> since 2 o'clock.

29 다음 중 대화의 빈칸에 들어갈 수 <u>없는</u> 것은?

> A: How do you _____ Joseph?
> B: I met him in France.
> A: How long have you _____ him?
> B: I _____ him for four years. We met in 2012. We _____ friends since then.

① know   ② known

③ has been   ④ have been

⑤ have known

30 다음 (A), (B), (C)의 각 네모 안에서 어법에 맞는 표현으로 가장 적절한 것은?

> My family (A) moved / has moved to Spain five years ago. We (B) lived / have lived here since 2013. The town is really beautiful. We (C) were / have been happy since we moved here.

	(A)	(B)	(C)
①	moved	··· lived	··· were
②	has moved	··· lived	··· have been
③	moved	··· have lived	··· have been
④	has moved	··· have lived	··· were
⑤	moved	··· lived	··· have been

서술형

31 다음 그림을 보고, 괄호 안의 단어를 활용하여 빈칸에 알맞은 말을 쓰시오.

(1) Patrick and Susie _____ just _____ breakfast. (eat)

(2) Their mother _____ just _____ washing the dishes. (finish)

(3) The kitten _____ _____ _____ all morning. (sleep)

서술형

32 다음 표를 보고, 완료 시제를 활용하여 빈칸에 알맞은 말을 쓰시오.

Who	What	How long
Jiho and Mina	know each other	from elementary school
Jiho	play the guitar	from age 10
Mina	study Spanish	from 5 months ago till now

Jiho and Mina _____ _____ _____

_____ since elementary school. They are

now 14 years old. Jiho plays the guitar in

the school band. He _____ _____

the guitar for _____ _____. Mina likes

learning languages. She _____ _____

_____ for _____.

Writing Practice

A 우리말과 일치하도록 주어진 단어들을 활용하여 문장을 완성하시오.

1 이 음악은 베토벤에 의해 작곡되었다. (compose)

→ This music was _____ Beethoven.

2 그 아기는 병원에 데려가졌다. (take)

→ The baby _____ to the hospital.

3 나는 이 사진에 만족한다. (satisfy)

→ I _____ this picture.

4 그 케이크가 Susan에 의해 만들어졌니? (make)

→ _____ the cake _____ Susan?

5 스페인어는 많은 사람들에 의해 말해진다. (speak)

→ Spanish _____ many people.

6 지붕이 눈에 덮여 있다. (cover)

→ The roof _____ snow.

7 그는 벌레에 물렸니? (bite)

→ _____ a bug?

8 물속에서는 구명조끼를 입어야 한다. (must, wear)

→ Life jackets _____ in the water.

9 그녀의 목소리는 밖에서 들릴 수 있다. (can, hear)

→ Her voice _____ from outside.

10 그는 위대한 과학자로 알려져 있다. (know)

→ He _____ a great scientist.

11 그 개들은 주인에 의해 씻겨지지 않았다. (not, wash)

→ The dogs _____ the owner.

12 이 표들은 반값에 판매될 것이다. (will, sell)

→ These tickets _____ at half price.

13 이 책상은 나무로 만들어졌다. (make)

→ This desk is _____ wood.

14 그 영화는 오후 4시에 상영될 것이다. (will, show)

→ The movie _____ at 4 p.m.

15 그 차는 나의 아버지에 의해 수리되고 있다. (being, fix)

→ The car _____ my father.

B 우리말과 일치하도록 주어진 단어들을 바르게 배열하시오.

1 그 문은 나에 의해 페인트칠이 되었다. (me, by, painted, was)

→ The door _____.

2 이 코트는 유명한 디자이너에 의해 디자인되었다. (designed, by, was)

→ This coat _____ a famous designer.

3 그녀는 파티에 초대되지 않았다. (not, invited, was)

→ She _____ to the party.

4 치즈는 우유로 만들어진다. (made, from, is, milk)

→ Cheese _____.

5 이 나라에서 중국어가 사용되니? (spoken, is, Chinese)

→ _____ in this country?

6 큰 다리가 지금 지어지고 있다. (being, built, is)

→ A big bridge _____ now.

7 그 방은 웃음으로 가득 찼다. (filled, with, was)

→ The room _____ laughter.

8 이러한 종류의 새는 그 섬에서 발견될 수 있다. (found, be, can)

→ This kind of bird _____ on the island.

9 그의 콘서트는 경기장에서 열릴 것이다. (be, held, will)

→ His concert _____ at the stadium.

10 안에서 음식을 먹으면 안 된다. (be, inside, shouldn't, eaten)

→ Food _____.

11 모든 가방들이 아침에 판매되었나요? (the bags, sold, all, were)

→ _____ in the morning?

12 너의 컴퓨터는 한 달에 한 번씩 점검을 받아야 한다. (checked, be, must)

→ Your computer _____ once a month.

13 들어올 때는 신발을 벗어야 한다. (taken, should, off, be)

→ Shoes _____ when you come in.

14 이 목걸이는 나의 할머니에 의해 내게 주어졌다. (by, given, me, was, to)

→ This necklace _____ my grandmother.

15 음식이 종업원에 의해 제공되고 있다. (served, by, is, the waiter, being)

→ The food _____.

Actual Test

1 다음 문장의 빈칸에 알맞은 것은?

> I _____ in 1999.

① born
② be born
③ am born
④ was born
⑤ am being born

2 다음 문장의 빈칸에 공통으로 알맞은 것은?

> • Is this seat _____?
> • The cat was _____ to the vet.

① take
② takes
③ taken
④ taking
⑤ will take

3 다음 문장을 수동태 문장으로 바르게 바꾼 것은?

> Mina fed the black horse.

① The black horse fed Mina.
② The black horse will feed Mina.
③ Mina was fed by the black horse.
④ The black horse was fed by Mina.
⑤ Mina can be fed by the black horse.

4 다음 밑줄 친 부분을 어법상 바르게 고쳐 쓰시오.

> The basket was <u>fill with</u> eggs.

➡ _____

[5~6] 다음 빈칸에 들어갈 말이 순서대로 바르게 짝지어진 것을 고르시오.

5

> The town was _____ by a hurricane.
> Most of the buildings were _____.

① hit – damage
② hit – damaged
③ hits – damage
④ hitting – damaged
⑤ hits – damaged

6

> Her house was _____ into by a thief.
> All of her things were _____.

① break – stole
② broken – stole
③ break – stolen
④ broken – stolen
⑤ breaks – stolen

7 다음 중 어법상 바르지 <u>않은</u> 문장은?

① Chris must be loved by everyone.
② Joe was surprised in the latest news.
③ The Eiffel Tower was built in 1889.
④ Fossils were discovered by Dr. Han.
⑤ His new album will be released soon.

8 다음 대화의 빈칸에 알맞은 것은?

> A: What's the matter?
> B: My new shirt _____ by my dog.

① tear
② torn
③ was torn
④ was tearing
⑤ will torn

9 우리말과 일치하도록 괄호 안의 단어들을 바르게 배열하여 문장을 완성하시오.

음식이 종이에 싸여 있다.
(in, wrapped, paper, is)

➡ The food _____.

10 다음 대화의 밑줄 친 ①~⑤ 중 어법상 바르지 <u>않은</u> 것은?

A: Seho, did you clean your room?
B: Not yet, but my homework ①is done.
A: Remember, it ②must be cleaned before dinner. And the dogs ③must be washed, too.
B: Alright. ④Is dinner being prepared by you, Mom?
A: No, dinner ⑤will be make by your father.
B: Okay.

11 다음 문장을 의문문으로 바꿔 쓰시오.

The flowers were planted by Jane.

➡ _____

12 우리말과 일치하도록 문장을 완성하시오.

그 이메일은 민지에 의해 쓰이지 않았다.

➡ The e-mail _____ Minji.

[13~14] 다음 우리말을 바르게 영작한 것을 고르시오.

13
물속에서 사진이 찍힐 수 있다.

① Pictures are taken under water.
② Pictures were taken under water.
③ Pictures will be taken under water.
④ Pictures can be taken under water.
⑤ Pictures should be taken under water.

14
이 상자는 Kate에게 배달되어야 한다.

① This box is delivered by Kate.
② This box was delivered by Kate.
③ This box will be delivered by Kate.
④ This box is being delivered to Kate.
⑤ This box must be delivered to Kate.

[15~17] 다음 괄호 안에서 알맞은 것을 고르시오.

15 Planes (drive / are driven) by pilots.

16 The dress (sews / is being sewn) by the tailor.

17 Promises (should be kept / should keep) if you want to keep your friends.

[18~22] 다음 문장의 빈칸에 알맞은 말을 〈보기〉에서 골라 쓰시오.

┌─ 보기 ▶─────────────────────┐
| in   of   for   from   with   at |
└──────────────────────────────┘

18 Ted and I are both interested _____ music.

19 The cake is covered _____ cream.

20 Wine is made _____ grapes.

21 Diane is known _____ her cooking skills.

22 Everybody was satisfied _____ the dinner.

23 다음 괄호 안의 표현을 활용하여 우리말을 영작하시오.

┌──────────────────────────────┐
| 그 건물은 연기로 가득 차 있었다. |
| (the building, fill, smoke) |
└──────────────────────────────┘

➡ _____

[24~26] 다음 그림을 보고, 괄호 안의 단어를 활용하여 과거 시제 문장을 완성하시오.

24

➡ The fence _____ _____ .
(break)

25

➡ The dog _____ _____ by the man. (find)

26

➡ The ball _____ _____ _____ the boy. (miss)

27 우리말과 일치하도록 괄호 안의 단어를 활용하여 빈칸에 알맞은 말을 쓰시오.

┌──────────────────────────────┐
| 공항에서 모든 비행이 취소되었니? |
└──────────────────────────────┘

➡ _____ all the flights _____ at the airport? (cancel)

28 다음 중 수동태 문장 전환이 바르지 <u>않은</u> 것은?

① The writer wrote many plays.

   ➡ Many plays were written by the writer.

② He changed the password.

   ➡ The password was changed by him.

③ She will help the man.

   ➡ The man will be helped by her.

④ People shouldn't throw away trash.

   ➡ Trash shouldn't be throw away by people.

⑤ Mike is cooking the fish.

   ➡ The fish is being cooked by Mike.

29 다음 문장의 빈칸에 알맞은 것은?

> The wedding ceremony _____ next month.

① is held   ② was held

③ were held   ④ will be held

⑤ was being held

30 다음 (A), (B), (C)의 각 네모 안에서 어법에 맞는 표현으로 가장 적절한 것은?

> This book was (A) written / being written by a famous author. The author (B) wrote / written it three years ago. This year, the book (C) be made / will be made into a movie.

	(A)	(B)	(C)
①	written	··· wrote	··· be made
②	being written	··· written	··· will be made
③	written	··· written	··· be made
④	being written	··· wrote	··· will be made
⑤	written	··· wrote	··· will be made

서술형

31 Andy의 방을 보고, 〈보기〉의 단어들을 활용하여 빈칸에 알맞은 말을 쓰시오.

┤보기├

> steal   break   throw

There was a thief in Andy's room last night.

The window _____ _____ .

His laptop _____ _____ .

His books _____ _____ onto the floor.

서술형

32 다음 연표를 보고, 괄호 안에 주어진 단어를 활용하여 수동태 문장을 완성하시오.

The Titanic Leaves for New York

March 31, 1909   April 14, 1912   July, 1986

(1) The Titanic _____ for over two years in Belfast, Ireland from 1909. (build)

(2) An iceberg _____ by the Titanic on April 14, 1912. (hit)

(3) The ship _____ by Robert Ballard in 1986. (discover)

A 우리말과 일치하도록 〈보기〉의 조동사와 주어진 표현을 활용하여 문장을 완성하시오.

◀ 보기 ▶

| had better (not) | would | might | didn't use to | must |

1 어렸을 때 나는 부모님 앞에서 춤을 추곤 했다. (dance)

→ When I was young, I _____ in front of my parents.

2 너는 의사에게 지금 바로 가 보는 것이 좋겠다. (see a doctor)

→ You _____ right away.

3 (예전에) 이 연못에는 개구리가 많지 않았다. (be)

→ There _____ a lot of frogs in this pond.

4 확실하지는 않지만, 그녀는 제시간에 돌아올 수도 있다. (come back)

→ I'm not sure, but she _____ on time.

5 Nick이 집에 없다. 그는 학교에 있음에 틀림없다. (be)

→ Nick isn't at home . He _____ at school.

6 그는 운동장에서 친구들과 야구를 하곤 했다. (play baseball)

→ He _____ with his friends in the playground.

7 그들은 길에서 서로 마주칠지도 모른다. (come across)

→ They _____ each other on the street.

8 내 생각에 너는 선생님에게 솔직하게 말하는 것이 좋겠다. (talk)

→ I think you _____ to the teacher honestly.

9 Maria는 학교가 끝나면 엄마와 함께 쿠키를 굽곤 했다. (bake)

→ Maria _____ cookies with her mom after school.

10 그녀는 (예전에는) 짧은 머리를 좋아하지 않았었다. (like)

→ She _____ short hair.

11 우리는 서둘러도 첫 기차를 놓칠지 모른다. (miss)

→ We _____ the first train even if we hurry up.

12 문이 열려 있다. 그는 사무실에 있음에 틀림없다. (be)

→ The door is open. He _____ in the office.

13 너는 설탕을 너무 많이 섭취하지 않는 것이 좋겠다. (eat)

→ You _____ too much sugar.

14 너는 물에 뛰어들기 전에 준비운동을 해야 한다. (warm up)

→ You _____ before you jump into the water.

15 그는 아직 오지 않았다. 그는 아마도 길을 잃어 돌아오는 길을 찾지 못하는지도 모른다. (be lost)

→ He hasn't come yet. He _____ and can't find his way back.

B 우리말과 일치하도록 주어진 단어들을 바르게 배열하시오.

1 이 장소는 한때 큰 재래시장이었다. (be, used to, traditional market, a, big)

→ This place _____.

2 나의 여동생과 나는 여름이면 바닷가에서 놀곤 했다. (at, play, would, the beach)

→ My sister and I _____ in summer.

3 그녀는 내게 화가 났음에 틀림없다. 심지어 그녀는 나를 쳐다보지도 않는다. (me, at, angry, be, must)

→ She _____. She doesn't even look at me.

4 그가 나를 부를 것 같은데, 확실치는 않다. (call, he, might, me)

→ _____, but I'm not sure.

5 그녀는 열 때문에 학교에 안 갈지도 모른다. (because of, might, a fever, go, to, not, school)

→ She _____.

6 당신은 어린이 보호구역 주변에서는 천천히 운전하는 게 좋겠다. (drive, had better, slowly)

→ You _____ in school zones.

7 저 모퉁이에 (예전에는) 꽃집이 있었다. (used to, a flower shop, there, be)

→ _____ on the corner.

8 그 연구를 끝내는 데 2년 이상의 시간이 걸릴지도 모른다. (2 years, more than, might, take)

→ The research _____ to finish.

9 이곳에 (예전에는) 긴 벤치가 있었다. (used to, a long bench, be)

→ There _____ here.

10 그녀는 정답을 모를 수도 있다. (might, she, not, the answer, know)

→ _____

11 너는 밖에 나갈 때 우산을 챙겨 가는 것이 좋겠다. (better, an umbrella, you'd, take)

→ _____ when you go out.

12 Ryan이 대회에서 일등상을 탔다. 그는 똑똑함에 틀림없다. (be, he, must, smart)

→ Ryan won first prize in the contest. _____

13 건강을 위해 짠 음식을 먹지 않는 것이 좋다. (not, you'd, eat, better, salty food)

→ _____ for your health.

14 어렸을 때 나는 주말마다 캠핑을 가곤 했다. (on weekends, I, go camping, used to)

→ _____ when I was young.

15 그들은 이 나무 아래에서 점심을 먹곤 했다. (they, lunch, eat, used to)

→ _____ under this tree.

Actual Test

[1~2] 다음 문장의 빈칸에 알맞은 것을 고르시오.

1

> Most students are already done with the exam. It _____ be easy.

① must   ② should   ③ would

④ had better   ⑤ had better not

2

> We _____ better get ready to leave, or we will be late.

① would   ② will   ③ may

④ used   ⑤ had

3 다음 대화의 빈칸에 알맞지 않은 것은?

> A: Is Brian coming tomorrow?
> B: I'm not one-hundred percent sure, but he _____ come.

① should   ② might   ③ used to

④ must   ⑤ had better

4 다음 대화의 빈칸에 알맞은 것은?

> A: Should I squeeze this pimple?
> B: No. You _____ squeeze it. It will leave a scar.

① should   ② might

③ had better   ④ had better not

⑤ would not

5 다음 대화의 밑줄 친 ①~⑤ 중 어법상 바르지 않은 것은?

> A: ①Did you ②used ③to walk to school?
> B: No, I ④used to ⑤ride my bike.

6 우리말과 일치하도록 주어진 표현을 이용하여 문장을 완성하시오.

(1) 너는 당장 방을 치우는 것이 낫겠다. 그렇지 않으면 너의 룸메이트가 화를 낼 것이다. (clean up)

➡ You _____ the room immediately, or your roommate will be mad.

(2) 우리는 오늘 떠나지 않는 것이 좋겠다. 눈보라가 올 예정이다. (leave)

➡ We _____ today. A snowstorm is coming.

7 주어진 문장의 밑줄 친 부분과 같은 의미로 쓰인 것은?

> Her part-time job <u>must</u> be really demanding. She looks so tired.

① We're late. We <u>must</u> not delay.

② They saw some <u>must</u>-have items in the magazine.

③ The test day is around the corner. You <u>must</u> try harder.

④ We have nothing to eat. We <u>must</u> go grocery shopping.

⑤ Mr. Kim skipped breakfast and lunch. He <u>must</u> be very hungry.

8 다음 문장에 이어지는 말로 가장 알맞은 것은?

> My sister doesn't look well today. She is sweating.

① She must ill.

② She must be ill.

③ She may be angry.

④ She must not be ill.

⑤ She might be angry.

9 다음 대화의 빈칸을 완성하시오. (단, 조동사를 포함할 것)

> A: Look at the girl in the first row. She looks just like Jane.
> B: Oh, she _____ _____ Jane's twin sister. They look the same.

[10~11] 다음 중 어법상 옳은 문장을 고르시오.

10 ① I'd better go home early.

② You'd better taking a rest.

③ I'd better not to eat raw food.

④ You'd not better go out at night.

⑤ You'd better to wash your clothes.

11 ① She must be not an actress.

② You had not better smoke here.

③ There use to be a big church here.

④ You had better to watch out for bugs.

⑤ Jin would play cards with his grandfather.

[12~14] 다음 문장의 빈칸에 알맞은 말을 보기에서 골라 쓰시오. (단, 한 번씩만 쓸 것)

> ◀ 보기 ▶
>
> used to   had better   might

12
> You look exhausted. You _____ take some rest.

13
> Mom _____ wear school uniforms when she was young.

14
> Max always smiles at me. He _____ like me.

[15~16] 다음 괄호 안의 단어를 이용하여 추측하는 대화를 완성하시오.

15
> A: Where is your English teacher from?
> B: I'm not sure. He _____ _____ from Canada. (be)

16
> A: Why doesn't Susie answer the phone?
> B: I saw her at the mall a few minutes ago. She _____ _____ at the mall. (be)

[17~19] 다음 괄호 안의 단어와 used to 또는 didn't use to 를 이용하여 문장을 완성하시오.

17
I _____ the guitar when I was a student, but I stopped. (play)

18
Kate _____, but now she walks every day. (exercise)

19
Paul became a vegetarian recently. He _____ meat before. (eat)

[20~21] 우리말과 일치하도록 빈칸에 알맞은 말을 쓰시오.

20
너는 계획을 전면적으로 변경하는 것이 좋겠다.
➡ You _____ _____ _____ your plan completely.

21
Linda는 버섯을 좋아하지 않았었다.
➡ Linda _____ _____ _____ _____ mushrooms.

22 다음 중 어법상 옳은 것으로 바르게 짝지어진 것은?

ⓐ He used not to use a computer.
ⓑ You had better wear a warm suit.
ⓒ I might not stay here next semester.
ⓓ Did she used to wear glasses?

① ⓐ, ⓑ   ② ⓐ, ⓒ   ③ ⓐ, ⓒ, ⓓ
④ ⓐ, ⓓ   ⑤ ⓑ, ⓒ

[23~24] 우리말과 일치하도록 빈칸에 알맞은 말을 쓰시오.

23
Sam은 오늘 기분이 우울함에 틀림없다.
➡ Sam _____ _____ gloomy today.

24
우리는 두바이에 잠시 머물지도 모른다.
➡ We _____ _____ in Dubai for a while.

[25~26] 우리말과 일치하도록 괄호 안의 단어들을 바르게 배열하여 문장을 쓰시오.

25
옆집에는 빵집이 있었다.
(used to, a bakery, there, next door, be)

➡ _____

26
너는 건강을 위해 기름진 음식을 먹지 않는 것이 좋다.
(not, you'd, eat, better, your, greasy, for, food, health)

➡ _____

[27~29] 다음 우리말을 영어로 옮길 때 어법상 **틀린** 부분을 찾아 바르게 고쳐 쓰시오.

27

학생들은 쉬는 시간에 교실을 옮기는 데 익숙하다.
➡ Students used to change classrooms in the breaks.

_____ ➡ _____

28

그가 예전에는 유명한 코미디언이었니?
➡ Did he used to be a famous comedian?

_____ ➡ _____

29

그녀는 꼭 Tom처럼 생겼어. 그녀는 Tom의 여동생임에 틀림없어.
➡ She looks just like Tom. She can't be Tom's sister.

_____ ➡ _____

30 다음 두 문장의 의미가 같도록 빈칸에 알맞은 말을 쓰시오.

I'm pretty sure that he is a music teacher.
➡ He _____ _____ a music teacher.

31 다음 그림의 내용과 일치하도록, used to와 collect를 써서 아래 대화를 완성하시오.

Oh, wow! Did you use to collect key chains?

Yes, I (1)_____, but not any more. I (2) _____ comic books now.

I also (3) _____ comic books when I was young. So my bookshelf is full of them.

Wow! I want to see them sometime.

32 Polly의 하루를 보고, 각 상황에 대해 충고하는 말을 〈보기〉에서 골라 had better를 이용하여 쓰시오.

(1) Oh, I got up late!   (2) I have a headache.   (3) I'm going to cross the street here.

◀ 보기 ▶
take some medicine
cross the street there
hurry up

(1) _____
(2) _____
(3) _____

Writing Practice

A 우리말과 일치하도록 to부정사와 주어진 단어들을 활용하여 문장을 완성하시오.

1 오랫동안 일기를 쓰는 것은 쉽지 않다. (keep a diary)

→ _____ for a long time is not easy.

2 Steve는 조깅하기 위해 매일 아침 공원에 간다. (goes to the park, jog)

→ Steve _____ every morning.

3 그는 젊었을 때 식당을 열고 싶어 했다. (open a restaurant)

→ He wanted _____ when he was young.

4 우리는 문을 닫은 놀이공원을 보고 실망했다. (disappointed, see)

→ We were _____ the closed amusement park.

5 그는 무슨 일이 일어나도 지켜야 할 약속이 있다. (promise, keep)

→ He has a _____ no matter what happens.

6 나의 엄마는 그분의 오랜 친구들을 만나게 되어 매우 들뜨셨다. (excited, see)

→ My mother was so _____ her old friends.

7 문자 보내는 데 너무 많은 시간을 쓰는 것은 손목 통증을 유발할 수 있다. (spend too much time)

→ _____ texting can cause wrist pain.

8 내 꿈은 로봇공학자가 되는 것이다. (be, become)

→ My dream _____ a robotic engineer.

9 Susie는 자신의 사촌을 만나기 위해 중국에 갔다. (meet her cousin)

→ Susie went to China _____.

10 우리는 그 토론 대회에 참가하기로 결정했다. (take part in)

→ We decided _____ the debate contest.

11 그는 집을 일찍 나갔지만 결국 기차를 놓쳤다. (miss the train)

→ He left home early only _____.

12 너는 한국 음식을 요리하는 방법을 아니? (cook)

→ Do you know _____ Korean food?

13 서울에는 방문할 만한 흥미로운 장소들이 많이 있다. (places, visit)

→ There are many interesting _____ in Seoul.

14 그 소녀가 의자에서 잠이 든 것을 보니 피곤함에 틀림없다. (tired, fall asleep)

→ The girl must be _____ on a chair.

15 나의 올해 계획은 전 세계를 여행하는 것이다. (travel around the world)

→ My plan for this year is _____.

B 우리말과 일치하도록 주어진 단어들을 바르게 배열하시오.

1 너의 소식을 다시 듣게 되어 기쁘다. (you, from, hear, again, to)

→ I'm happy _____.

2 그 소년은 큰 소파를 어디에 두어야 할지 몰랐다. (the, put, sofa, to, big, where)

→ The boy didn't know _____.

3 공공장소에서 전화로 크게 이야기하는 것은 무례한 일이다. (to, loudly, talk, on your phone)

→ _____ in public places is rude.

4 Simon은 자신의 성적표를 보고 너무 실망했다. (see, disappointed, report card, to, his)

→ Simon was so _____.

5 그들은 어디에 사과나무를 심을지 결정했니? (where, tree, to, the, plant, apple)

→ Did they decide _____?

6 몇몇 학생들은 책 몇 권을 대출하기 위해 도서관에 갔다. (to, the, check, library, went, to, out)

→ Some students _____ some books.

7 우리는 동아리 모임을 언제 시작할지에 대해 생각 중이다. (club, when, meeting, start, to, our)

→ We're thinking about _____.

8 나는 너무 당황해서 너에게 무슨 말을 해야 할지 몰랐다. (say, didn't, what, know, to, to, you)

→ I was so embarrassed and _____.

9 성공하는 가장 좋은 방법 중 하나는 확실한 목표를 세우는 것이다. (clear, is, set, a, to, goal)

→ One of the best ways to succeed _____.

10 일부 주자들은 비 때문에 경주를 끝내는 것을 포기하기로 결정했다. (finishing the race, to, give up, decided)

→ Some runners _____ due to the rain.

11 그녀는 파티에서 자신의 오랜 친구들을 볼 것을 기대했다. (expected, her, see, old, to, friends)

→ She _____ at the party.

12 Alex는 자신의 친구에게 그의 책을 빌려주겠다고 약속하지 않았다. (his, promise, lend, book, to)

→ Alex didn't _____ to his friend.

13 그녀는 이웃들과 나눌 충분한 음식을 가지고 있지 않다. (doesn't, food, have, to, enough, share)

→ She _____ with her neighbors.

14 나는 아빠에게 드릴 생일 선물을 살 돈이 없다. (have, buy, to, a birthday present, no money)

→ I _____ for my dad.

15 외국어를 배우는 가장 쉬운 방법은 친구를 사귀는 것이다. (a foreign language, to, learn, is, to)

→ The easiest way _____ make friends.

Actual Test

[1~2] 다음 문장의 빈칸에 공통으로 알맞은 것을 고르시오.

1

> • _____ do your best is important.
> • I'm so sorry _____ hear that.

① If(if) ② That(that) ③ To(to)
④ What(what) ⑤ When(when)

2

> • Can you teach me _____ to make a model airplane?
> • I don't know _____ to turn down the volume.

① what ② how ③ why
④ where ⑤ when

3 다음 밑줄 친 ①~⑤ 중 어법상 바르지 <u>않은</u> 것은?

> We want ①something ②hot to ③drinking.
> ④What kind of ⑤drinks do you have?

4 우리말과 일치하도록 괄호 안의 단어를 이용하여 문장을 완성하시오.

(1) 여기에는 운전할 사람이 아무도 없다. (drive)
  ➡ There is no one _____ a car here.

(2) 그 학생들은 끝내야 할 중요한 과제가 있다. (finish)
  ➡ The students have an important project _____.

5 우리말과 일치하도록 빈칸에 알맞은 말을 쓰시오.

> 나는 너에게 말할 것들이 아주 많다.
> ➡ I have so many _____ _____
> _____ _____.

[6~8] 다음 문장의 빈칸에 알맞은 것을 고르시오.

6

> I want to play the DVD. Please tell me _____ to play it.

① why ② how ③ when
④ what ⑤ where

7

> Do you have anything _____?

① say ② says ③ said
④ saying ⑤ to say

8

> I'm going to throw a party for my mom. First, I decided _____ to have the party. It will be held next Saturday.

① how ② what ③ why
④ where ⑤ when

9 다음 대화 내용에 맞게 to부정사를 써서 문장을 완성하시오.

> **Mom:** Please come back by 7:00.
> **Sarah:** Okay, I will.

➡ Sarah promised _____.

[10~11] 다음 두 문장의 의미가 같도록 빈칸에 알맞은 말을 쓰시오.

10

Please tell me where I should send this book.
➡ Please tell me _____ _____ _____ this book.

11

She dyed her hair to look different.
➡ She dyed her hair _____ _____ _____ _____ different.

12 다음 중 어법상 바르지 <u>않은</u> 문장은?

① James wanted to know when to start his speech.
② Do you know why to spell the word?
③ How to make the special chocolate is a secret.
④ Please tell me when to turn off the air conditioner.
⑤ I didn't know what to say to the victims of the accident.

[13~14] 다음 문장의 밑줄 친 부분과 쓰임이 같은 것을 고르시오.

13

He left home early <u>to have</u> more free time.

① Evan went to the park <u>to walk</u> his dog.
② You are so rude <u>to ignore</u> the old lady.
③ He tried everything, only <u>to fail</u> the test.
④ There are some boxes <u>to deliver</u> today.
⑤ My grandmother was so excited <u>to see</u> her hometown.

14

Your homework today is <u>to memorize</u> 10 words.

① My sister likes to wear black <u>to look</u> slim.
② <u>To play</u> games on the Internet with you is interesting.
③ David's final goal is <u>to be</u> a national team player.
④ I want to buy something <u>to eat</u> when the class is over.
⑤ I decided to join the dancing club <u>to learn</u> how to dance.

[15~16] 다음 두 문장을 to부정사를 이용하여 한 문장으로 쓰시오.

15

· Jane is looking for some friends.
· She wants to go to a concert with them.

➡ Jane is looking for some friends _____
_____.

16

· Tony bought a newspaper.
· He is going to read it on the plane.

➡ Tony bought a newspaper _____
_____.

[17~18] 다음 밑줄 친 부분을 어법상 바르게 고쳐 쓰시오.

17

> I was sorry <u>to not</u> remember his name.

➡ _____

18

> The young couple have three sons <u>to take care</u>.

➡ _____

[19~21] 다음 〈보기〉에서 알맞은 말을 찾아 적절한 형태로 바꿔 문장을 완성하시오.

┌─ 보기 ▶─────────────────┐
| eat   wear   say |
└──────────────────────────┘

19

> The woman must be careless _____ so.

20

> There is nothing fresh _____ in the refrigerator.

21

> I don't know what _____ for the Christmas party.

[22~24] 우리말과 일치하도록 빈칸에 알맞은 말을 쓰시오.

22

> 나는 어디로 휴가를 갈지 정하지 못했다.
> ➡ I didn't decide _____ _____
> _____ on a vacation.

23

> 나는 집들이에 누구를 초대해야 할지 모르겠다.
> ➡ I don't know _____ _____
> _____ to the housewarming party.

24

> 그는 어버이날에 부모님을 위해 무엇을 해야 할지 몰랐다.
> ➡ He didn't know _____ _____
> _____ for his parents on Parents' Day.

[25~26] 우리말과 일치하도록 괄호 안의 단어들을 바르게 배열하여 문장을 완성하시오.

25

> 아빠는 내게 텐트를 어떻게 치는지 가르쳐주셨다.
> (Dad, me, to, how, taught, put up a tent)

➡ _____

26

> 나는 비가 올 때 입을 멋진 비옷이 필요하다.
> (need, when, to, a nice raincoat, I, wear, it rains)

➡ _____

[27~29] 다음 중 밑줄 친 부분의 쓰임이 나머지와 다른 하나를 고르시오.

27 ① I have a lot of things <u>to do</u> today.

② The team's goal is <u>to go</u> to the finals.

③ I want <u>to take a walk</u> around the park.

④ <u>To focus</u> during the classes is important.

⑤ My job is <u>to guide</u> foreigners to tourist attractions.

28
① I hurried to see my friends again.

② He must be a fool to believe such a thing.

③ She went to Japan to open a restaurant.

④ Andy went to the library to return a book.

⑤ My dad got home early to take me to the amusement park.

29
① I don't have a towel to use.

② I need some friends to talk with.

③ Her hand writing is hard to read.

④ There are many interesting places to visit.

⑤ The kids wanted something sweet to eat.

30 다음 두 문장의 뜻이 같도록 빈칸에 알맞은 말을 쓰시오.

> Sue didn't know where she should put the dishes.
> ➡ Sue didn't know _____ _____ _____ the dishes.

31 다음 그림을 보고, to부정사와 괄호 안의 표현을 이용하여 새해 결심을 완성하시오.

(1) Jane decided _____.
   (eat, after 6 p.m.)

(2) Paul's goal for the new year is _____
   _____. (walk his dog, every day)

32 Kate와 Jake는 친구 Chris를 위한 깜짝 파티를 계획 중이다. 〈보기〉에서 알맞은 의문사를 한 번씩만 이용하고 주어진 표현을 활용하여 대화의 빈칸에 들어갈 말을 쓰시오.

┤ 보기 ├

how   when   what

How about throwing a surprise party for Chris?

Sounds great. Let's decide ___(1)___.

How about this Saturday?

Good idea! Let's talk about ___(2)___.

I will make a birthday cake. I know ___(3)___.

Will you? Then I will decorate the garden.

(1) have the party
   ➡ _____

(2) prepare for the party
   ➡ _____

(3) bake a cake
   ➡ _____

Writing Practice

A 우리말과 일치하도록 주어진 단어들을 활용하여 문장을 완성하시오.

1 네가 밤늦게 혼자 외출하는 것은 위험하다. (dangerous, go out)

→ It's _____ alone late at night.

2 그의 강의는 이해하기 어렵다. (difficult, understand)

→ It's _____ his lecture.

3 네가 그 아이를 돕다니 마음이 넓구나. (generous, help)

→ It's _____ the child.

4 그녀는 그 아이들이 먹을 수 있도록 샌드위치를 만들었다. (the children, eat)

→ She made sandwiches _____.

5 Ted가 그렇게 말하다니 예의가 없었구나. (rude, say)

→ It was _____ that.

6 그 소년은 무거운 상자를 나르기에 충분히 힘이 세다. (strong, carry, enough)

→ The boy is _____ the heavy box.

7 우리는 첫 기차를 타기에 충분히 일찍 일어났다. (early, catch, enough)

→ We got up _____ the first train.

8 그 수프는 먹기에 너무 짜다. (salty, eat, too)

→ The soup is _____.

9 아빠는 제시간에 파티에 도착하기에 너무 바쁘셨다. (busy, get, too)

→ Dad was _____ to the party on time.

10 나에게 공책을 빌려주다니 너는 참 친절하구나. (so, nice, lend)

→ It was _____ me the notebook.

11 그는 차를 운전하기에는 너무 어리다. (young, drive, too)

→ He is _____ a car.

12 그 타코는 지금 당장 먹기에는 너무 뜨겁다. (hot, too, eat)

→ That taco is _____ right now.

13 그 식탁용 천은 대부분의 식탁에 맞을 만큼 충분히 길다. (long, fit)

→ The table cloth is _____ most tables.

14 Emma는 그 문제를 해결할 만큼 충분히 현명하다. (wise, solve)

→ Emma is _____ the problem.

15 나의 어린 아들은 캐비닛에 닿을 만큼 키가 충분히 크지 않다. (enough, reach)

→ My little boy is _____ the cabinet.

B 우리말과 일치하도록 주어진 단어들을 바르게 배열하시오.

1 하루 종일 TV를 보는 것은 지루하다. (it's, watch TV, to, boring)

→ _____ all day long.

2 다른 사람의 험담을 하는 것은 예의 없는 행동이다. (rude, to, it, speak ill of, is)

→ _____ others.

3 우리는 여러분이 읽을 많은 흥미로운 텍스트를 가지고 있다. (for, to, read, you)

→ We have lots of interesting texts _____.

4 저는 너무 바빠서 설거지를 못하겠어요. (so, can't, wash, I, busy, that)

→ I'm _____ the dishes.

5 Baker 씨는 고형 음식을 먹을 수 있을 정도로 건강해졌다. (healthy, to, enough, eat)

→ Mr. Baker became _____ solid food.

6 그 사진은 너무 커서 문자 메시지를 통해 보낼 수 없다. (to, too, large, send)

→ The photo is _____ via text message.

7 나는 다리가 너무 아파서 더 이상 걸을 수 없다. (so, I, that, can't, much)

→ My legs hurt _____ walk anymore.

8 이 코코아는 너무 뜨거워서 마실 수 없다. (to, hot, drink, too)

→ This cocoa is _____.

9 이것을 공유해 주시다니 관대하시군요. (of, to, you, generous, share)

→ It's _____ this.

10 그런 거짓말을 믿다니 그는 어리석군요. (him, to, stupid, believe, of)

→ It is _____ such a lie.

11 실수를 인정하다니 당신은 참 정직하네요. (of, honest, you, to, admit)

→ It's _____ your mistake.

12 여기 여러분이 먹을 수 있는 맛있는 음식이 있어요. (for, to, eat, you)

→ Here's some nice food _____.

13 이번 주말에 우리가 캠핑을 가기로 결정한 것은 좋은 생각이었다. (for, decide, to, us)

→ It was a good idea _____ to go camping this weekend.

14 그 연사의 목소리가 매우 커서 우리는 잘 들을 수 있었다. (could, we, loud, that, so)

→ The speaker's voice was _____ hear him well.

15 그 강아지는 너무 약해서 서 있거나 머리를 들 수 없었다. (weak, to, too, stand)

→ The puppy was _____ or lift her head.

Actual Test

1 다음 문장의 빈칸 ⓐ와 ⓑ에 들어갈 말이 바르게 짝지어진 것은?

> ____ⓐ____ is kind of him ____ⓑ____ invite me.

① It – being   ② That – being
③ It – to   ④ It – not
⑤ That – to

[2~3] 다음 문장의 빈칸에 알맞은 것을 고르시오.

2
> It was _____ funny that we couldn't stop laughing.

① very   ② too   ③ so
④ a lot   ⑤ much

3
> It is polite _____ you to open the door for others.

① of   ② for   ③ with
④ to   ⑤ by

[4~5] 우리말과 일치하도록 빈칸에 알맞은 말을 고르시오.

4
> 휴대 전화의 전원을 끄지 않다니 그는 조심성이 없구나.
> ➡ It's careless _____ him not to turn off his cell phone.

① in   ② with   ③ for
④ that   ⑤ of

5
> 이것은 아이들이 할 만한 흥미로운 게임이다.
> This is an interesting game _____ children to play.

① to   ② by   ③ with
④ of   ⑤ for

6 다음 대화의 밑줄 친 ①~⑤ 중 어법상 바르지 <u>않은</u> 것은?

> A: ①This is the worksheet ②of you to study for the math test. I can help you study for it.
> B: ③It's very nice ④of you to offer your help. This type of math is hard ⑤for me to understand.

[7~8] 다음 두 문장이 같은 뜻이 되도록 빈칸에 알맞은 말을 고르시오.

7
> He is too short to ride the roller coaster.
> = He is so short that he _____ ride the roller coaster.

① can   ② can't   ③ could
④ couldn't   ⑤ won't

8
> My little brother is so weak that he can't lift the box.
> = My little brother is _____ weak to lift the box.

① very   ② to   ③ too
④ even   ⑤ so

9 다음 문장의 밑줄 친 부분을 어법에 맞게 고쳐 쓰시오.

> It is good for your health <u>to not overeat</u>.

➡ _____

10 다음 문장의 빈칸에 알맞지 <u>않은</u> 것은?

> It is _____ of you to say so.

① polite　　② careless　　③ nice
④ stupid　　⑤ difficult

11 다음 문장의 밑줄 친 ①~⑤ 중 어법상 바르지 <u>않은</u> 것은?

> It was warm ①<u>enough</u> ②<u>going</u> on a picnic.
> Sam and I went hiking. Sam walked ③<u>too</u>
> fast ④<u>for me</u> ⑤<u>to keep up</u>.

[12~13] 다음 문장의 빈칸에 공통으로 알맞은 말을 고르시오.

12
> • _____ is fun to read comic books.
> • _____ is too hot to sleep.

① This　　② That　　③ What
④ It　　⑤ To

13
> • It's a great pleasure _____ out with
>   friends.
> • It's important _____ the wash out
>   in the sun.

① hang　　② hung　　③ hanging
④ will hang　　⑤ to hang

[14~15] 다음 중 어법상 올바른 문장을 고르시오.

14 ① It's fun learned French.
② It's dangerous crosses the street.
③ It's impossible to wake up so early.
④ The blue shirt is perfect of me wear.
⑤ Is it necessary opened all the windows?

15 ① Get some boxes large enough for kids to
sit.
② Get some boxes large enough of kids to
sit in.
③ Get some boxes large enough for kids to
sit in.
④ Get some boxes large enough for kids
sitting.
⑤ Get some boxes large enough of kids
sitting.

[16~17] 우리말과 일치하도록 괄호 안의 단어들을 바르게 배열하여 문장을 완성하시오.

16
> 그 티셔츠는 네가 입기에 너무 크다.
> The T-shirt is _____.
> (too, to, you, wear, for, big)

17
> 우리가 아기들을 돌보는 것은 쉽지 않았다.
> It was not easy _____
> the babies.
> (for, to, take care of, us)

[18~19] 다음 두 문장이 같은 뜻이 되도록 괄호 안의 단어들을 이용하여 문장을 완성하시오.

18
> This book is too difficult for me to read.

➡ This book is _____
read it. (so, that, I can't)

19
> Tim got up so early that he could catch the
> first train.

➡ Tim got up _____
the first train. (enough)

[20~21] 우리말을 영어로 바르게 옮긴 것을 고르시오.

20

> 가난한 사람들을 돕다니 그녀는 친절하구나.

① Helping the poor is kind.
② To help the poor is kind to her.
③ To help the poor is kind for her.
④ It is kind of her to help the poor.
⑤ It is kind for her to help the poor.

21

> 이 마우스는 당신이 사용하기 편하다.

① This mouse is comfortable for use.
② This mouse is comfortable of them.
③ This mouse is comfortable with us.
④ This mouse is comfortable of you to use.
⑤ This mouse is comfortable for you to use.

22 다음 밑줄 친 It[it]의 쓰임이 나머지와 다른 것은?

① It is my birthday present.
② It is easy to lock the door.
③ It was hard to finish the work.
④ Wasn't it hard to wake up so early?
⑤ It is not easy to go jogging every day.

[23~24] 다음 괄호 안의 단어들을 바르게 배열하여 우리말을 영작하시오.

23

> 나는 무대에서 연주할 수 있을 정도로 플루트를 잘 연주할 수 있다.
> (I, to perform, play the flute, can, enough, on stage, well)

➡ _____

24

> 그의 요리 실력은 심사위원들에게 깊은 인상을 줄 만큼 훌륭했다.
> (to impress, were, enough, good, the judges, his cooking skills)

➡ _____

_____

[25~27] 다음 밑줄 친 부분을 어법에 맞게 쓴 것을 고르시오.

25

> I'm so tired that I can't walk anymore.
> = I'm too tired walk anymore.

① walked   ② to walk   ③ walking
④ walks   ⑤ walk

26

> The students were enough smart to answer all the questions.

① smart answer to enough
② enough smart answering
③ smart enough to answer
④ enough smart for answering
⑤ too enough smart to answer

27

> They were very embarrassed to asking someone to help.

① very embarrass to ask
② too embarrassed to ask
③ embarrassed very to asking
④ too embarrassed to asking
⑤ so embarrassed that asking

28 다음 괄호 안의 단어들을 어법에 맞게 바꿔 쓸 때, 순서대로 바르게 짝지어진 것은?

> The teenager is (too) young that he (can) get his driver's license.

① so – can't
② much – won't
③ very – can't
④ even – can
⑤ a lot – can't

29 다음 중 밑줄 친 부분이 어법상 바르지 않은 것은?

① Tom needs a friend to talk to.
② Sarah wants something cold to drink.
③ We went to the park to play badminton.
④ I want to be a musician.
⑤ Mom cooks enough well to join the cooking contest.

30 다음 대화의 밑줄 친 부분을 어법에 맞게 고쳐 쓰시오.

> A: Let's have lunch. Why don't we eat out?
> B: Sorry. I am ⓐso busy to go out. I have something ⓑfinished.
> A: Do you want me to bring you back something?
> B: Would you buy me something ⓒdrinking?
> A: Okay.

ⓐ _____

ⓑ _____

ⓒ _____

31 다음 대화를 읽고, 아래 글의 빈칸을 완성하시오.

> **Bill:** Hey, Sue. Do you know the hours of the school library?
> **Sue:** It opens at 8:30 a.m. and closes at 5:00 p.m. So it's too late to go there today. It's past 5 o'clock.
> **Bill:** That's okay. I will return the book tomorrow.
> **Sue:** Okay.

➡ Bill asks Sue _____ _____ of the school library. Sue tells him that it's _____ _____ for him _____ _____ to the library today. Bill says that's okay and he's going to return the book tomorrow.

32 다음 그림을 보고, 괄호 안에 주어진 단어들을 이용하여 글을 완성하시오.

<Two Years Ago>   <Now>

Two years ago, I was (1) _____ _____ _____ _____ the ball. Now, I am (2) _____ _____ _____ _____ the ball. (short, tall, dunk, enough)

Writing Practice

A 우리말과 일치하도록 주어진 단어들을 활용하여 문장을 완성하시오.

1 나는 스케이트보드를 타러 가고 싶지 않다. (feel, go skateboarding)

→ I don't _____.

2 나는 그 장면을 보고 웃지 않을 수 없었다. (help, laugh)

→ I couldn't _____ at the scene.

3 Jim의 조부모님들은 그를 보기를 고대하고 계신다. (look forward to, see)

→ Jim's grandparents are _____ him.

4 Tom의 삼촌은 혼자 사는 것에 익숙하다. (be used to, live alone)

→ Tom's uncle _____.

5 John은 줄넘기 연습을 계속했다. (keep, practice)

→ John _____ jump rope.

6 그의 첫 아르바이트는 개들을 산책시키는 것이었다. (walk dogs)

→ His first part-time job was _____.

7 Jones 씨에게 이메일 보내야 하는 것을 기억했니? (remember, send an e-mail)

→ Did you _____ to Mr. Jones?

8 우리는 그녀가 거짓말을 한다고 확신한다. (her, tell a lie)

→ We are sure of _____.

9 그녀는 학교에서 새로운 친구들을 사귀는 것에 대해 매우 신이 났다. (make, new)

→ She was so excited about _____ at school.

10 잠깐 쉬는 게 어때요? (have a break)

→ How about _____?

11 처음에 진실을 말하지 못해서 미안해. (not, tell the truth)

→ Sorry for _____ at first.

12 나는 나의 친한 친구를 놀린 것이 부끄럽다. (tease, close)

→ I am ashamed of _____.

13 우리는 과학 선생님과 마주치는 것이 두려웠다. (run across)

→ We were afraid of _____ our science teacher.

14 십 대들은 K-pop을 따라 노래하는 것을 즐긴다. (enjoy, sing along)

→ Teenagers _____ to K-pop songs.

15 나는 체중을 줄이기 위해 단것을 먹는 것을 포기했다. (give up, eat sweets)

→ To lose weight, I _____.

B 우리말과 일치하도록 주어진 단어들을 바르게 배열하시오.

1 아빠는 운전을 멈추고 차를 세우셨다. (stopped, pulled over, driving, and)

→ Dad _____ his car.

2 그녀는 선반 위에 그녀의 휴대 전화를 둔 것을 잊었다. (leaving, cell phone, forgot, her)

→ She _____ on the shelf.

3 나의 부모님은 내가 밤늦게 귀가하는 것을 싫어하신다. (coming, late, my, home)

→ My parents don't like _____ at night.

4 나는 창문을 닫는 것을 완전히 잊어버렸다. (forgot, windows, close, to, the)

→ I completely _____.

5 민수는 노란 셔츠를 입어 보았다. (shirt, tried, yellow, wearing, the)

→ Minsu _____.

6 나는 한 시간 전에 내 방 청소를 끝냈다. (cleaning, room, finished, my)

→ I _____ an hour ago.

7 그들은 스키 배우는 것을 포기했다. (to, gave up, how, learning, ski)

→ They _____.

8 나의 형은 스위스에서 공부할 계획이다. (to, planning, study, is)

→ My brother _____ in Switzerland.

9 우리는 너를 곧 다시 만나기를 희망한다. (hope, again, to, you, see)

→ We _____ soon.

10 나를 위해 식료품점에 가 줄 수 있니? (going, do, mind, you)

→ _____ to the grocery store for me?

11 쓰레기 내놓는 것을 잊지 마. (take out, garbage, to, the, forget)

→ Don't _____.

12 우리는 두 시간을 인터넷 서핑을 하며 보냈다. (the Internet, two hours, spent, surfing)

→ We _____.

13 나는 그가 훌륭한 연설을 하는 것이 자랑스럽다. (great, giving, him, speech, a)

→ I am proud of _____.

14 그는 자신의 엄마와 아빠를 이해하려고 노력했다. (he, to, understand, tried)

→ _____ his mom and dad.

15 애완동물을 키우는 것은 아이들에게 좋은 영향을 준다. (positively, a pet, raising, influences)

→ _____ children.

Actual Test

1 다음 문장의 빈칸에 알맞은 것은?

> Dad _____ doing the dishes.

① hoped   ② wanted   ③ finished
④ planned   ⑤ chose

2 다음 대화의 빈칸에 알맞은 것은?

> A: Do you know where we are?
> B: I have no idea. We need someone's help.
> A: Let's stop _____ someone for help.

① ask   ② asking   ③ to ask
④ asked   ⑤ to asking

3 다음 문장의 빈칸에 알맞지 않은 것은?

> Jenny _____ studying for the exam.

① kept   ② gave up   ③ finished
④ suggested   ⑤ agreed

[4~5] 다음 중 밑줄 친 부분이 어법상 바르지 않은 것을 고르시오.

4 ① He hates <u>to say</u> good bye.
② I enjoy <u>watching</u> funny movies.
③ She feels like <u>to go</u> out for lunch.
④ <u>To watch</u> volleyball games is boring.
⑤ Mina keeps <u>memorizing</u> German words.

5 ① I'm sorry for <u>being</u> late.
② We gave up <u>trying</u> our best.
③ She couldn't help <u>going</u> back home.
④ Do you mind <u>visiting</u> us tomorrow again?
⑤ He decided <u>stopping</u> playing computer games.

6 다음 문장의 우리말 해석이 바르지 <u>않은</u> 것은?

① I can't help liking her.
(나는 그녀를 좋아하는 것을 도울 수 없다.)
② The child kept crying and fell asleep.
(그 아이는 계속 울다가 잠이 들었다.)
③ It is no use crying over spilled milk.
(엎질러진 우유를 두고 울어봐야 소용없다.)
④ I spent last weekend doing volunteer work.
(나는 지난 주말을 봉사활동을 하며 보냈다.)
⑤ Would you mind moving these boxes over there?
(이 상자들을 저쪽으로 옮겨 주시겠어요?)

[7~9] 우리말과 일치하도록 괄호 안의 단어들을 활용하여 빈칸을 완성하시오.

7

> 내가 네 옆에 앉아도 될까?
> ➡ Would you mind _____ _____ _____ _____ you?
> (I, sit, next to)

8

> 그들은 대통령이 그들의 마을을 방문하는 것에 대해 매우 기뻐했다.
> ➡ They were so happy about _____ _____ _____ their town.
> (the president, visit)

9

> 그는 자전거를 고치는 데 능숙하다.
> ➡ He _____ _____ _____ _____ bikes.
> (be good at, fix)

[10~11] 다음 대화의 빈칸에 들어갈 말이 바르게 짝지어진 것을 고르시오.

10

A: How about _____ out for dinner?
B: I don't feel like _____ out.
A: Then let's just order a pizza.

① go – eat
② to go – to eat
③ to go – eating
④ going – eating
⑤ going – to eat

11

A: It stopped _____ outside.
B: Really? I'd like _____ a snowman. Let's go outside.

① snow – build
② snowing – to build
③ to snow – to build
④ snowing – building
⑤ to snow – building

[12~13] 다음 문장의 빈칸에 알맞은 말을 모두 고르시오.

12

_____ breakfast is not good for your health.

① Skip
② To skip
③ Skipping
④ Skipped
⑤ To skipping

13

Sally doesn't like _____ early.

① his leaving
② him leaving
③ he leaving
④ he to leave
⑤ him to leaving

14 다음 중 짝지어진 두 문장의 뜻이 같지 않은 것은?

① I hate to eat spinach.
= I hate eating spinach.
② I began to work again.
= I began working again.
③ They continued to laugh.
= They kept laughing.
④ I tried to jump over the fence.
= I tried jumping over the fence.
⑤ I don't feel like listening to music.
= I don't want to listen to music.

[15~17] 우리말과 일치하도록 빈칸에 알맞은 말을 고르시오.

15

제가 TV를 꺼도 될까요?
➡ Would you mind _____ off the TV?

① I turning
② I to turn
③ me to turn
④ my turning
⑤ my to turn

16

우리는 담임 선생님께서 들어오셨을 때 이야기하는 것을 멈추었다.
➡ We _____ when the homeroom teacher came in.

① stop talking
② stop to talk
③ stopped to talk
④ to stop talking
⑤ stopped talking

17

나는 그를 만나기를 고대하고 있다.
➡ I am looking forward _____ him.

① meet
② to meet
③ meeting
④ to meeting
⑤ to being met

[18~19] 다음 우리말을 바르게 영작한 것을 고르시오.

18

> 나는 집에서 쉬고 싶다.

① I am taking a rest at home.
② I feel like to a rest at home.
③ I like taking a rest at home.
④ I feel like taking a rest at home.
⑤ I am going to take a rest at home.

19

> 하루 종일 친구들과 어울리면서 시간을 보내지 마라.

① No spending time for hanging out with friends all day.
② Spend no time to hanging out with friends all day.
③ Not spending time to hang out with friends all day.
④ Don't spend time to hanging out with friends all day.
⑤ Don't spend time hanging out with friends all day.

[20~21] 다음 두 문장이 같은 뜻이 되도록 빈칸에 알맞은 말을 쓰시오.

20

> Do you mind if she calls you back?
> = Do you mind _____ _____ you back?

21

> I am sure that he will come back soon.
> = I am sure of _____ _____ back soon.

[22~23] 다음 대화 내용과 일치하도록 주어진 표현을 이용하여 빈칸을 완성하시오.

22

> **Jane**: Sam, how about watching a funny movie?
> **Sam**: Sounds good.

➡ Jane and Sam _____ _____ _____ a funny movie. (decided)

23

> **Sejin**: My favorite writer is John Smith.
> **Tim**: Really? He has recently published a new book.
> **Sejin**: I have ordered it. I can't wait to read it.

➡ Sejin is _____ _____ _____ _____ her favorite writer's new book. (look forward to)

[24~26] 우리말과 일치하도록 괄호 안의 단어를 알맞은 형태로 고쳐 쓰시오.

24

> 엄마는 내가 말대꾸하는 것을 싫어하신다.
> ➡ My mom doesn't like (I) talking back.

25

> 그는 회의하는 동안 계속해서 불평을 했다.
> ➡ He kept (complain) during the meeting.

26

> 나는 창문을 닫지 않은 것을 기억한다.
> ➡ I remember not (close) the windows.

27 우리말과 일치하도록 어법상 바르지 <u>않은</u> 부분을 찾아 고쳐 쓰시오.

> (1) 그는 영어와 중국어를 배우려고 노력했다.
> ➡ He tried learning English and Chinese.
> (2) 나는 아침 일찍 떠나는 것이 걱정된다.
> ➡ I am worried about to leave early in the morning.

(1) _____ ➡ _____

(2) _____ ➡ _____

[28~30] 우리말과 일치하도록 괄호 안의 단어들을 바르게 배열하여 문장을 완성하시오.

28

> 나는 꽃 사진을 찍는 것을 즐긴다.
> ➡ I enjoy _____.
> (flowers, taking, of, pictures)

29

> 우리는 넘어지지 않고 자전거 타는 법을 배울 수 없다.
> ➡ We can't learn _____
> _____.
> (how, a bike, falling down, without, to ride)

30

> 수미는 자신이 부모님께 용돈을 받았다는 것을 잊어버렸다.
> ➡ Sumi forgot _____
> _____.
> (getting, parents, pocket money, from, her)

31 다음 대화 내용과 일치하도록 빈칸을 완성하시오.

> A: Dave, did you bring our group science report?
> B: Oh. I forgot to bring it from home.
> A: It's due today.
> B: I'm so sorry. I will go home and get it during the lunch break.
> A: Okay.

➡ Dave forgot (1) _____ the science report. Dave felt sorry for (2) _____ it. He decided (3) _____ home to get the report.

32 다음 글의 빈칸에 알맞은 말을 〈보기〉에서 골라 알맞은 형태로 쓰시오.

> ┤ 보기 ├
> buy   think   have

> Recycling is the process of changing waste into new, usable materials. (1) _____ carefully about what products you buy is the first step toward efficient recycling. When you go shopping, try (2) _____ products that can be recycled. Plastic, paper, steel can be recycled. Also, don't forget (3) _____ a recycle bin in your house.

(1) _____

(2) _____

(3) _____

A 우리말과 일치하도록 주어진 단어들을 활용하여 문장을 완성하시오.

1 그 윔블던 테니스 시합은 매우 흥미진진했다. (excite)

→ The Wimbledon tennis match was very _____.

2 모든 사람이 그 소식을 듣고 놀랐다. (surprise)

→ Everybody was _____ at the news.

3 그의 아버지는 지난 금요일에 중고차를 샀다. (use)

→ His dad bought a _____ car last Friday.

4 수학은 내게 가장 흥미로운 과목이다. (interest)

→ Math is the most _____ subject to me.

5 그 큰 나무가 주차된 차 위로 쓰러졌다. (park)

→ The tall tree fell on a _____ car.

6 그 외국인은 한국에서 만들어진 태블릿 PC를 가지고 있다. (make)

→ The foreigner has a tablet PC _____ in Korea.

7 나는 무대 위에서 마술을 하고 있는 소년을 알고 있다. (do)

→ I know the boy _____ magic tricks on stage.

8 많은 사람이 한여름의 더위를 걱정했다. (worry)

→ Many people felt _____ about the midsummer heat.

9 아팠기 때문에, 나는 어제 의사에게 진찰을 받으러 갔다. (feel)

→ _____ sick, I went to see a doctor yesterday.

10 친구들과 축구를 하다가, Jack은 다리가 부러졌다. (play)

→ _____ soccer with his friends, Jack broke his leg.

11 손을 흔들며, 그는 아내에게 윙크를 했다. (wave)

→ _____ his hand, he winked at his wife.

12 정직하기 때문에, Paul은 친구들 사이에 인기가 있다. (be)

→ _____ honest, Paul is popular among his friends.

13 연필이 없어서, 나는 한 자루를 빌렸다. (have, not)

→ _____ _____ a pencil, I borrowed one.

14 비록 가난했지만, Maria는 다른 사람들 돕기를 좋아했다. (be)

→ _____ poor, Maria liked to help others.

15 사람들 앞에서 말할 때, 나는 항상 긴장이 된다. (speak)

→ _____ in front of people, I always feel nervous.

B 우리말과 일치하도록 주어진 단어들을 바르게 배열하시오.

1 한국의 역사는 매우 재미있다. (interesting, is, very)

→ The history of Korea _____.

2 그는 요즘 테니스 강습을 받는 것에 신이 나있다. (about, tennis, excited, taking, lessons)

→ He is _____ these days.

3 저 떨어지고 있는 눈송이들을 봐라. (those, snowflakes, at, falling)

→ Look _____.

4 너는 달걀 프라이 샌드위치 시켰니? (a, egg, fried)

→ Did you order _____ sandwich?

5 농구를 하고 있는 그 소년들은 모두 나의 친구들이다. (playing, the boys, basketball)

→ _____ are all my friends.

6 나는 피카소가 그린 그 그림을 무척 좋아한다. (Picasso, by, the picture, painted)

→ I love _____.

7 이것이 너의 아버지께서 만드신 의자이니? (made, your, the chair, by, dad)

→ Is this _____?

8 이웃집에 살고 있는 그 사람은 군인이다. (living, the man, next door)

→ _____ is a soldier.

9 최선을 다하면, 너는 언젠가 성공할 것이다. (your, best, doing)

→ _____, you will succeed someday.

10 Sydney에 머물렀을 때, 그는 오페라하우스를 방문했다. (in, staying, Sydney)

→ _____, he visited the Opera House.

11 음악을 들으며, 그녀는 책을 읽었다. (music, listening, to)

→ _____, she read the book.

12 비옷을 입지 않아서, 그는 흠뻑 젖었다. (wearing, not, a raincoat)

→ _____, he got wet to the skin.

13 서울역까지 지하철을 타면, 그곳에 10분 후에 도착할 것이다. (the subway, to, taking)

→ _____ Seoul Station, you will get there in 10 minutes.

14 바다 근처에 살지만, 그는 전혀 수영을 못한다. (near, living, the sea)

→ _____, he can't swim at all.

15 매일 한 시간 동안 운동을 한다면, 너는 다시 건강해질 수 있다. (for, exercising, an hour)

→ _____ every day, you can be healthy again.

Actual Test

1 다음 대화의 빈칸에 가장 알맞은 것은?

> A: Look at the _____ leaves!
> B: Wow! They look like they are dancing in the air.

① fall   ② fell   ③ fallen

④ falling   ⑤ felling

2 다음 문장의 빈칸에 알맞은 것은?

> 그 창문은 어제 깨졌다.
> = The window was _____ yesterday.

① break   ② broke   ③ broken

④ breaking   ⑤ to break

3 우리말과 일치하도록 어법상 바르지 <u>않은</u> 부분을 찾아 고쳐 쓰시오.

> 그녀는 한국에서 만들어진 가방이 있다.
> = She has a bag making in Korea.

_____ ➡ _____

4 우리말과 일치하도록 괄호 안의 단어를 각 빈칸에 알맞은 형태로 바꿔 쓰시오.

> 어제 나는 흥미진진한 축구 경기에 정말로 흥분했었다.
> = Yesterday I was really _____ about the _____ soccer game. (excite)

5 다음 밑줄 친 ①~⑤ 중 어법상 바르지 <u>않은</u> 것은?

> 도시에 사는 대부분의 사람들은 바쁘다.
> <u>Most</u> <u>people</u> <u>live</u> <u>in cities</u> <u>are</u> <u>busy</u>.
>   ①   ②   ③   ④   ⑤

6 다음 문장에서 'burning'이 들어갈 위치로 가장 알맞은 곳은?

> The (①) firefighters (②) rescued the (③) people from (④) the (⑤) house.

7 다음 대화의 빈칸에 들어갈 말이 순서대로 바르게 짝지어진 것은?

> A: How was the movie last night?
> B: It was _____. I even saw some people _____ during the movie.

① bored – sleep   ② bored – slept

③ boring – slept   ④ boring – to sleep

⑤ boring – sleeping

8 우리말과 일치하도록 괄호 안의 단어를 알맞은 형태로 바꿔 쓰시오.

> 불타는 가스가 만든 뜨거운 공기는 열기구가 뜨도록 도움을 준다.
> = The hot-air _____ (make) by the _____ (burn) gas helps the hot-air balloon float.

9 다음 대화의 밑줄 친 ①~⑤ 중 어법상 바르지 <u>않은</u> 것은?

> A: Are you <u>interesting</u> <u>in</u> flowers?
>   ①   ②
> B: Yes. <u>Actually</u> I <u>like</u> <u>to take</u> pictures of
>   ③   ④   ⑤
>   wildflowers.

[10~11] 우리말과 일치하도록 어법상 바르지 <u>않은</u> 부분을 찾아 고쳐 쓰시오.

10
> 요즘 몇몇 학생들은 모바일 게임을 하면서 너무 많은 시간을 낭비한다.
> ➡ Nowadays some students waste too much time played mobile games.

_____ ➡ _____

11
> 아빠는 닭튀김과 샐러드를 좋아하신다.
> ➡ My dad likes frying chicken and salad.

_____ ➡ _____

[12~14] 다음 괄호 안에서 알맞은 것을 고르시오.

12 The bike was (fixing / fixed) by Jack.

13 Sarah sat on the sofa (holding / held) a cat in her arms.

14 (Having not / Not having) much money, he couldn't buy a nice computer.

[15~16] 다음 두 문장의 의미가 같도록 빈칸에 알맞은 말을 쓰시오.

15
> The dog was barking, and it looked very scary to me.
> = The _____ _____ looked very scary to me.

16
> Because I was tired, I went to bed early.
> = _____ tired, I went to bed early.

[17~20] 다음 문장의 빈칸에 알맞은 말을 〈보기〉에서 골라 알맞은 형태로 바꿔 쓰시오.

┌─ 보기 ▶─────────────────────────┐
│   take   play   park   leave   │
└──────────────────────────────┘

17 We know the girl _____ the cello on stage.

18 A car _____ on the street can make a traffic jam.

19 I have a lot of pictures _____ in New York City in 2016.

20 The student _____ the classroom last has to turn off the lights.

[21~22] 다음 두 문장을 한 문장으로 만들 때 빈칸에 알맞은 한 단어를 쓰시오.

21 Mr. Kim is a great science teacher. He is respected by most students.

➡ Mr. Kim is a great science teacher _____ by most students.

22 My mother is a doctor. She is working in this hospital.

➡ My mother is a doctor _____ in this hospital.

[23~25] 우리말과 일치하도록 괄호 안의 단어들을 바르게 배열하여 문장을 완성하시오.

23 그는 삶은 고기 먹기를 좋아한다.
(meat / boiled / eating)

➡ He likes _____.

24 코치와 테니스 연습을 하고 있는 Amy를 봐라.
(her coach / with / tennis / practicing)

➡ Look at Amy _____.

25 그 동물원에 있는 사자들은 햇빛을 즐기며 앉아 있었다.
(enjoying / sat / the sunshine / in the zoo)

➡ The lions _____.

[26~27] 다음 문장을 '분사구문'으로 바꿀 때 빈칸에 알맞은 한 단어를 쓰시오.

26 Because she saved enough money, she could buy a nice dress.

= _____ enough money, she could buy a nice dress.

27 While Tara drank a cup of tea, she enjoyed listening to music.

= _____ a cup of tea, Tara enjoyed listening to music.

28 다음 중 밑줄 친 부분의 쓰임이 나머지 넷과 다른 것은?

① My favorite activity is <u>swimming</u>.

② The dog is <u>running</u> after the cat.

③ He is <u>walking</u> into the classroom.

④ The man <u>playing</u> tennis is my father.

⑤ I know the girl <u>singing</u> on stage.

[29~30] 다음 밑줄 친 부분의 의미로 가장 알맞은 것을 고르시오.

29 <u>Not knowing what to do</u>, I'm asking for your advice.

① If I don't know what to do

② While I don't know what to do

③ Since I don't know what to do

④ Though I don't know what to do

⑤ Before I don't know what to do

30 <u>Being born with no arms</u>, he became an excellent swimmer.

① If he was born with no arms

② After he was born with no arms

③ When he was born with no arms

④ Before he was born with no arms

⑤ Although he was born with no arms

서술형

31 다음 그림을 보고, 〈보기〉 단어를 활용하여 마법의 성을 설명하는 문장을 완성하시오.

보기

make   lie   write   paint

(1) Look at the wall _____ blue.

(2) There is some bread on the dish _____ of gold.

(3) The book _____ in English is flying.

(4) The teapot _____ on the table is singing.

서술형

32 민호의 상황을 표현한 그림과 일치하도록 빈칸에 알맞은 '분사구문'을 쓰시오.

(1) I feel hungry.   (2) I have a math exam.

(1) • _____ _____, Minho ate *tteokbokki*.

• _____ _____, he read a comic book.

(2) • _____ _____ _____ _____, Minho studied math.

• _____ _____, he listened to music.

Writing Practice

A 우리말과 일치하도록 주어진 단어들을 활용하여 문장을 완성하시오.

1 나의 부모님은 내가 좋은 친구 사귀기를 원하신다. (make)

→ My parents want me _____ good friends.

2 나는 그녀가 내 생일파티에 올 거라고 예상하지 않았다. (come)

→ I didn't expect her _____ to my birthday party.

3 Benjamin은 나에게 내 자전거를 빌려달라고 부탁했다. (lend)

→ Benjamin asked me _____ him my bike.

4 그 의사는 환자에게 규칙적으로 운동하라고 권고했다. (exercise)

→ The doctor advised the patient _____ regularly.

5 윤 선생님은 자신의 학생들에게 학교에 지각하지 말라고 말했다. (be)

→ Ms. Yoon told her students _____ late for school.

6 그의 어머니는 그가 밤늦게 밖에 있는 것을 허락하지 않을 것이다. (stay out)

→ His mom won't allow him _____ late at night.

7 몇 가지 개인적인 질문을 할게요. (ask)

→ Let me _____ you some personal questions.

8 그 슬픈 영화 장면이 나를 울게 했다. (cry)

→ The sad movie scene made me _____.

9 Ted 선생님은 우리에게 그 시를 영어로 번역하게 시켰다. (translate)

→ Mr. Ted had us _____ the poem into English.

10 나는 그녀가 친구들과 농구하는 것을 봤다. (play)

→ I saw her _____ basketball with her friends.

11 우리는 Noah가 큰 소리로 웃는 소리를 들었다. (laugh)

→ We heard Noah _____ loudly.

12 그녀는 주방에서 무엇인가가 타는 냄새를 맡았다. (burn)

→ She smelled something _____ in the kitchen.

13 그는 무엇인가가 그의 어깨에 닿는 것을 느꼈다. (touch)

→ He felt something _____ his shoulder.

14 나는 도둑이 그 집에 침입하는 것을 봤다. (break)

→ I watched a thief _____ into the house.

15 나는 그들이 도서관에서 공부하는 것을 봤다. (study)

→ I looked at them _____ in the library.

B 우리말과 일치하도록 주어진 단어들을 바르게 배열하시오.

1 그녀의 어머니는 그녀를 '공주님'이라고 부른다. (her, calls, Princess)

→ Her mother _____.

2 그들은 그를 의장으로 선출했다. (him, elected, chairperson)

→ They _____.

3 우리는 그 소설이 지루하다는 것을 알았다. (the novel, found, boring)

→ We _____.

4 우리는 그 아이들을 먼저 안전하게 지켜야 한다. (safe, keep, the children)

→ We should _____ first.

5 부모님께서는 내가 더 건강하기를 원하신다. (be, want, to, healthier, me)

→ My parents _____.

6 나는 네가 그 게임에서 최선을 다하길 기대한다. (do, you, expect, to)

→ I _____ your best in the game.

7 나는 그에게 밖에서 오래 기다리지 말라고 요구했다. (wait, him, asked, to, not)

→ I _____ long outside.

8 나는 그에게 그곳에 혼자 가지 말라고 충고했다. (go, him, not, advised, to)

→ I _____ there alone.

9 너는 그들이 너의 방을 쓰도록 허락할 거니? (use, them, your, room, allow, to)

→ Are you going to _____?

10 너는 그들에게 몇 시에 오라고 말했니? (to, come, them, tell)

→ What time did you _____?

11 어머니는 토요일마다 나에게 설거지를 시키신다. (do, makes, the dishes, me)

→ My mother _____ on Saturdays.

12 우리는 그 수선공에게 지붕을 수리하게 시켰다. (fix, the repairperson, had, the roof)

→ We _____.

13 그 기차가 몇 시에 출발하는지 나에게 알려줄 수 있니? (know, me, let)

→ Can you _____ what time the train leaves?

14 나는 태양이 떠오르는 것을 지켜보고 있다. (the sun, watching, come)

→ I'm _____ up.

15 나는 Andrew가 플루트 연주하는 것을 들었다. (play, Andrew, heard, the flute)

→ I _____.

Actual Test

1 다음 문장의 빈칸에 공통으로 알맞은 것은?

> · Kate found the room _____.
> · Justin made me _____ the dirty room.

① clean   ② cleans   ③ cleaning
④ to clean   ⑤ to cleaning

2 다음 문장의 빈칸에 알맞지 <u>않은</u> 것은?

> Mom _____ me to get up earlier.

① told   ② made   ③ asked
④ advised   ⑤ ordered

[3~5] 다음 문장의 빈칸에 어법상 알맞은 것을 고르시오.

3
> He wanted his dad _____ the toy.

① buy   ② buys   ③ to buy
④ buying   ⑤ bought

4
> She made Jack _____ the computer.

① fix   ② fixes   ③ to fix
④ fixed   ⑤ fixing

5
> My music teacher _____ me practice the piano every day.

① had   ② told   ③ called
④ asked   ⑤ wanted

[6~7] 다음 밑줄 친 ①~⑤ 중 어법상 바르지 <u>않은</u> 것을 고르시오.

6
> A: Did you feel the building to shake?
>   ①   ②   ③
> B: Yes. It was very scary.
>   ④   ⑤

7
> Yesterday my mother let me to make an apple
>   ①   ②   ③   ④   ⑤
> pie.

8 우리말과 일치하도록 괄호 안의 단어들을 바르게 배열하여 문장을 완성하시오.

(1)
> 우리는 그들을 Tom과 Jerry라고 부른다.
> (Tom and Jerry / call / them)

⇒ We _____.

(2)
> 우리는 그가 살아있기를 바란다.
> (alive / want / him / to / be)

⇒ We _____.

9 다음 우리말을 바르게 영작한 것은?

> 이 책이 그녀를 유명하게 만들었다.

① This book made she famous.
② This book made her famous.
③ This book made famous her.
④ This famous book made she.
⑤ This famous book made her.

10 다음 문장의 빈칸에 들어갈 말이 순서대로 바르게 짝지어진 것은?

> • _____ me introduce myself to you.
> • _____ me to introduce myself to you.

① Allow – Let
② Let – Allow
③ Make – Let
④ Let – Make
⑤ See – Have

11 우리말과 일치하도록 빈칸에 들어갈 말이 순서대로 바르게 짝지어진 것은?

> Peter는 내게 그의 펜을 가져오게 했다.
> = Peter _____ me _____ his pen.

① have – bring
② has – to bring
③ had – bring
④ had – to bring
⑤ had – bringing

12 우리말과 일치하도록 밑줄 친 부분을 바르게 고쳐 쓰시오.

> 우리는 교실이 지저분한 것을 알았다.
> = We found the classroom messily.

13 다음 그림을 보고, 두 문장을 한 문장으로 바꿀 때 빈칸에 알맞은 단어를 쓰시오.

I saw Tara. She was taking a tennis lesson.

➡ I saw Tara _____ _____

_____ _____ .

[14~15] 다음 글의 괄호 안에서 어법상 알맞은 것을 고르시오.

14

> Olivia needed a blood test for a medical check-up. So the nurse (made / got) her roll up her sleeve and make a fist.

15

> I am an only child. I felt lonely when I was young, so my mother often (let / allowed) me to sleep over at my friend's house.

[16~20] 다음 밑줄 친 부분을 어법상 바르게 고쳐 쓰시오.

16

> My mom wants me to speak English well. So she makes me to read short stories in English every day.

➡ _____

17

> The classroom was very noisy during lunch time, so he couldn't hear someone called his name.

➡ _____

18
> Ms. Choi advised us <u>to not speak</u> ill of others behind their backs.

➡ _____

19
> Oprah Winfrey asked the poet <u>appear</u> on her show.

➡ _____

20
> Jenny helped me <u>carrying</u> the heavy box.

➡ _____

21 다음 괄호 안의 단어들을 바르게 배열하여 대화를 완성하시오.

> A: What's the matter?
> B: Mr. Kim _____.
>   (rewrite / me / the report / made)

[22~25] 우리말과 일치하도록 괄호 안의 단어들을 바르게 배열하여 문장을 완성하시오.

22
> 그는 그 만화책이 재미있다는 것을 알았다.
> (found / interesting / the comic book)

➡ He _____.

23
> 나는 어머니께 피자를 만들어 달라고 부탁했다.
> (make / to / pizza / my mom / asked)

➡ I _____.

24
> 그 교사는 자신의 학생들에게 소설을 읽게 한다.
> (has, novels, read, his students)

➡ The teacher _____.

25
> 우리는 우리 가족을 안전하게 지켜야 한다.
> (safe, our family, keep)

➡ We should _____.

[26~28] 다음 문장의 빈칸에 어법상 알맞은 것을 고르시오.

26 Did you see Sophia _____ at the party?
① dance   ② dances   ③ danced
④ to dancing   ⑤ to dance

27 Using earphones on the street can be dangerous because you can't hear cars _____ behind you.
① came   ② comes   ③ coming
④ to come   ⑤ to coming

28 This museum allows foreigners _____ traditional Korean culture.

① experience

② experienced

③ experiencing

④ to experience

⑤ to experiencing

29 다음 중 어법상 바르지 <u>않은</u> 것은?

① Tell him to do it at once.

② The news made me angry.

③ Emma asked me found her key.

④ Do you find English interesting?

⑤ The couple named their baby Kate.

30 다음 중 문장 형식이 나머지 넷과 <u>다른</u> 것은?

① I asked him a question.

② Mr. Jason teaches us English.

③ I gave Mike my comic books.

④ He bought her a beautiful ring.

⑤ She let her pet drink some water.

서술형

31 다음 각 그림의 내용과 일치하도록 문장을 완성하시오.

(1)

➡ Peter's dad told Peter _____

_____.

(2)

➡ The stepmother expected Cinderella

_____.

(3)

➡ Jiminy Cricket advised _____

_____.

서술형

32 어제는 민아네 가족 대청소의 날이었다. 어머니가 가족들에게 부탁한 표를 참고하여 민아가 쓴 일기를 완성하시오.

가족	어머니가 가족에게 부탁한 일
(1) Dad	fix the door
(2) Mina	water the plants in the garden
(3) Minsu	clean the bathroom
(4) Minho	take out the garbage

Yesterday was my family's cleaning day. My mom had all of my family members do some chores.

(1) My mom had Dad _____.

(2) She had _____.

(3) She _____.

(4) She _____.

We all worked hard and were happy.

A 우리말과 일치하도록 주어진 단어를 이용하여 문장을 완성하시오.

1 내 휴대전화를 가져왔는데 그게 어디에 있지? (is)

→ I brought my phone, but where _____?

2 내 우산 가져가. 나 하나 또 있어. (have)

→ Take my umbrella. I _____.

3 탁자에 동전이 많이 있네. 내가 몇 개 가져도 돼? (have)

→ There are many coins on the table. Can I _____?

4 나는 그들 중 한 명만 만난 적이 있고 나머지는 모르는 사람들이다. (are)

→ I've met just one of them, and _____ strangers.

5 바구니에 쿠키가 몇 개 있어. 너희들 각자 한 개씩 먹어도 돼. (eat)

→ There are some cookies in the basket. Each of you can _____.

6 이 모자는 저에게 너무 작아요. 다른 것 하나 보여주세요. (show)

→ This hat is too small for me. Please _____.

7 세 가지 점심 옵션이 있어. 하나는 김밥이고, 다른 하나는 비빔밥, 나머지 하나는 샌드위치야. (is)

→ There are three lunch options. One is *gimbap*, another is *bibimbap*, and _____ a sandwich.

8 어떤 사람들은 수영을 좋아했지만, 또 다른 사람들은 물을 무서워했다. (were)

→ Some people loved swimming, but _____ afraid of the water.

9 우리 엄마가 이 가방을 나에게 사주셨다. 나는 그것이 마음에 든다. (like)

→ My mom bought this bag for me. I _____.

10 그는 자녀가 세 명이다. 한 명은 아들이고 나머지 둘은 딸이다. (are)

→ He has three children. One is a son, and _____ daughters.

11 내가 너한테 책 두 권을 빌렸는데, 하나를 잃어버렸어. (lost)

→ I borrowed two books from you, but I _____.

12 어떤 학생들은 음악 수업을 좋아하고, 또 어떤 학생들은 미술 수업을 좋아한다. (like)

→ Some students like music class, and _____ art class.

13 이 근처에 내 차를 주차했는데, 나는 그것을 찾을 수가 없다. (find)

→ I parked my car near here, but I _____.

14 너는 색연필이 많이 있구나. 내가 하나 가져도 될까? (have)

→ You have many colored pencils. Can I _____?

15 이 베개는 아주 불편해요. 또 다른 베개 있어요? (have)

→ This pillow is very uncomfortable. Do you _____?

B 우리말과 일치하도록 주어진 단어들을 바르게 배열하시오.

1 거리에 있는 모든 집이 같아 보인다. (on the street, house, looks, every)

→ _____ the same.

2 식구들 각자가 돌아가면서 설거지를 한다. (takes, each, family member, turns)

→ _____ doing the dishes.

3 모든 학생들이 적어도 한 가지 악기를 연주할 수 있다. (play, student, every, can)

→ _____ at least one instrument.

4 저는 누구도 탓하고 싶지 않습니다. 저 자신을 탓합니다. (I, myself, blame)

→ I don't want to blame anybody. _____

5 각각의 여학생이 그에게 편지를 썼다. (a letter, has, girl, each, written)

→ _____ to him.

6 여행 중에 몸 관리 잘하렴. (of, yourself, good, care, take)

→ _____ during the trip.

7 저녁이 준비되었습니다. 마음껏 드세요. (help, please, yourself)

→ Dinner is ready. _____

8 저는 쌍둥이 오빠가 있습니다. 둘 다 축구를 좋아합니다. (soccer, both, like)

→ I have twin brothers. _____

9 두 명의 학생이 있다. 각자가 미소를 짓고 있다. (is, each, smiling)

→ There are two students. _____

10 파티에 온 손님들 각자가 선물을 하나씩 받았다. (at the party, guest, each, received)

→ _____ a gift.

11 그는 직접 자신의 집을 지었다. (house, himself, built, his)

→ He _____ .

12 어떤 강아지들은 자고 있다. 어떤 강아지들은 장난감을 가지고 놀고 있다. (others, playing, toys, are, with)

→ Some puppies are sleeping. _____

13 각각의 아이들이 버스에서 물과 약간의 간식을 받는다. (and, some, each, water, receives, child)

→ _____ snacks on the bus.

14 그 두 아이들은 그들 혼자서 방황하고 있었다.

→ The two children _____ . (themselves, about, wandering, by, were)

15 엄마가 케이크와 파이를 만드셨다. 둘 다 맛이 있다. (delicious, both, are)

→ Mom made a cake and a pie. _____

Actual Test

1 다음 문장의 빈칸에 알맞은 것은?

> My phone doesn't work any more. I need to buy a new _____.

① it   ② other   ③ two
④ them   ⑤ one

2 다음 대화의 빈칸에 알맞은 것은?

> A: Do you like this shirt?
> B: Not really. Can you show me _____ one?

① another   ② others
③ some   ④ each
⑤ the others

3 다음 문장의 빈칸에 알맞은 말을 쓰시오.

> The cat has three toys. _____ is a ping-pong ball, _____ is a baseball, and _____ _____ is a tennis ball.

4 다음 밑줄 친 부분 중 어법상 바르지 <u>않은</u> 것은?

① Every cloud <u>has</u> a silver lining.
② Both are correct <u>answers</u>.
③ Each <u>student</u> has a locker.
④ Oh, no! Both <u>tires</u> are flat.
⑤ Not every <u>children</u> was sleeping.

[5~6] 우리말과 일치하도록 빈칸에 알맞은 말을 쓰시오.

5

> 그들은 딸 둘이 있다. 한 명은 간호사이고 나머지 한 사람은 교사이다.
> ➡ They have two daughters. _____ is a nurse and _____ _____ is a teacher.

6

> 어떤 사람들은 노래를 하고, 나머지 다른 사람들은 춤을 추고 있다.
> ➡ _____ people are singing, and _____ _____ are dancing.

7 다음 문장의 빈칸에 들어갈 말이 순서대로 바르게 짝지어진 것은?

> • This blue shirt is too big. Do you have it in _____ sizes?
> • Would you like _____ cup of coffee?

① another – other
② the other – another
③ other – another
④ others – some
⑤ the others – other

8 다음 문장의 빈칸에 알맞은 것은?

> He has lived _____ himself for 10 years.

① by   ② at
③ in   ④ about
⑤ to

[9~10] 다음 두 문장이 같은 의미가 되도록 빈칸에 알맞은 말을 쓰시오.

9

Please feel comfortable.
= Please _____ _____ _____
   home.

10

We can't win this game alone.
= We can't win this game _____ _____.

11 다음 빈칸에 공통으로 알맞은 것은?

· Lisa is my sister, and I have _____
  sister in L.A.
· I don't like this restaurant. Is there
  _____ restaurant around here?

① one   ② another   ③ other
④ the other   ⑤ others

12 다음 그림을 보고, 빈칸에 알맞은 말을 쓰시오.

➡ There are five cats. One is white, and
_____ _____ _____ black.

13 다음 글의 내용과 일치하도록 문장의 빈칸에 알맞은 말을 쓰시오.

Jack's father is a famous guitarist and his
mother is a pianist. No wonder Jack is so
talented in music.

➡ _____ Jack's parents _____
   musicians.

[14~15] 다음 문장 중 어법상 바른 것을 고르시오.

14 ① Every class have 24 students.
     ② Each people has his own taste.
     ③ Both trees are dying.
     ④ Be careful. You might cut you.
     ⑤ They go to church every Sundays.

15 ① He comes here every other days.
     ② Some is interested in classical music.
     ③ I want to play another games.
     ④ Other book by the writer are boring.
     ⑤ Julia stayed at school. The other girls
       went home.

[16~18] 다음 그림을 보고, 대화의 빈칸에 알맞은 말을 쓰시오.

16 A: Do you have any pets?
     B: Yes, I have three. _____ is a hamster,
       _____ is a cat, and _____
       _____ is a dog.

17 A: What is the cat doing?
     B: She is looking at _____ in the
       mirror.

18 A: Does your brother like them?
     B: He likes the cat, but he doesn't like
       _____ _____.

[19~20] 다음 밑줄 친 부분을 어법상 바르게 고쳐 쓰시오.

19

> Some people like winter sports and <u>another</u> don't.

➡ _____

20

> You borrowed my pen yesterday. Did you lose <u>one</u>?

➡ _____

21 다음 대화의 빈칸에 들어갈 말을 순서대로 쓰시오.

> A: Mom! I cooked dinner by _____.
> B: Wow! It looks great! Thank you.
> A: Please help _____.

22 다음 문장에서 어법상 바르지 <u>않은</u> 부분을 찾아 바르게 고쳐 쓰시오.

Each brother have a different personality.

_____ ➡ _____

[23~24] 다음 중 밑줄 친 부분이 어법상 바른 것을 고르시오.

23 ① Both her <u>parent</u> are dentists.
② Each book <u>have</u> a different color.
③ Every <u>boys</u> in his family has a bike.
④ Some <u>toys</u> are dangerous for kids.
⑤ I'll try on another <u>shirts</u>.

24 ① Each <u>doors</u> has its own color.
② We really enjoyed <u>ourself</u> at the camp.
③ Would you like to have <u>another</u> cookies?
④ Some speak in English, and <u>others</u> speak in German.
⑤ I had only one slice of pizza. Where are <u>others</u>?

[25~27] 다음 〈보기〉의 단어를 이용하여 문장의 빈칸을 완성하시오.

┌ 보기 ┐
| help | make | enjoy |

25 Welcome. Please _____ _____ to the snacks.

26 Hello. Please _____ _____ at home.

27 People usually _____ _____ at the festival.

28 우리말과 일치하도록 괄호 안의 단어들을 바르게 배열하여 문장을 완성하시오.

> 동아리 각 회원은 현장학습 여행 신청을 해야 합니다.
> (sign up for, each, has to, the club, member, of, the field trip)

➡ _____

29 우리말과 일치하도록 빈칸에 알맞은 말을 쓰시오.

> 그들은 자신들을 경찰관이라고 소개했다.
> ➡ They introduced _____ as police officers.

30 우리말과 일치하도록 괄호 안에 주어진 표현을 이용하여 영작하시오.

> 어떤 사람들은 매운 음식을 좋아하고 어떤 사람들은 그것을 싫어한다. (spicy food, some, hate, others)

➡ _____
and _____.

서술형

31 다음 〈보기〉 중 알맞은 단어를 이용하여 통계표를 설명하는 글을 완성하시오.

> ◀ 보기 ▶
> some, most, others, the others, another

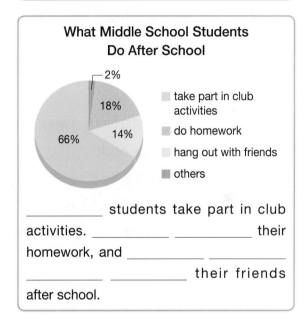

What Middle School Students Do After School

- take part in club activities
- do homework
- hang out with friends
- others

_____ students take part in club activities. _____ _____ their homework, and _____ _____ _____ _____ their friends after school.

서술형

32 다음 괄호 안의 말을 바르게 배열하여 이야기를 완성하시오.

➡ _____
and asked, "Mirror, mirror on the wall. Who's the prettiest girl in the world?"
(at, the queen, in, looked, herself, the mirror)

Writing Practice

A 우리말과 일치하도록 주어진 단어들을 활용하여 문장을 완성하시오.

1 이 소파는 내 침대만큼 편안하다. (comfortable)

→ This sofa is _____ my bed.

2 그는 Usain Bolt만큼 빨리 달릴 수 있다. (fast)

→ He can run _____ Usain Bolt.

3 그 영화는 네가 생각하는 것만큼 재미있지는 않다. (not, interesting)

→ The movie is _____ you think.

4 가능한 한 빨리 나에게 전화해줘. (soon, possible)

→ Call me back _____.

5 수학 시험이 영어 시험보다 어려웠다. (difficult)

→ The math test was _____ the English test.

6 올해는 작년보다 훨씬 더 춥다. (cold)

→ This year is _____ last year.

7 우리는 나이가 들수록 더 현명해진다. (wise, become)

→ The older we grow, _____.

8 Maria는 셋 중에서 가장 어리다. (young, of the three)

→ Maria is _____.

9 그것은 지금까지 내가 본 영화 중에 가장 무섭다. (scary, movie)

→ It's _____ I've ever seen.

10 그는 마을에서 가장 부자 중에 하나이다. (one, rich)

→ He is _____ people in the village.

11 저것이 우리나라에서 가장 오래된 나무이다. (old)

→ That is _____ in our country.

12 건강보다 더 중요한 것은 없다. (nothing, important)

→ _____ than health.

13 더 많이 배우면 배울수록 내가 얼마나 모르는가를 더 많이 깨닫는다. (much, learn)

→ _____, the more I realize how much I don't know.

14 그의 시계가 이 자동차만큼 비싸다. (expensive)

→ His watch is _____ this car.

15 나는 이 세상에서 가장 운이 좋은 사람이다. (lucky, person)

→ I'm _____ in the world.

B 우리말과 일치하도록 주어진 단어들을 알맞게 배열하시오.

1 나는 내일 가능한 한 일찍 일어나야 한다. (possible, get up, as, early, as)

→ I have to _____ tomorrow.

2 적게 쓰면 쓸수록 더 많이 저금한다. (you, the more, save)

→ The less you spend, _____.

3 나는 형만큼 똑똑하지 않다. (as, as, not, smart)

→ I'm _____ my brother.

4 그녀의 머리는 내 머리보다 훨씬 더 짧다. (shorter, much, mine, than)

→ Her hair is _____.

5 나는 잠을 많이 자면 잘수록 더 피곤함을 느낀다. (I, the more, sleep)

→ _____, the more tired I feel.

6 그는 자신의 스승보다 훨씬 더 유명해졌다. (more, much, famous, than)

→ He became _____ his teacher.

7 그것은 지금까지 내가 본 가장 아름다운 석양이었다. (beautiful, sunset, the most)

→ It was _____ I've ever seen.

8 이 가게에서 아무것도 이 목걸이보다 더 비싼 것은 없다. (than, in this shop, nothing, more, is, expensive)

→ _____ this necklace.

9 여기가 전 세계에서 가장 유명한 빵집 중 하나이다. (famous, one, the, most, of, bakeries)

→ This is _____ in the world.

10 너는 다음번에 이것보다 더 잘할 수 있다. (than, do, this, better)

→ You can _____ next time.

11 그 호수는 보는 것만큼 깊지 않다. (as, it, deep, looks, as, not, is)

→ The lake _____.

12 그녀는 어떤 전문 가수만큼이나 노래를 잘 부른다. (professional, singer, any, well, as, as)

→ She sings _____.

13 그 게임은 우리가 생각했던 것보다 훨씬 더 흥미진진했다. (exciting, a lot, than, more)

→ The game was _____ we thought it would be.

14 가능한 천천히 말해 주세요. (as, possible, slowly, as)

→ Please speak _____.

15 그녀는 세계에서 가장 영향력 있는 여성 중의 한 사람이다.

→ She is _____ in the world. (women, one, the, most, of, powerful)

Actual Test

[1~2] 다음 문장의 빈칸에 알맞은 말을 고르시오.

1

> Let me know the results as _____ as possible.

① soon   ② best   ③ less
④ far   ⑤ most

2

> Calgary is much _____ _____ Vancouver in winter.

① as cold   ② cold than
③ the coldest   ④ as colder
⑤ colder than

3 다음 문장의 빈칸에 알맞지 않은 것은?

> I feel _____ better this morning.

① a lot   ② much   ③ so
④ even   ⑤ far

4 다음 밑줄 친 부분을 바르게 고쳐 쓰시오.

(1) I think English is <u>easy</u> than Chinese.
(2) He will be <u>famous</u> than his father in this field.

5 다음 문장의 빈칸에 old의 알맞은 형태를 쓰시오.

(1) She is as _____ as my mother.
(2) He's _____ than he looks.
(3) Ms. Yuko is the _____ person in the village.

(1) _____ (2) _____ (3) _____

6 우리말과 일치하도록 빈칸에 알맞은 말을 쓰시오.

> 캐나다에서 축구는 아이스하키만큼 인기가 있지는 않다.

Soccer is _____ _____ _____ _____ ice hockey in Canada.

[7~8] 다음 두 문장이 같은 의미가 되도록 빈칸에 알맞은 말을 쓰시오.

7

> No one is as smart as Mark in my class.
> = Mark is _____ _____ in my class.

8

> I've never seen a scarier movie than that.
> = That's _____ _____ movie I've ever seen.

9 다음 문장의 빈칸에 알맞은 것은?

> Juno is the shortest _____ the three.

① in   ② at   ③ of
④ by   ⑤ from

[10~11] 다음 밑줄 친 부분 중 어법상 바르지 않은 것을 고르시오.

10 ① It's <u>smaller</u> than it looks.

② He is quite <u>popular</u> at school.

③ She can swim as <u>better</u> as I.

④ He lives in the <u>biggest</u> house in town.

⑤ You have <u>more</u> friends than I do.

11 ① The bike is <u>expensive</u> than my car.

② The more money he got, the <u>greedier</u> he became.

③ He can't walk as <u>fast</u> as we can.

④ The score was <u>worse</u> than I expected.

⑤ This is the <u>most interesting</u> book I've ever read.

12 우리말과 일치하도록 밑줄 친 부분을 바르게 고쳐 쓰시오.

> 작년보다 비가 훨씬 더 많이 왔다.

It rained <u>very more</u> than last year.

➡ _____

13 다음 나머지 넷과 의미가 <u>다른</u> 하나는?

① Hajin can sing as well as others in my class.

② Hajin can sing the best in my class.

③ Hajin can sing better than anybody in my class.

④ Nobody can sing better than Hajin in my class.

⑤ No one can sing as well as Hajin in my class.

[14~15] 다음 그림을 보고, 대화의 빈칸에 알맞은 말을 쓰시오.

14

A: Which one is heavier?

B: The cat is much _____ _____ the dog.

15

A: Which animal is the noisiest?

B: The monkey is _____ _____ _____ of them all.

[16~17] 다음 대화의 빈칸에 알맞은 것을 고르시오.

16

> A: What is _____ day?
> B: Thursday. I usually finish at 9 at night.

① a busier

② a busiest

③ your the busiest

④ the your busiest

⑤ your busiest

17

A: Should I take a taxi to get there?
B: No. Take the subway. _____.

① It's not as cheap as a taxi.

② It's a lot cheaper.

③ It's very expensive.

④ A taxi is cheaper than the subway.

⑤ It takes much longer to get there.

[18~19] 다음 중 어법상 알맞은 것을 고르시오.

18 ① His grade is worse than me.

② The Earth is large than the moon.

③ Learning Chinese is difficult than learning Italian.

④ Mt. Everest is the highest mountain in the world.

⑤ This is one of the most boring book I've ever read.

19 ① Jupiter is the bigger planet in the solar system.

② I'm as shortest as my mother.

③ Your hair is longer than mine.

④ This morning is peaceful than yesterday morning.

⑤ She felt very better than before.

[20~21] 다음 밑줄 친 부분을 어법에 맞게 고쳐 쓰시오.

20

Sam is <u>more funny</u> than his brother.

➡ _____

21

The cockroach was <u>as bigger as</u> my finger.

➡ _____

[22~24] 다음 괄호 안의 말을 이용하여 비교 표현으로 빈칸을 완성하시오.

22 The Thai food in this restaurant is the _____ in this town. (good)

23 The more time you spend on games, _____ _____ grades you get. (low)

24 That was one of _____ _____ memories of my life. (happy)

[25~27] 다음 〈보기〉의 단어를 알맞은 형태로 바꿔 문장을 완성하시오.

◀ 보기 ▶
delicious   difficult   strong

25

Sarah is quite short, but she is much _____ _____ I.

26

This is one of _____ _____ _____ cakes I've ever tasted.

27

> The math test was much _____
> _____ _____ I thought it
> would be.

[28~29] 우리말과 일치하도록 괄호 안의 단어들을 바르게 배열하여 문장을 완성하시오.

28

> 교실은 전보다 훨씬 더 조용해졌다.
> (quieter / much / before / the classroom /
> became / than)

➡ _____

29

> 나는 너만큼 그림을 잘 그리지 못해.
> (draw / I / can't / well / you / as / as)

➡ _____

30 우리말과 일치하도록 문장의 밑줄 친 곳을 어법에 맞게 고쳐 쓰시오.

> 과학은 내가 제일 좋아하지 않는 과목 중 하나이다.
> Science is one of my little favorite subjects.

➡ _____

31 다음 세 사람의 신체 검사표를 보고 질문에 알맞은 답을 쓰시오.

	Tom	Sally	Ellen
age	12	13	12
height	172 cm	158 cm	158 cm
weight	65 kg	58 kg	44 kg

(1) Who is the oldest?

➡ _____ _____ _____
_____ of the three.

(2) Is Sally shorter than Ellen?

➡ No. Sally _____ _____ _____
_____ Ellen.

(3) Who is the heaviest of the three?

➡ No one _____ _____ _____
Tom.

32 다음 기록표를 보고 문장을 완성하시오.

Top three fastest 100 m men in history

Usain Bolt	9.58 secs	1
Tyson Gay	9.69 secs	2
Yohan Blake	9.69 secs	3

➡ Usain Bolt can _____
the three.

11 관계대명사 **Writing Practice**

A 우리말과 일치하도록 빈칸에 알맞은 관계대명사를 쓰시오.

1 그녀는 내가 사랑하는 소녀이다.

→ She is the girl _____ I love.

2 나는 그가 무엇을 먹고 싶은지 모르겠다.

→ I don't know _____ he wants to eat.

3 이것이 내가 정말로 읽고 싶던 책이다.

→ This is a book _____ I really wanted to read.

4 나는 나와 생일이 같은 남자를 알고 있다.

→ I know a man _____ birthday is the same as mine.

5 너는 모국어가 스페인어인 사람을 알고 있니?

→ Do you know a person _____ first language is Spanish?

6 나는 2시에 시작하는 콘서트에 갈 것이다.

→ I am going to a concert _____ starts at 2 o'clock.

7 네가 나에게 사준 수박이 상했다.

→ The watermelon _____ you bought me was rotten.

8 이 선물은 내가 항상 원했던 것이다.

→ This present is _____ I always wanted.

9 Tom은 유명한 영화에 출연한 배우이다.

→ Tom is an actor _____ starred in a famous movie.

10 저쪽에서 자고 있는 소년은 내 친구이다.

→ The boy _____ is sleeping over there is my friend.

11 네가 나에게 소개해 준 사람은 정말 똑똑하다.

→ The person _____ you introduced to me is very smart.

12 이들은 꼬리가 짧은 강아지들이다.

→ These are the puppies _____ tails are short.

13 이것은 그녀가 가장 좋아하는 여배우와 찍은 사진이다.

→ It is the picture _____ she took with her favorite actress.

14 나는 취미가 공잡기인 강아지가 있다.

→ I have a puppy _____ hobby is catching balls.

15 네가 지금 필요한 것은 휴식이다.

→ _____ you need now is rest.

B 우리말과 일치하도록 주어진 단어들을 바르게 배열하시오.

1 Tom은 내가 가르쳤던 학생이다. (taught, I, who, a student)

→ Tom is _____.

2 나는 머리카락이 파란 친구가 있다. (hair, blue, whose, is)

→ I have a friend _____.

3 Jina는 부산에 사는 소녀이다. (Busan, lives, in, who)

→ Jina is a girl _____.

4 이것은 로봇을 디자인하는 슈퍼컴퓨터이다. (designs, which, robots)

→ This is a super computer _____.

5 Andrew가 네가 차를 수리하기 위해 사용할 수 있는 도구를 발명했다. (you, use, to fix, a car, can, which)

→ Andrew invented a tool _____.

6 그는 나의 것보다 더 큰 자동차를 가지고 있다. (bigger, mine, than, is, which)

→ He has a car _____.

7 저쪽에 네가 보는 건물은 경찰서이다. (you, over there, see, that)

→ The building _____ is a police station.

8 이것이 네가 어제 먹은 것이니? (you, yesterday, ate, what)

→ Is this _____?

9 이것은 Tom이 나에게 만들어 준 책상이다. (made, me, for, Tom, that)

→ This is the desk _____.

10 내 여동생이 사고 싶어 했던 것은 새 컴퓨터였다. (sister, my, to buy, wanted, what)

→ _____ was a new computer.

11 Tony는 내가 그에게 사준 책을 읽고 있다. (I, him, bought, that, the book)

→ Tony is reading _____.

12 그녀는 소설이 유명해진 딸이 있다. (a daughter, novel, became, whose, famous)

→ She has _____.

13 Andrew는 수업에서 내 뒤에 앉는 남자이다. (that, behind, the guy, sits, me, in class)

→ Andrew is _____.

14 Jane은 내가 숙제를 도왔던 친구이다. (who, I, my friend, helped, with, homework)

→ Jane is _____.

15 이 호수가 내가 이야기하던 것이다. (I, talking, what, about, was)

→ This lake is _____.

Actual Test

[1~2] 다음 문장의 빈칸에 공통으로 알맞은 것을 고르시오.

1

> • I have a friend _____ has blue eyes.
> • I have a table _____ has six legs.

① which   ② who   ③ that
④ what   ⑤ whose

2

> • These are the people _____ novels became best-sellers.
> • _____ shoes are these? Are they yours?

① which   ② who   ③ that
④ what   ⑤ whose

3 다음 문장의 빈칸에 공통으로 들어갈 알맞은 단어는?

> • _____ are you looking at?
> • I didn't hear _____ you said. Can you say that again?

[4~5] 다음 대화의 빈칸에 알맞은 것을 고르시오.

4

> A: What is your favorite food?
> B: Chicken is _____ I like the most!

① which   ② who   ③ that
④ what   ⑤ whose

5

> A: Which one is your friend?
> B: My friend is the boy _____ talking to a police officer.

① who is   ② that are   ③ who has
④ which is   ⑤ which are

6 다음 대화의 빈칸에 알맞은 말을 쓰시오.

> A: What is the building over there?
> B: The building _____ you are asking about is the new shopping mall.

7 다음 괄호 안의 단어를 활용하여 빈칸에 알맞은 말을 쓰시오.

> A: What is Julie's job?
> B: Julie is a fashion designer _____ _____ clothes for children. (make)

[8~10] 다음 문장의 빈칸에 알맞은 것을 고르시오.

8

> In the museum, there are many paintings _____ in the 1990s.

① that paints Marc Chagall
② who painted by Marc Chagall
③ who Marc Chagall painted
④ that is painted by Marc Chagall
⑤ which were painted by Marc Chagall

9

This dress is _____ at my 14th birthday party.

① who I want to wear

② what I want to wear

③ which I want to wear

④ this I want to wear

⑤ whose I want to wear

10

The computer _____ is very expensive.

① which I bought yesterday

② that I bought it yesterday

③ which I sold it yesterday

④ that I sold it yesterday

⑤ what I sold yesterday

11 다음 문장의 빈칸에 알맞지 않은 것은?

The girl who _____ is my daughter.

① you can see here

② has blue eyes

③ glasses are lost

④ is buying a red dress

⑤ speaks Spanish well

[12~13] 다음 문장의 빈칸에 들어갈 말이 순서대로 바르게 짝지어진 것을 고르시오.

12

• I miss my friend _____ I met in elementary school.

• I threw away my old table _____ I bought 10 years ago.

① who – that   ② who – whose

③ that – what   ④ what – which

⑤ which – which

13

• I don't understand _____ you are talking about.

• They live in a house _____ yard is large.

① who – which   ② that – whose

③ that – what   ④ what – whose

⑤ which – which

14 다음 밑줄 친 ①~⑤ 중 어법상 바르지 않은 것은?

I see a boy and a puppy ①that ②are taking a walk. The boy is wearing a shirt ③that ④has blue stripes. The dog is wearing a ribbon that ⑤are pink.

[15~16] 다음 문장의 빈칸에 알맞은 단어를 쓰시오.

15

You can see Emily and her cute dog _____ are running in the park.

16

Do you know a person _____ parents are both English teachers?

17 다음 대화의 빈칸에 들어갈 말이 순서대로 짝지어진 것은?

> A: I'm at a bookstore to buy the new book _____ you recommended. But I can't find it. Which one is it?
> B: It's the book _____ cover has a picture of a man and a cat.

① who – which
② who – whose
③ which – whose
④ which – who
⑤ that – who

18 다음 문장에서 어법상 바르지 않은 한 부분을 찾아 한 단어로 고쳐 쓰시오.

> I can't decide which I want to buy.

_____ ➡ _____

[19~21] 다음 중 밑줄 친 부분의 쓰임이 나머지와 다른 것을 고르시오.

19 ① I have a friend whose eyes are blue.
② Whose homework did you help with?
③ Do you have a friend whose parents came from China?
④ Do you have a friend whose mother is a teacher?
⑤ I have a friend whose dress is made by a famous fashion designer.

20 ① This is what you need to buy.
② What I can do now is just to wait for the result.
③ What are you going to do this weekend?
④ Listen to what I will tell you now.
⑤ I like what you are wearing today.

21 ① Do you know who wants to go to the movie?
② Jane is a girl who wears glasses.
③ James is the boy who works very hard.
④ Is Kate Kim the woman who became the world champion?
⑤ Are they the people who you invited to the party?

22 우리말과 일치하도록 빈칸에 알맞은 것은?

> 내가 사고 싶은 것은 아름다운 원피스이다.
> ➡ _____ I want to buy is a beautiful dress.

① Which   ② Who   ③ That
④ What   ⑤ Whose

[23~25] 다음 문장에서 관계대명사가 들어갈 위치로 알맞은 곳을 고르시오.

23
> I met ① a ② doctor ③ studies ④ about ⑤ difficult math problems.

24
> ① I want ② the most ③ is a ④ family trip ⑤.

25
> Nami is ① my ② friend ③ father ④ is ⑤ a pilot.

[26~27] 다음 두 문장을 한 문장으로 만들 때 빈칸에 알맞은 것을 고르시오.

26
> • Minsu is very thirsty.
> • He wants to drink some water.
> ➡ _____ Minsu wants is some water.

① Which   ② Who   ③ That
④ What   ⑤ Whose

27
> • This is the building.
> • Its roof caught fire.
> ➡ This is the building _____ roof caught fire.

① which   ② who   ③ that
④ what   ⑤ whose

28 다음 밑줄 친 단어 중 어법상 생략할 수 <u>없는</u> 것은?
① Have some cookies <u>that</u> I made.
② Who is the girl <u>that</u> you were talking to?
③ The dog <u>which</u> has a long tail is my pet.
④ This is the book <u>that</u> I was talking about.
⑤ She is the girl <u>who</u> I was going to introduce to you.

[29~30] 다음 두 문장을 한 문장으로 만들 때 삭제해야 하는 것을 고르시오.

29
> • This is the comic book.
> • I borrowed it yesterday.
>
> ➡ This is the ① comic ② book that ③ I ④ borrowed ⑤ it yesterday.

30
> • I know a boy.
> • The boy's sister is a famous actress.

➡ I know ① a boy ② his ③ whose sister ④ is ⑤ a famous actress.

서술형

31 다음 그림을 보고, 괄호 안의 단어들을 이용하여, 세 명의 소녀들을 묘사하는 문장을 완성하시오.

(1) Kate is the girl _____.
　　　　　　　　　　　 (curly hair)
(2) Jane is the girl _____.
　　　　　　　　　　　 (wearing a dress)
(3) Jenny is the girl _____.
　　　　　　　　　　　 (umbrella is red)

서술형

32 다음 그림을 보고, 관계대명사와 괄호 안의 단어들을 바르게 배열하여 문장을 완성하시오.

(1) Bob is the boy _____.
　　　　　　　　　　　 (the race, won, dog)
(2) Nelly is the dog _____.
　　　　　　　　　　　 (lost, the race)

A 우리말과 일치하도록 빈칸에 알맞은 접속사를 쓰시오.

1 내일 우리가 일찍 일어나야 한다는 것을 잊지 마.

→ Don't forget _____ we need to wake up early tomorrow.

2 내가 화장실에 있는 동안 누군가가 내 지갑을 가져갔다.

→ Someone took my wallet _____ I was in the restroom.

3 내가 밖에 있는 동안 너는 무슨 일을 했니?

→ What did you do _____ I was out?

4 그가 돈을 훔쳤다는 소문은 나에게 충격적이었다.

→ The rumor _____ he stole money was shocking to me.

5 내가 시험에 불합격했다는 것을 그녀에게 말할 수 없었다.

→ I couldn't tell her _____ I failed the test.

6 나는 10살 때부터 대한민국에 살아왔다.

→ I have lived in Korea _____ I was 10.

7 늦게 일어났기 때문에, 나는 첫 교시 수업을 놓쳤다.

→ _____ I got up late, I missed the first class.

8 그가 들어오면서, 그는 깨진 화분을 보았다.

→ _____ he came in, he saw the broken vase.

9 그는 비록 어리지만, 매우 용감하다.

→ _____ he is young, he is very brave.

10 비가 오고 있었지만 나는 놀러 나갔다.

→ I went out to play _____ it was raining.

11 그것이 정말 재미있다면, 사람들은 웃을 것이다.

→ _____ it is really funny, people will laugh.

12 사람들은 그것이 정말 재미있지 않다면 웃지 않을 것이다.

→ People will not laugh _____ it is really funny.

13 내 머리카락이 짧아서, 나는 묶을 수가 없다.

→ _____ I have short hair, I can't tie it up.

14 네가 살 곳을 찾을 때까지 너는 나와 함께 지내도 된다.

→ You can stay with me _____ you find a place to live in.

15 내가 상을 탔다는 것이 믿어지지 않아.

→ I can't believe _____ I won the award.

B 우리말과 일치하도록 주어진 단어들을 바르게 배열하시오.

1 내 조카가 밤새도록 울어서, 나는 잠을 잘 잘 수 없었다. (cried, my niece, since, all night)

→ _____, I couldn't sleep well.

2 나는 상점이 닫을 때까지 그곳에 있을 거야. (the, store, until, closes)

→ I will be there _____.

3 Tom이 다른 나라로 이사 간다는 사실은 놀랍다. (Tom, to another country, is moving, that)

→ The fact _____ is surprising.

4 나는 Emily가 대회에서 우승했다고 들었다. (Emily, the contest, won, that)

→ I heard _____.

5 Sam과 나는 좋은 친구이기 때문에, 우리는 항상 학교에 같이 간다. (Sam and I, good friends, are, since)

→ _____, we always go to school together.

6 경찰이 도둑을 잡았기 때문에 모든 사람들은 안도했다. (the police, the burglar, caught, as)

→ Everyone was relieved _____.

7 그는 학교에 가는 동안, 새 떼가 날아가는 것을 보았다. (he, was going, while, to school)

→ _____, he saw a flock of birds flying.

8 나는 그의 정치적 견해에 동의하지 않지만, 나는 그의 성격을 좋아한다. (I, agree, don't, with, his, even though, political views)

→ _____, I like his personality.

9 나는 영어가 배우기 재미있다고 생각한다. (English, fun, to learn, is, that)

→ I think _____.

10 나는 그 소문이 진실이라고 생각하지 않는다. (the rumor, true, is, that)

→ I don't think _____.

11 네가 시험을 보는 동안에, 너는 휴대전화를 사용할 수 없다. (you, are taking, while, the test)

→ _____, you may not use your cellphone.

12 너는 피아노를 치는 동안 노래를 할 수 있니? (playing, you, the piano, while, are)

→ Can you sing _____?

13 너는 숙제를 제출할 때까지 이 방을 나갈 수 없다. (hand in, you, until, your homework)

→ You may not leave this room _____.

14 나는 두 살 때부터, 피아노 치는 것을 배워왔다. (was, I, two, since)

→ _____, I have learned to play the piano.

15 나는 정말 화가 났지만, 내 감정을 나타내지 않았다. (was, I, very, although, mad)

→ _____, I didn't show my feelings.

Actual Test

1 우리말과 일치하도록 빈칸에 알맞은 것은?

> 파티가 지루해서 나는 집에 갔다.
> → I went home _____ the party was boring.

① since   ② if   ③ unless
④ that   ⑤ though

2 다음 밑줄 친 단어의 의미가 <u>다른</u> 하나는?

① <u>Since</u> I was 10, I have lived in Paris.
② <u>Since</u> I hurt my leg, I can't ride a bike.
③ <u>Since</u> I am not good at math, I don't like math.
④ <u>Since</u> it was cheap, I could buy it.
⑤ <u>Since</u> it was new, everyone liked it.

[3~4] 다음 문장의 빈칸에 알맞은 접속사를 고르시오.

3
> _____ you have your passport, you can't get on the plane.

① Since   ② If   ③ Unless
④ That   ⑤ As

4
> _____ he is funny at home, he is very serious at work.

① But   ② While   ③ As
④ Since   ⑤ That

[5~6] 다음 문장의 빈칸에 공통으로 들어갈 말로 알맞은 것을 고르시오.

5
> • I hope _____ you will get well soon.
> • I think _____ the police will catch the thief.

① if   ② that   ③ until
④ while   ⑤ because

6
> • You can use the car _____ you don't need it any more.
> • I will wait for you _____ you come.

① though   ② that   ③ until
④ while   ⑤ because

7 다음 중 빈칸에 알맞지 <u>않은</u> 접속사는?

> _____ I feel sick, I will just stay home today.

① As   ② If   ③ Even though
④ Because ⑤ Since

8 다음 밑줄 친 that 중 생략이 불가능한 것은?

① I think <u>that</u> you are brilliant.
② The teacher <u>that</u> taught me English is Mr. Brown.
③ Do you believe <u>that</u> he won the contest?
④ Did you hear <u>that</u> Jonny is moving?
⑤ Tony believes <u>that</u> everyone has a kind heart.

9 다음 밑줄 친 접속사가 문장에서 <u>어색한</u> 것은?

① <u>As</u> I felt tired, I went to bed early.

② <u>As</u> I climbed higher, it got darker.

③ <u>As</u> I was walking down the street, I saw a puppy.

④ <u>As</u> I was singing, my brother danced.

⑤ <u>As</u> I was busy, I have time to hang out with friends.

[10~12] 다음 문장의 빈칸에 알맞은 접속사를 〈보기〉에서 찾아 문장을 완성하시오.

┌─ 보기 ┐
though   while   that   since   if
└─────────────────────────────────┘

10 _____ I was watching TV, Tommy called me.

11 _____ it was too expensive, I didn't buy it.

12 _____ I called him many times, he didn't answer the phone.

[13~14] 다음 두 문장을 한 문장으로 쓸 때 알맞은 접속사를 <u>모두</u> 고르시오.

13
┌─────────────────────────────────┐
│ • I had to use the stairs.
│ • The elevator was broken.
│ ➡ I had to use the stairs _____ the elevator was broken.
└─────────────────────────────────┘

① but   ② until   ③ as

④ since   ⑤ that

14
┌─────────────────────────────────┐
│ • You skip breakfast.
│ • You'll get hungry before lunch.
│ ➡ _____ you skip breakfast, you'll get hungry before lunch.
└─────────────────────────────────┘

① If   ② While   ③ Until

④ Unless   ⑤ That

[15~17] 다음 〈보기〉의 접속사를 이용하여 한 문장으로 다시 쓰시오.

┌─ 보기 ┐
if   unless   although
└─────────────────────────────────┘

15
┌─────────────────────────────────┐
│ • I want to talk to somebody.
│ • I call Tina.
└─────────────────────────────────┘

➡ _____

16
┌─────────────────────────────────┐
│ • We took a taxi.
│ • It was expensive.
└─────────────────────────────────┘

➡ _____

17
┌─────────────────────────────────┐
│ • You wake up early.
│ • You will miss the train.
└─────────────────────────────────┘

➡ _____

[18~19] 다음 밑줄 친 부분을 의미상 알맞은 접속사로 고쳐 쓰시오.

18

> Since it was cold, I went out anyway.

➡ _____

19

> If you work hard, you will fail the exam.

➡ _____

20 다음 문장의 빈칸에 들어갈 말이 순서대로 짝지어진 것은?

> • _____ his mother was out, he watched TV.
> • I was absent from school _____ I was sick.

① If – that　　　② That – as

③ While – that　　④ When – that

⑤ While – as

[21~22] 다음 중 어법상 알맞은 것을 고르시오.

21 ① Though it was snowing, we went swimming.

② Though it snow, we went swimming.

③ Although it was snows, we went swimming.

④ Even though snowed, we went swimming.

⑤ Though it snowy, we went swimming.

22 ① The light will turn red, if you wrong.

② The light will turn red, if answer wrong.

③ If you answer wrong, the light turn red.

④ If your answer is wrong, the light will turn red.

⑤ If your answer wrong, the light will turn red.

[23~25] 다음 대화의 빈칸에 〈보기〉에서 알맞은 접속사를 골라 쓰시오.

┌─ 보기 ────────────────────────┐
│　while　　since　　that　　though　│
└────────────────────────────┘

23 A: Did you see a wallet? I am looking for my wallet.

B: I saw a wallet _____ I was walking down the road.

24 A: Did you see a wallet? I am looking for my wallet.

B: I think _____ I saw a red wallet on the road.

25 A: Did you see a wallet? I am looking for my wallet.

B: _____ I didn't see any wallet, I know who can help you.

26 다음 밑줄 친 부분 중 어법상 바르지 <u>않은</u> 것은?

① <u>As</u> he was out, I left a message.

② <u>As</u> it was too cold, we stayed home.

③ <u>As</u> David was watching an exciting movie, the doorbell rang.

④ <u>As</u> he lived in France for 20 years, he is not very good at French.

⑤ I helped Tony <u>as</u> he and I are good friends.

27 다음 밑줄 친 부분을 의미상 알맞은 접속사로 고쳐 쓰시오.

> <u>Since</u> he doesn't have a sense of humor, he has a lot of friends.

➡ _____

28 다음 문장의 빈칸에 알맞은 것은?

> I went home early _____.

① that I was tired
② unless I was tired
③ though I was tired
④ until I was tired
⑤ since I was tired

29 우리말과 일치하도록 빈칸에 알맞은 것은?

> 다른 모든 사람들이 좋아했지만, Amy는 내 아이디어를 좋아하지 않았다.
> ➡ Amy didn't like my idea _____.

① if everyone else liked it
② since everyone else liked it
③ that everyone else liked it
④ as everyone else liked it
⑤ while everyone else liked it

30 다음 두 문장의 의미가 같도록 빈칸에 알맞은 것은?

> If you don't leave now, you will be late.
> = _____ you leave now, you will be late.

① If   ② Unless   ③ That
④ Until   ⑤ As

31 다음 괄호 안의 단어를 활용하여 대화를 완성하시오.

Mom: Emily, (1) _____, I will give you a present. (if, clean, your room)
Emily: But I don't want to clean my room.
Mom: Well, (2) _____, you will not get your allowance. (unless, clean, your room)
Emily: Mom, I cleaned my room yesterday!
Mom: (3) _____, you need to clean it again today. It's dirty. (though, clean, yesterday, your room)
Emily: Okay, Mom.

32 다음 Julie의 아빠 그림을 보고, 괄호 안의 단어들을 바르게 배열하여 문장을 완성하시오.

My father went on a business trip.

(1) _____, he misses me very much. (he, me, loves, a lot, as)

(2) _____, he calls me many times. (he, busy, though, is)

(3) _____, he will come back very soon. (things, well, go, if)

MEMO

MEMO

중학 국어 어휘

중학 국어 학습에 반드시 필요하고
자주 나오는 개념어, 주제어, 관용 표현 선정 수록

어휘가 바로 독해의 열쇠!
성적에 직결되는 어휘력, 갈수록 어려워지는 국어는
이 책으로 한 방에 해결!!!

어려운 문학 용어, 속담과 한자성어 등
관용 표현을 만화와 삽화로 설명하여
쉽고 재미있게 읽을 수 있는 구성

중학생이 꼭 알아야 할 지문 속 어휘의 뜻,
지문에 대한 이해를 묻는 문제 풀이로
어휘력, 독해력을 함께 키우는 30강 단기 완성!

세상에 없던 새로운 공부법

EBS 중학

뉴런

| 영어 2 |

Workbook

EBS

중학도 역시 EBS

세상에 없던 새로운 공부법

EBS 중학 뉴런

전 단원 무료 강의

영어 2

무료 강의 제공

정답과 해설

하루 한 장으로 중학 수학 실력 UP

인터넷·모바일·TV
무료 강의 제공

MON	TUE	WED	THU	FRI	SAT	SUN
				화이팅! 1 ♥	2	3
4	5	6 ☺	한장끝! 7	8	9	10
11	12	13	14			17
18	19	20	21			4
25	26	27	28			

| 1(상) | 1(하) | 2(상) | 2(하) | 3(상) | 3(하) |

중학 수학은 한 장 수학으로 이렇게!

하나!
하루 한 장으로
가볍게 습관 들이기

둘!
기초부터 시작해서
문제로 완성하기

셋!
서술형·신유형 문항도
빠짐없이 연습하기

EBS 중학

뉴런

| 영어 2 |

정답과 해설

정답과 해설

Main Book

01 현재완료 시제

Grammar Practice ①

A
1 done 2 broken 3 drunk 4 bought

B
1 studied 2 heard 3 kept 4 raised

C
1 has not come back
2 have not finished
3 has never thought

D
1 Was Tom
2 signed
3 have used
4 Did Joe visit

━━━━━━━━━━━━━━━━━━━

해석

A
1 나는 숙제를 했다.
2 너는 내 안경을 깼다.
3 그는 우유를 다 마셨다.
4 그녀는 콘서트 표를 샀다.

B
1 그녀는 3년 동안 일본어를 공부해 왔다.
2 그는 그 노래를 이전에 결코 들어 본 적이 없다.
3 나는 2년 동안 영어로 일기를 써 왔다.
4 그들은 그 개를 10년 동안 길러 왔다.

D
1 Tom이 어제 아팠니?
2 그는 지난달에 Arsenal과 계약을 체결했다.
3 나는 이 전화기를 5년간 사용해 왔다.
4 Joe는 2009년 여름에 한국을 방문했었니?

해설

A
1 현재완료는 「have+과거분사」의 형태이므로 과거분사 done이 와야한다. (do – did – done)
2 현재완료는 「have+과거분사」의 형태이므로 과거분사 broken이 와야 한다. (break – broke – broken)
3 주어가 He로 동사는 「has+과거분사」의 형태가 되어야 하므로 과거분사 drunk가 와야 한다. (drink – drank – drunk)
4 주어가 She로 동사는 「has+과거분사」의 형태가 되어야 하므로 과거

분사 bought가 와야 한다. (buy – bought – bought)

B
1 3년간 일본어를 '공부해 왔다'는 말이 적절하므로 study의 과거분사를 쓴다. (study – studied – studied)
2 그 노래를 '들어 본 적이 없다'는 말이 적절하므로 hear의 과거분사를 쓴다. (hear – heard – heard)
3 영어로 일기를 '써 왔다'는 말이 적절하므로 keep의 과거분사를 쓴다. (keep – kept – kept)
4 개를 '길러 왔다'는 말이 적절하므로 raise의 과거분사를 쓴다. (raise – raised – raised)

C
1~2 현재완료의 부정은 not을 have(has) 다음에 쓴다.
3 현재완료의 부정은 not 대신 never로 표현할 수도 있으며 이때 위치는 not과 동일하게 have(has) 뒤에 온다.

D
1 과거 특정 시점을 나타내는 yesterday가 있으므로 과거 시제가 적절하다.
2 과거 특정 시점을 나타내는 last month가 있으므로 과거 시제가 적절하다.
3 for five years와 같이 특정 기간을 나타내는 어구가 있으므로 현재완료 시제가 적절하다.
4 과거 특정 시점을 나타내는 in the summer of 2009가 있으므로 과거 시제가 적절하다.

Grammar Practice ②

A
1 yet 2 never 3 just

B
1 have, wanted
2 has, seen
3 you finished
4 have gone

C
1 has been cooking
2 have been swimming
3 has been waiting

D
1 프랑스어를 공부해 왔다
2 올라가 봤다
3 이미 떨어졌다
4 기다리고 있는 중이다

해석

A

1 나는 이 영화를 아직 보지 않았다.

2 나는 한 번도 비행기를 타고 여행해 본 적이 없다. 그것은 나의 첫 번째 비행이다.

3 탁자 위에 약간의 닭고기 수프가 있다. 내가 막 그것을 만들었다.

C

〈보기〉 Dave는 하루 종일 일을 하고 있어서 피곤하다.

1 Emma는 계속 요리를 하고 있어서 덥다.

2 나는 계속 수영을 하고 있어서 머리가 젖어 있다.

3 그는 오랫동안 Claire를 기다리고 있어서 화가 나 있다.

D

1 Kate는 3년 동안 프랑스어를 공부해 왔다.

2 아무도 저 산을 오른 적이 없다.

3 이미 모든 잎이 떨어졌다.

4 나는 30분째 그 버스를 기다리고 있는 중이다.

해설

A

1 영화를 '아직' 못봤다는 말이 적절하다.

2 이것이 첫 번째라는 말로 보아 비행기로 '한 번도' 여행을 하지 '않았다'는 말이 적절하다.

3 탁자 위에 닭고기 수프가 있는데, '막' 그것을 만들었다는 말이 적절하다.

B

1 예전부터 지금까지 애완동물을 갖고 싶어 했으므로 현재완료 '계속'의 표현이다.

2 '~을 본 적이 없다'는 의미로 현재완료 '경험'의 표현이다.

3 '숙제를 끝냈다'의 의미로 현재완료 '완료'의 표현이다.

4 부모님들은 부산에 가셔서 결과적으로 지금 여기에 계시지 않으므로 현재완료 '결과'의 표현이다.

C

1 3인칭 단수 주어이므로 「has been + -ing」의 형태가 온다.

2 1인칭 주어이므로 「have been + -ing」의 형태가 온다.

3 3인칭 단수 주어이므로 「has been + -ing」의 형태가 온다.

D

1 과거부터 현재까지 계속되는 상황을 나타낸다.

2 과거부터 현재까지의 경험을 나타낸다.

3 과거에 시작된 일이 현재 시점에 완료되었음을 나타낸다.

4 과거부터 현재까지 계속되고 있는 현재완료진행을 나타낸다.

Writing

A

1 have lived

2 Have you read

3 have bought

4 has been doing

5 haven't(have not) left

6 Have you been listening

B

1 have never been to Canada

2 hasn't returned the book yet

3 you been crying

4 have stayed here since I graduated

5 has been looking for the ring all day

6 has just entered the building

Writing

A

1 has had a haircut

2 has grown a moustache

3 has changed his glasses

B [예시 답안]

1 I have been late for school. / I have never been late for school.

2 I have made spaghetti. / I have never made spaghetti.

3 I have flown in a helicopter. / I have never flown in a helicopter.

4 I have met a movie star. / I have never met a movie star.

5 I have traveled alone. / I have never traveled alone.

해석

A

〈보기〉 엄마는 머리 염색을 하셨다.

1 Jane은 머리를 잘랐다.

2 아빠는 콧수염을 기르셨다.

3 Nick은 안경을 바꿨다.

B

〈보기〉 나는 뱀을 본 적이 있다. / 나는 한 번도 뱀을 본 적이 없다.

1 나는 학교에 지각한 적이 있다. / 나는 한 번도 학교에 지각한 적이 없다.

2 나는 스파게티를 만들어 본 적이 있다. / 나는 한 번도 스파게티를 만들어 본 적이 없다.

3 나는 헬리콥터를 타 본 적이 있다. / 나는 한 번도 헬리콥터를 타 본 적이 없다.

4 나는 영화배우를 만난 적이 있다. / 나는 한 번도 영화배우를 만난 적이 없다.

5 나는 혼자 여행한 적이 있다. / 나는 한 번도 혼자 여행한 적이 없다.

해설

A

1~3 과거에 일어난 일이 현재에 영향을 미칠 때 현재완료(have(has)+과거분사)를 쓴다. '머리를 자르다'라는 표현은 have a haircut, '콧수염을 기르다'라는 표현은 grow a moustache, '안경을 바꾸다'라는 표현은 change one's glasses이다.

B

1~5 지금까지 해 본 일은 「have(has)+과거분사」, 해 보지 않은 일은 「have(has)+never+과거분사」를 쓴다.

Reading **A**

1 ②　**2** ③

해석

세상에서 가장 큰 포식자 중 하나는 백상아리이다. 백상아리는 오랫동안 진화해 왔다. 그것들은 매우 똑똑하고 사냥을 아주 잘한다. 상어들은 더 작은 물고기들, 가오리, 바다사자, 물개, 그리고 심지어 다른 상어들까지 잡아먹는다. 백상아리는 몸무게가 2천 킬로그램 이상 나갈 수 있고, 7미터까지 자랄 수 있으며 먹이를 잡기 위해 시속 69킬로미터까지 헤엄칠 수 있다.

1
① 그들은 무엇을 먹는가?
② 그들은 얼마나 오래 사는가?
③ 그들의 몸은 얼마나 긴가?
④ 그들은 얼마나 빨리 헤엄칠 수 있는가?
⑤ 그들은 무게가 얼마인가?

2
① 우리는 아직 점심을 먹지 않았다.
② 그녀는 그의 이름을 잊어버렸다.
③ 우리는 2010년 이후로 여기에 살아 왔다.
④ 그들은 방금 창문을 깼다.

⑤ 나는 여러 번 우주선을 본 적이 있다.

해설

1 백상아리가 얼마나 오래 사는지에 대한 내용은 언급되지 않았다.

2 현재완료 '계속' 용법을 찾는다.
　① 완료　② 결과　③ 계속　④ 완료　⑤ 경험

Reading **B**

1 ⑤　**2** ③

해석

누가 최초의 피자를 만들었는가? 사실, 사람들은 매우 오랫동안 피자를 만들어 왔다. 석기 시대 사람들은 피자의 기초 재료인 반죽을 만들기 위해 뜨거운 돌 위에서 곡물을 요리했다. 그 당시에는, 피자를 담을 접시가 없었다. 그래서, 사람들은 반죽을 접시로 대신 사용했다. 그들은 다양한 다른 음식, 허브, 향신료로 그것을 덮었다. 이것이 세계 최초의 피자였다. 그들 덕분에, 석기 시대 이후로 사람들은 계속 피자를 즐겨 오고 있다.

해설

1 글의 처음에 누가 최초의 피자를 만들었는지 의문을 제기했고, 글의 마지막에 그들이 최초의 피자를 만들었다고 했으므로, 최초로 피자를 만든 사람들에 대한 내용이다.

2 for a very long time이라는 어구와 함께 과거부터 현재까지 계속되는 상황을 나타내므로 현재완료 시제가 적절하다.

02 수동태

Grammar Practice ①

A
1 raises 2 is cleaned 3 will arrive 4 was given

B
1 was created 2 are held 3 are watered 4 was given

C
1 is being cleaned
2 is being erased
3 is being mopped

D
1 The toy was not chewed by the dog.
2 Was the prisoner caught by the guards?

해석

A
1 그는 개 한 마리를 키운다.
2 그 방은 매일 청소된다.
3 나의 아버지의 열차는 9시 20분에 도착할 것이다.
4 Rosa는 생일 선물로 노트북 컴퓨터를 받았다.

B
1 한글은 세종대왕에 의해 창조되었다.
2 올림픽은 4년마다 개최된다.
3 이 꽃들은 매일 아침 Tom이 물을 준다.
4 어젯밤 회의에서 Sally에게 상이 주어졌다.

C
〈보기〉 바닥이 지금 준호에 의해 빗자루질되고 있다.
1 책상이 지금 미나에 의해 치워지고 있다.
2 칠판이 지금 지수에 의해 지워지고 있다.
3 바닥이 지금 호진에 의해 걸레질되고 있다.

D
1 그 장난감이 그 개에 의해 물어뜯겼다.
2 그 죄수는 경비원들에 의해 잡혔다.

해설

A
1, 3 주어가 동작의 주체이므로 능동태 문장이 되어야 한다.
2, 4 주어가 동작의 대상이므로 수동태 문장이 되어야 한다.

B
1 문장의 의미상 과거 시제의 수동태로 표현해야 한다. create의 과거분사는 created이다.

---

2 규칙적으로 반복되는 일이므로 현재 시제로 써야 하고, 올림픽은 '개최되는' 것이므로 수동태가 되어야 한다. hold의 과거분사는 held이다.

3 규칙적으로 반복되는 일이므로 현재 시제로 써야 하고, 꽃에 물이 '주어지는' 것이므로 수동태로 써야 한다. water의 과거분사는 watered이다.

4 last night이라는 과거 시제를 나타내는 어구가 사용되었으므로 과거 시제의 수동태로 표현해야 한다. give의 과거분사는 given이다.

C
수동태의 진행 시제는 「be동사 + being + 과거분사」로 쓴다.
1 미나는 책상 위를 치우고(clean the desk) 있다.
2 지수는 칠판을 지우고(erase the blackboard) 있다.
3 호진은 바닥을 대걸레로 닦고(mop the floor) 있다.

D
1 수동태의 부정문: 「주어 + be동사 + not + 과거분사 ~.」
2 수동태의 의문문: 「Be동사 + 주어 + 과거분사 ~?」

Grammar Practice ②

A
1 as 2 in 3 with

B
1 is filled with
2 is made of
3 were surprised at

C
1 will be done
2 should be followed
3 can be seen

D
1 can be bought
2 must be parked
3 should be dry-cleaned

해석

A
1 그는 위대한 작가로 알려져 있다.
2 나는 음악과 춤에 관심이 있다.
3 그 산의 정상은 아직도 눈으로 덮여 있다.

B
1 그 상자는 사과로 가득 채워져 있다.
2 이 조각상은 얼음으로 만들어졌다.

정답과 해설 ● **7**

Main Book

3 우리는 그 소식에 깜짝 놀랐다.

C

1 우리는 내일까지 그 일을 끝낼 것이다.

2 모두가 교통 규칙을 따라야 한다.

3 우리는 제주도 어디서나 한라산을 볼 수 있다.

D

1 A: 제가 어디서 우표를 살 수 있나요?

　B: 우표는 우체국에서 살 수 있어요.

2 A: 이곳에 제 자전거를 주차해도 되나요?

　B: 죄송합니다만, 당신의 자전거는 저쪽에 주차되어야 합니다.

3 A: 내가 너의 블라우스를 빨아 주기를 원하니?

　B: 고맙지만 됐어. 이 블라우스는 드라이클리닝을 해야 해.

해설

A

1 be known as: ~으로 알려져 있다

2 be interested in: ~에 관심(흥미)이 있다

3 be covered with: ~으로 덮여 있다

B

1 be filled with: ~으로 가득 채워져 있다

2 be made of: ~으로 만들어지다

3 be surprised at: ~에 놀라다

C

조동사가 포함된 수동태 문장은 「조동사 + be + 과거분사」로 나타낸다.

1 do의 과거형은 did, 과거분사는 done이다.

2 follow는 규칙동사이므로 과거분사는 followed이다.

3 see의 과거형은 saw, 과거분사는 seen이다.

D

조동사가 포함된 수동태 문장은 「조동사 + be + 과거분사」로 나타낸다.

1 buy의 과거분사는 bought이다.

2 park의 과거분사는 parked이다.

3 dry-clean의 과거분사는 dry-cleaned이다.

Writing ①

A

1 was changed by me

2 will be shown

3 The house was destroyed

4 wasn't(was not) painted by Mr. Smith

5 should be signed by him

6 were surprised at

B

1 This basket is made of twigs.

2 Was the pie eaten by your puppy?

3 I am worried about his health.

4 The cat can't be raised by you.

5 The road is being repaired.

6 My bike hasn't been stolen.

Writing ②

A

1 are being washed by Mom

2 is being taken out by Jinho

3 are being cleaned by Jinmi

B

1 will be made by Hansu

2 will be served by Sangwon

3 will be set by Jina

해석

A

〈보기〉 자동차가 아빠에 의해 세차되고 있는 중이다.

1 접시들이 엄마에 의해 설거지가 되고 있는 중이다.

2 쓰레기가 진호에 의해 버려지고 있는 중이다.

3 창문들이 진미에 의해 닦이고 있는 중이다.

B

〈보기〉 김밥은 보라가 말 것이다.

1 샌드위치는 한수가 만들 것이다.

2 음식은 상원이가 나를 것이다.

3 식탁은 지나가 차릴 것이다.

해설

A

현재진행형 수동태 문장은 「be동사 + being + 과거분사」로 표현한다.

1 wash는 규칙 변화하는 동사이다. (wash – washed – washed)

2 take의 과거형은 took, 과거분사는 taken이다.

3 clean은 규칙 변화하는 동사이다. (clean – cleaned – cleaned)

B

조동사 will을 포함한 수동태 문장의 동사 형태는 「will + be + 과거분사」이다.

1 make의 과거분사는 made이다.

2 serve의 과거분사는 served이다.

3 set의 과거분사는 set이다.

Reading Ⓐ

1 ① **2** ⑤

해석

비타민 A는 질병을 예방할 수 있기 때문에 중요하다. 그것은 제2차 세계대전 중에 그 가치를 증명했다. 조종사들은 야간에 폭격 임무를 나갔다. 그들은 햇빛에서는 잘 볼 수 있었지만 어두울 때는 잘 볼 수 없었다. 이런 상태는 야맹증으로 알려져 있다. 그것은 비타민 A를 섭취함으로써 예방되고 치료될 수 있다. 이 비타민은 또한 코와 목에 좋다.

해설

1 비타민 A의 가치와 여러 효능에 관한 글이다.

2 be known as ~으로 알려져 있다

Reading Ⓑ

1 ④ **2** ⓐ are made ⓑ use ⓒ are cooked

해석

대나무는 세상에서 가장 유용한 풀 중 하나이다. 그것은 울타리, 사다리, 심지어 전체 집을 만드는 데 사용된다. 장난감, 뗏목, 낚싯대, 그리고 많은 다른 제품들이 대나무로 만들어진다. 그것의 잎은 동물들에게 먹이고 종이를 만드는 데 사용된다. 그 식물의 즙은 약으로 사용된다. 그것의 줄기는 그 식물의 가장 가치 있는 부분이다. 그것은 속이 비어 있어 사람들은 그것을 배수관, 피리, 그리고 화분으로 사용한다. 대나무 줄기는 채소로 먹는다. 그것이 조리되면 아스파라거스 같은 맛이 난다. 이 마법 풀의 용도에는 끝이 없다!

1

왜 글쓴이는 대나무를 '마법의 풀'이라고 부르는가?

① 그것의 줄기가 비어 있다.

② 그것이 마법사들에 의해 사용된다.

③ 그것의 즙이 약이 될 수 있다.

④ 그것이 매우 많은 방식으로 사용된다.

⑤ 그것은 사람과 동물 둘 다 먹을 수 있다.

해설

1 대나무가 매우 많은 용도로 사용되고 있음을 설명하고 있다.

2 ⓐ는 수동태, ⓑ는 능동태, ⓒ는 수동태로 써야 한다. 주어의 수와 인칭에 유의한다.

03 조동사

Grammar Practice ①

A
1 had better 2 would 3 had better

B
1 ⓒ 2 ⓑ 3 ⓐ

C
1 had better slow down
2 had better not play outside
3 had better not buy unnecessary things

D
1 would go skiing
2 would talk about others

해석

A
1 너는 그에게 바로 전화하는 것이 좋겠다. 그가 너의 전화를 기다리고 있다.
2 Tim은 대학생이었을 때 혼자서 여행을 하곤 했다.
3 Tony는 너무 피곤해 보인다. 그는 집에서 휴식을 좀 취하는 게 낫다.

B
1 나는 두통이 있어. – ⓒ 너는 약을 좀 먹는 게 좋겠다.
2 너는 공원에서 뭘 했니? – ⓑ 나는 종종 거기서 산책을 하곤 했어.
3 그 곰 인형이 왜 너에게 특별하니? – ⓐ 나는 어렸을 때 그걸 갖고 놀곤 했어.

C
1 비가 세차게 오고 있다. 우리는 속도를 줄이는 게 좋겠다.
2 너는 감기에 걸렸구나. 너는 나가서 놀지 않는 게 좋겠다.
3 돈을 저축하고 싶다면, 너는 불필요한 물건을 사지 않는 게 좋겠다.

해설

A
1, 3 문맥상 '~하는 편이 낫겠다'라는 문장이 되어야 하므로 had better가 필요하다.
2 문맥상 '~하곤 했었다'라는 의미가 되어야 하므로 would를 사용한다.

B
1 머리가 아프다고 했으므로 약을 좀 먹는 게 좋겠다는 충고의 말이 어울린다.
2 공원에서 한 일을 묻는 상대에게는 과거에 그곳에서 했던 일을 말해 주는 응답이 어울린다.
3 특정 장난감이 특별한 이유를 묻는 상대에게는 어릴 때의 경험을 말해 주는 응답이 어울린다.

C
1 비가 세차게 오는 상황이므로 자동차의 속도를 줄이자는 충고가 자연스럽다.
2 감기에 걸린 아이에게는 나가서 놀지 않는 게 좋겠다는 충고가 자연스럽다. 하지 말라는 충고이므로 had better not을 사용한다.
3 저축을 원한다면 불필요한 것들을 사지 말라는 충고가 자연스럽다. 하지 말라는 충고이므로 had better not을 사용한다.

D
1, 2 '(과거에) ~하곤 했었다'의 의미를 갖는 조동사 would 뒤에 동사원형 순으로 쓴다.

Grammar Practice ②

A
1 might 2 used to 3 might 4 used to

B
1 might be watching
2 might be
3 might not come

C
1 didn't use to like vegetables
2 used to play with dolls
3 used to go to bed before 10

D
1 didn't use to
2 is used to
3 used to

해석

A
1 나는 Amy가 어디 있는지 확신하지 못한다. 그녀는 체육관에 있을지도 모른다.
2 이 마을은 매우 평화로웠다. 지금은 매우 복잡하다.
3 너무 시끄럽게 하지 마라. 너는 아기를 깨울지도 모른다.
4 이 근처에 공중목욕탕이 있었다.

B
1 A: 지금 미진이는 무엇을 하고 있니?
  B: 글쎄… 모르겠는데. 그녀는 TV를 보고 있을지도 몰라.
2 A: 유나와 같이 있는 저 남자는 누구지?
  B: 나는 잘 모르겠어. 그는 그녀의 오빠일지도 몰라.
3 A: Eddie가 파티에 올까?
  B: 그는 내게 몸이 좋지 않다고 했어. 그는 파티에 오지 않을지도 몰라.

C

1 지수는 채소를 좋아하지 않았지만 지금은 채소를 좋아한다.
2 지수는 인형들을 갖고 놀았지만 지금은 피아노를 친다.
3 지수는 10시 전에 잠자리에 들었지만 지금은 밤늦게 잠자리에 든다.

D

1 나는 어렸을 때 해산물을 좋아하지 않았다.
2 그는 혼자 (밥) 먹는 것을 싫어했었지만 지금은 혼자 먹는 것에 익숙해졌다.
3 100년 전에 그 식당은 교회였었다.

해설

A

1 문맥상 약한 추측의 의미를 나타내므로 might가 알맞다.
2 과거의 상태를 나타내므로 used to가 알맞다.
3 '~할지도 모른다'라는 의미이므로 might가 알맞다.
4 과거의 상태를 나타내므로 used to가 알맞다.

B

1 might 뒤에 「be동사 + 현재분사」의 현재진행형을 써서 문장을 완성한다.
2 might 뒤에 be동사의 원형을 써서 문장을 완성한다.
3 그가 몸이 좋지 않다고 말했기 때문에 부정의 추측을 나타내는 「might not + 동사원형」을 써서 문장을 완성한다.

C

1 과거에는 좋아하지 않았으므로 didn't use to like로 표현한다.
2 과거에는 인형을 갖고 놀았으므로 used to play로 표현한다.
3 과거에는 10시 전에 잠자리에 들었으므로 used to go로 표현한다.

D

1 used to의 부정은 didn't use to이다.
2 문맥상 '지금은 혼자 먹는 것에 익숙하다'가 되어야 하므로 be used to -ing 형태가 되어야 한다.
3 '(과거에) ~이었다'라는 의미로 「used to + 동사원형」 형태를 쓴다.

Writing ①

A

1 must be
2 might(may) help
3 You had(You'd) better cut down on
4 used to be
5 had better not touch
6 might(may) have

B

1 I used to visit my grandmother on weekends
2 You'd better take warm clothes
3 He might not know the names of
4 It must be very cold
5 would go ice fishing
6 had better not miss this great opportunity

Writing ②

A

1 drink a lot of water
2 You had better not use your computer for too long.
3 You had better get enough sleep.
4 You had better not stay up late at night.
5 You had better exercise regularly.

B

I used to(would) eat fast food every day.
I didn't use to(would not) eat vegetables every day.
I used to(would) play computer games too much.
I didn't use to(would not) exercise in the gym.

해석

A

1 당신은 물을 많이 마시는 것이 좋겠어요.
2 당신은 컴퓨터를 너무 오래 사용하지 않는 것이 좋겠어요.
3 당신은 잠을 충분히 자는 것이 좋겠어요.
4 당신은 밤늦게까지 깨어 있지 않는 것이 좋겠어요.
5 당신은 규칙적으로 운동하는 것이 좋겠어요.

B

요즘 나는 건강한 삶을 살기 위해서 생활 방식을 바꾸었다. 나는 늦게 일어나곤 했었다. 일찍 잠자리에 들지 않았었다. 매일 패스트푸드를 먹었었다. 매일 채소를 먹지 않았었다. 컴퓨터 게임을 너무 많이 했었다. 체육관에서 운동을 하지 않았었다.

해설

A

1~5 의사가 환자에게 하는 충고는 「had better + 동사원형」 또는 「had better not + 동사원형」으로 나타낼 수 있다.

B

예전에 한 일은 「used to(would) + 동사원형」을 사용하여 표현하고, 예전에 하지 않은 일은 「didn't use to(would not) + 동사원형」으로 표현한다.

Reading A
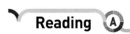

1 ④ **2** must

해석

그 유명한 맨체스터 유나이티드 축구단은 Charlie Jackson이 서명을 할 때까지 2년을 기다렸다. 왜? Jackson이 단지 세 살이었기 때문이다. 그래서 맨체스터 유나이티드 축구단은 그가 다섯 살이 될 때까지 기다렸다. 그들은 Jackson이 미래의 슈퍼스타 선수가 될 것이라고 생각했기 때문에 그를 주시해야 한다고 믿었다. 그들은 그가 어린아이들을 위한 축구 프로그램인 Footytotz에서 축구하고 있을 때 그를 보았다. 2년 후에, 그들은 돌아와서 그 소년을 축구단의 발달 센터에서 훈련시킬 수 있도록 계약했다. Jackson은 아직 Footytotz에서 뛰고, 일주일에 한 번 맨체스터 유나이티드와도 훈련한다. 그의 부모는 "만일 그가 축구를 즐기는 일을 그만두면, 우리는 그를 위해 뭔가 다른 일을 찾을 것입니다."라고 말했다.

2

다섯 살 때 맨체스터 유나이티드 축구단에 가입한 것으로 보아 Jackson은 재능이 있음에 틀림없다.

해설

1 맨체스터 유나이티드가 한 축구 신동과 계약하기까지의 내용이 서술되어 있다.
2 조동사 must는 의무와 강한 추측의 의미로 사용된다. 지문에서는 '주시해야 한다'라는 뜻의 의무의 의미로, 주어진 문장에서는 '아주 재능이 있음에 틀림없다'라는 뜻의 강한 추측의 의미로 쓰였다.

Reading B

1 ⑤ **2** calm, restless

해석

Andy의 증조할아버지는 카우보이였다. Andy가 아주 어린 소년이었

을 때 그는 카우보이에 대한 자신의 증조할아버지의 옛이야기를 듣는 것을 즐겼다. 카우보이의 일이 쉬웠을까? 전혀 아니었다. 그것은 매우 힘들었다. 소 떼를 조용하게 하고 함께 모여 있도록 하기 위해 어떤 카우보이들은 밤에 말을 타야 했다. 그들은 잠자리에 들 때, 문제가 생길 경우를 대비하여 그들의 말에 안장을 채우곤 했다. 소들이 가만히 있지 못할 때 카우보이들은 노래를 부르거나 콧노래를 부르곤 했다. 이것은 그들을 진정시키는 데 도움이 되었다.

2

왜 카우보이들은 밤에 노래를 부르거나 콧노래를 불렀나?
→ 가만히 있지 못하는 소들을 진정시키기 위해.

해설

1 문맥상 예전에 카우보이였고 지금은 아니므로 '(과거에) ~이었다, ~하곤 했다'의 의미인 「used to + 동사원형」 형태를 써야 한다.
2 마지막 문장의 This와 them이 가리키는 내용에 유의한다. This는 '노래를 부르거나 콧노래를 부르는 것'을 가리키고 them은 '가만히 있지 못하는 소 떼'를 가리킨다.

수행 평가 Writing

[예시 답안]

My Family Trip to London

Have you ever traveled to London? If you haven't, I recommend that you visit there. I went there last summer vacation with my family. We stayed there for 6 days. We did many things. We went to see the Tower of London. We also went to the British Museum. My sister and I rode the London Eye. We ate fish and chips. They were delicious. It was a really nice trip. I would like to visit there again!

해석

런던으로의 나의 가족여행

여러분은 런던으로 여행을 가 본 적이 있나요? 만약 아니라면, 저는 여러분이 그곳에 가 볼 것을 추천해요. 저는 지난 여름방학에 가족과 함께 그곳에 다녀왔어요. 우리는 그곳에 6일간 머물렀어요. 우리는 많은 것을 했어요. 우리는 런던 타워를 보러 갔어요. 우리는 대영박물관에도 갔어요. 제 여동생과 저는 런던 아이를 탔어요. 우리는 피시 앤 칩스를 먹었어요. 그것은 맛있었어요. 정말 멋진 여행이었어요. 저는 그곳을 또 방문하고 싶어요!

04 to부정사 (1)

Grammar Practice ①

A
1 학교에 걸어가는 것은
2 아픈 사람들을 도와주는 것을
3 10시까지 일을 끝내는 것

B
1 To exercise
2 to make
3 to hang out
4 not to go

C
1 to sit on
2 to live in
3 to sleep

D
1 on → with
2 with → in
3 to → about
4 by → in(at)

해석

A
1 학교에 걸어가는 것은 가끔은 피곤하다.
2 그녀는 아픈 사람들을 도와주기를 원한다.
3 그녀의 계획은 10시까지 일을 끝내는 것이다.

B
1 규칙적으로 운동하는 것은 너의 건강에 좋다.
2 가장 좋은 방법은 너 자신의 요약 노트를 만드는 것이다.
3 나는 나의 친한 친구들과 놀기를 원한다.
4 Laura는 내일 시험이 있어서 오늘 음악회에 가지 않기로 결정했다.

C
1 우리는 앉을 만한 것이 아무것도 없다.
2 그는 살 집이 없다.
3 나는 잠을 잘 수 있는 좀 더 많은 시간을 원한다.

D
1 나는 쓸 펜이 필요하다.
2 나의 조부모님은 살 큰 집을 원하신다.
3 이것이 오늘 대화를 나눌 주제이다.
4 머무를 호텔을 예약하자.

해설

A
1~3 to부정사의 명사적 용법은 '~하기, ~하는 것'이라는 의미이다. 1번은 주어, 2번은 목적어, 3번은 보어의 역할을 한다.

B
to부정사는 문장에서 주어, 보어, 목적어로 쓰일 수 있다.
1 주어로 쓰인 to부정사이다.
2 보어로 쓰인 to부정사이다.
3 동사의 목적어로 쓰인 to부정사이다.
4 동사의 목적어로 쓰인 to부정사이다. 의미상 to부정사의 부정의 의미가 적절하므로 to 앞에 not을 쓴다.

C
1 nothing을 수식할 형용사 역할의 to부정사로 쓴다. '위에 앉는' 것이므로 의미상 전치사 on이 필요하다.
2 house를 수식할 형용사 역할의 to부정사로 쓴다. '들어가 살' 집이므로 의미상 전치사 in과 함께 써야 한다.
3 time을 수식할 형용사 역할의 to sleep으로 쓴다.

D
1 도구의 의미를 나타내므로 write with로 쓴다.
2 '~에 살다'는 live in으로 쓴다.
3 '~에 대해 대화하다'는 talk about으로 쓴다.
4 '머무를 호텔'은 stay at a hotel 혹은 stay in a hotel을 이용하여 쓴다.

Grammar Practice ②

A
1 ⓒ 2 ⓐ 3 ⓑ

B
1 to win first prize
2 to protect his head
3 to come early every day

C
1 where to 2 how to 3 what to 4 when to

D
what to, where to, what to

해석

A
1 그녀는 개를 산책시키기 위해 공원에 간다.

2 그는 제시간에 그곳에 도착하기 위해 밤새 운전을 해야 했다.

3 나는 복권에 당첨이 되어 운이 좋다고 느낀다.

B

1 나는 1등상을 탔기 때문에 기뻤다.

→ 나는 1등상을 타서 기뻤다.

2 그는 안전모를 쓴다. 그는 자신의 머리를 보호하고 싶다.

→ 그는 자신의 머리를 보호하기 위해서 안전모를 쓴다.

3 너는 매일 일찍 온다. 너는 열심히 일하는 사람임에 틀림없다.

→ 매일 일찍 오는 것을 보니 너는 열심히 일하는 사람임에 틀림없구나.

C

1 A: 어디서 물을 구해야 할지 모르겠어.

B: 모퉁이에서 슈퍼마켓을 보았어.

2 A: 이 프린터를 사용하는 방법을 내게 보여 줄 수 있니?

B: 음… 선생님께 도움을 청해 보자.

3 A: Emily가 파티에 무엇을 가져와야 할지 우리에게 말해 줬니?

B: 응, 우리는 음료수를 가져와야 해.

4 A: 오븐에서 언제 쿠키를 꺼내야 할지 알려 줘.

B: 15분 후에 알람이 울리도록 맞춰 두는 것이 어떨까?

D

Charlie는 주말 계획을 세우고 있다. 첫째, 그는 무엇을 할지 결정했다. 그는 자신의 친구들과 캠핑을 갈 것이다. 오늘 늦게, 그는 자신의 친구들과 어디로 갈지 그리고 무엇을 가져갈지에 대해 이야기할 것이다.

(해설)

A

1 여자가 공원에 가는 목적은 개를 산책시키기 위함이다.

2 남자가 밤새 운전을 해야 했던 이유는 제시간에 도착하기 위해서라는 내용이 알맞다.

3 내가 운이 좋다고 느끼는 이유는 복권에 당첨되었기 때문이라는 내용이 알맞다.

B

1 기쁜 감정의 원인을 나타낼 수 있는 to win first prize로 쓴다.

2 안전모를 쓰는 목적을 나타낼 수 있는 to protect his head로 쓴다.

3 열심히 일하는 사람이라고 판단할 근거를 나타내는 to come early every day로 쓴다.

C

1 물을 구할 '장소'를 묻는 상황이므로 의문사 where가 적절하다.

2 프린터 사용 '방법'을 묻는 상황이므로 방법을 묻는 의문사 how가 적절하다.

3 파티에 가져올 준비물이 '무엇'인지 묻는 상황이므로 의문사 what이 적절하다.

4 오븐에서 쿠키를 꺼낼 '시간'을 묻는 상황이므로 의문사 when이 적절하다.

D

첫 번째 빈칸에는 has decided의 목적어가 와야 할 자리이고, 내용상 '무엇을 할지'를 나타낼 수 있어야 하므로 what to가 알맞다. 두 번째와

세 번째 빈칸에는 about의 목적어가 와야 할 자리이고, '어디로 갈지', 그리고 '무엇을 가져갈지'를 나타낼 수 있어야 하므로 각각 where to와 what to가 알맞다.

Writing ①

A

1 To understand

2 to clean

3 to share

4 to swim

5 to drink

B

1 when to return the books

2 have something to eat

3 to cover last month's losses

4 To prepare for a writing test

5 to apologize from the bottom of my heart

6 what to say to cheer up Jimin

Writing ②

A

1 to get up early and study hard

2 to ride skateboards

3 to be an architect

B

1 went to a restaurant to meet his friend

2 went to the park to walk the dog

3 went to the store to buy a gift

(해석)

A

1 수미야, 올해의 네 결심은 무엇이니?

→ 나는 일찍 일어나고 열심히 공부하기로 결심했어.

2 Paul, 너는 무엇을 하기를 좋아하니?

→ 나는 스케이트보드 타기를 좋아해.

3 Mary, 너는 무엇이 되기를 원하니?

→ 내 꿈은 건축가가 되는 것이야.

B

집이 엉망진창이다. 모두들 외출했고, 그래서 집을 청소할 사람이 없다. 모두들 어디에 갔고, 그들은 왜 그곳에 갔는가?

〈보기〉 Jane은 책을 사러 서점에 갔다.

1 할아버지는 친구분을 만나기 위해 식당에 가셨다.

2 할머니는 개를 산책시키려고 공원에 가셨다.

3 엄마와 아빠는 선물을 구입하려고 상점에 가셨다.

해설

A

1 decide는 목적어로 to부정사를 사용하는 동사이다.

2 like의 목적어로 to부정사를 쓴다.

3 주격 보어로 to부정사를 쓴다.

B

목적을 나타내는 부사적 용법의 to부정사를 사용해서 '~하기 위해, ~하려고'의 의미를 표현할 수 있다.

1 할아버지가 식당에 가신 목적을 to meet his friend로 쓴다.

2 할머니가 공원에 가신 목적을 to walk the dog으로 쓴다.

3 엄마와 아빠가 상점에 가신 목적을 to buy a gift로 쓴다.

Reading A

1 ② **2** to help blind people (like him)

해석

1812년, 3살이었던 Louis Braille은 사고로 시력을 잃었다. 10살이 되었을 때, 그는 공부를 하기 위해 파리의 국립 시각 장애 청소년 교육원에 갔다. 그곳에서 그는 자신과 같은 다른 사람들을 위해 돌출된 점들을 독특한 패턴으로 놓는 것을 생각해 냈다. 시각 장애인들은 그것들을 손가락으로 느껴 글자로 이해할 수 있었다. 그것이 점자법의 시작이었고, 1829년에 첫 번째 점자책이 출간되었다. 후에 1837년에 Louis는 수학과 음악 기호를 추가했다. 이제 점자는 전 세계의 시각 장애인들을 돕기 위해 모든 언어로 이용이 가능하다.

해설

1 주어진 문장의 them은 앞 문장의 raised dots(돌출된 점들)를 가리키는 말이므로 ②에 와야 내용 흐름이 자연스럽다.

2 Louis Braille은 부유해지기 위해 점자법을 만든 것이 아니라 자신과 같은 시각 장애인들을 돕기 위해 그것을 만들었다.

Reading B

1 ⑤ **2** ①

해석

스위싱(swishing)은 돈을 전혀 지출하지 않으면서 여러분의 옷장을 정리하고 온전히 새로운 것을 얻을 수 있는 방법이다. 그 아이디어는 옷, 액세서리, 그리고 신발을 교환하기 위해 친구 및 가족들과 함께 모이는 것이다. 그것(스위싱)은 다음과 같이 운영된다.

1단계 초대할 사람들, 사용할 집, 그리고 여러분의 스위싱 파티를 열 날짜를 선택하라.

2단계 모든 사람에게 품질이 좋은 교환할 물건을 찾아 자신들의 옷장을 훑어보라고 요청하라.

3단계 모든 사람에게 파티에 자신들의 물건들을 가져오라고 하고 스위싱이 시작되게 하라. 목적은 모든 기부된 물건들을 위한 새로운 보금자리를 찾는 것이다.

1

① 무엇에 관한 글인가?

② 스위싱의 목적은 무엇인가?

③ 스위싱 파티에서 무엇이 교환될 수 있는가?

④ 모든 참가자는 파티를 위해 무엇을 해야 하는가?

⑤ 스위싱 파티에 보통 몇 명의 사람들이 참가하는가?

2

그는 함께 놀 만한 친구들을 많이 사귀었다.

해설

1 스위싱 파티에 보통 몇 명이 참가하는지는 언급되지 않았다.

2 friends를 수식하는 형용사적 용법의 to부정사이므로 a way를 수식하는 ⓐ의 to clear out과 쓰임이 같다.

05 to부정사 (2)

Grammar Practice ①

A

1 to go **2** to learn **3** to open

B

1 It is not easy to make a new friend.
2 It is impossible to walk on water.
3 It is my dream to become a fashion designer.

C

1 unusual for him to get
2 It was rude of you
3 perfect for me to wear

D

1 impossible for Jake to
2 polite of Susan to
3 dangerous for Jenny to
4 honest of Paul to

해석

A

1 아침에 조깅하러 가는 것은 상쾌하다.
2 케이크를 만드는 방법을 배우는 것은 아주 재미있다.
3 모든 창문을 열 필요가 있었니?

B

1 새로운 친구를 사귀는 것은 쉽지 않다.
2 물 위를 걷는 것은 불가능하다.
3 패션 디자이너가 되는 것은 내 꿈이다.

D

1 Jake가 일찍 일어나는 것은 불가능하다.
2 그녀의 선생님께 인사하다니 Susan은 예의 바르다.
3 Jenny가 신호가 빨간불일 때 길을 건너는 것은 위험하다.
4 사실을 말하다니 Paul은 정직하다.

해설

A

1~3 동사가 '~하는 것'이라는 뜻으로 쓰인 문장의 진주어인 경우 동사를 to부정사, 즉 「to + 동사원형」 형태로 만든다.

B

1~3 to부정사가 문장의 주어로 쓰인 경우, 가주어 It을 주어 자리에 쓰고, 진주어인 to부정사를 문장 뒤로 보낼 수 있다.

C

1 「It ~ to부정사」 가주어, 진주어 구문의 문장이다. to부정사 앞에 의미

상 주어 「for + 목적격」을 쓴다.
2 rude는 사람의 성품을 나타내는 형용사로 의미상 주어를 of로 이끄는 것이 적절하다.
3 문장의 주어(These sunglasses)와 to부정사의 의미상 주어가 다를 때는 to부정사 앞에 「for + 목적격」을 쓴다.

D

1 to부정사의 의미상 주어가 Jake이므로 to부정사 앞에 for Jake로 쓴다.
2 성품을 나타내는 형용사 polite가 쓰였으므로 의미상 주어는 of Susan이 되어야 한다.
3 to부정사의 의미상 주어가 Jenny이므로 to부정사 앞에 for Jenny로 쓴다.
4 성품을 나타내는 honest가 쓰였으므로 의미상 주어는 of Paul이 되어야 한다.

Grammar Practice ②

A

1 too expensive
2 comfortable enough
3 well enough
4 too hard

B

1 smart enough to pass
2 light enough to carry
3 too difficult to solve
4 too sick to go

C

1 to fit
2 too small to wear
3 too young

D

1 was too tired to
2 not cold enough to
3 tall enough to

해석

A

1 그 가방은 사기에 너무 비싸다. 나는 가방에 그렇게 많은 돈을 쓸 수 없다.
2 그 신발은 내가 신기에 충분히 편안해요. 그것을 살게요.
3 Jina는 영화를 보러 갈 정도로 충분히 건강했다.
4 그 질문들은 답하기에 너무 어려웠다. 나는 그것들을 틀렸다.

B

1 Fred는 시험에 합격할 정도로 충분히 똑똑하다.

2 이 컴퓨터는 들고 다닐 정도로 충분히 가볍지 않다.

3 그 퍼즐은 풀기에 너무 어렵다.

4 나는 학교에 가기에는 너무 아프다.

C

1 그 셔츠는 너에게 맞을 정도로 충분히 크지 않다.

2 이 외투는 입기에 너무 작다.

3 그는 그 영화를 보기에 너무 어리다.

해설

A

enough는 형용사나 부사 뒤에 쓰고, too는 형용사나 부사 앞에 쓰는 것에 유의한다.

1 가방에 그렇게 많은 돈을 쓸 수 없다고 했으므로 too expensive가 알맞다.

2 신발을 사겠다고 했으므로 comfortable enough가 알맞다.

3 영화를 보러 갈 정도로 충분히 건강하다는 표현이 어울리므로 well enough가 알맞다.

4 그 질문들을 틀렸다고 했으므로 답하기에 너무 어렵다는 표현인 too hard가 알맞다.

B

1 「형용사 + enough + to부정사」는 '~하기에 충분히 …한'이라는 뜻이다.

2 「not + 형용사 + enough + to부정사」의 어순으로 쓴다.

3~4 「too + 형용사 + to + 동사원형」의 어순으로 쓴다. '~하기에 너무 …한' 또는 '너무 …해서 ~할 수 없는'의 뜻이다.

C

1 「형용사 + enough + to부정사」는 '~하기에 충분히 …한'이라는 뜻이다.

2~3 「too + 형용사 + to + 동사원형」의 어순으로 쓴다.

D

1 '너무 …해서 ~할 수 없는'은 「too + 형용사 + to + 동사원형」으로 쓰며 동사의 시제는 과거가 알맞다.

2 '~하기에 충분히 차갑지 않은'은 not cold enough to가 알맞은 표현이다.

3 '~할 만큼 충분히 키가 큰'은 tall enough to가 알맞은 표현이다.

Writing ①

A

1 rude of you to cut in line

2 the book for you to read

3 any way for me to study

4 smart of him to solve

5 were too spicy to eat

6 brave enough to save the baby

B

1 wise of him to save money

2 played well enough to win

3 so busy that I can't go out for a walk

4 To write an essay in English

5 cooks so well that he can

6 healthy enough to climb

Writing ②

A

1 It is wise to save your allowance.

2 It is not easy to take care of a baby.

3 It is rude to talk loudly on the phone.

B

1 high enough to catch a bird

2 too big to swim in the pool

3 too young to walk well

해석

A

〈보기〉 친구들과 시간을 보내는 것은 큰 즐거움이다.

1 네 용돈을 저축하는 것은 현명하다.

2 아기를 돌보는 것은 쉽지 않다.

3 큰소리로 통화하는 것은 무례한 일이다.

B

〈보기〉 기린은 높은 가지에 닿을 정도로 충분히 키가 크다.

1 치타는 새를 잡을 정도로 충분히 높이 뛴다.

2 코끼리는 풀장에서 수영하기에 너무 크다.

3 아기 사슴은 제대로 걷기에 너무 어리다.

해설

A

가주어 It으로 시작되는 문장에서 진주어인 to부정사는 문장의 뒤로 보낸다.

B

1 치타는 '새를 잡기에 충분히 높이' 뛴다는 말이 적절하다.

2 코끼리는 '풀장에서 수영하기에 너무 큰'이라는 말이 적절하다.

3 아기 사슴은 '제대로 걷기에 너무 어린'이라는 말이 적절하다.

Reading Ⓐ

1 ④ **2** it is wise to consult a doctor

해석

통증은 무엇인가가 올바르지 않다는, 몸이 보내는 신호이다. 그것은 신체적인 외상이나 어떤 종류의 질병 때문일 수 있다. 신체적인 통증의 대부분의 유형은 진통제로 치료될 수 있다. 진통 치료제들은 심하지 않은 통증을 치료하는 데 쓰인다. 그것들은 또한 열을 떨어뜨리기 위해 사용될 수도 있다. 통증이 며칠 이상 지속되면, 의사와 상담하는 것이 현명하다. 또한 통증을 줄이는 대체 요법들이 있다. 이것들은 쑤시는 근육을 위한 열 치료, 최근의 부상을 위한 얼음 팩, 마사지, 그리고 휴식 요법들을 포함한다.

1

통증을 줄이기 위한 대체 요법으로 추천되지 않은 것은?

① 열 치료 ② 얼음 팩 ③ 마사지 ④ 치료약 ⑤ 휴식

해설

1 진통제를 대체할 요법들에는 열 치료, 얼음 팩, 마사지, 휴식이 있다.

2 to부정사의 가주어와 진주어 구문(It ~ to부정사)을 사용하여 문장을 완성한다.

Reading Ⓑ

1 ⑤ **2** ③

해석

사막은 동물들이 살기에 쉬운 장소가 아니다. 그들이 마실 물이 거의 없다. 그들은 또한 극한의 기온에 대처해야 한다. 사막의 많은 동물들은 단순히 햇빛을 피한다. 그들은 자신들의 많은 시간을 굴속에서 보내고, 먹이를 찾기 위해 밤에 나온다. 어떤 새들은 가장 더운 달 동안 사막을 떠난다. 사막다람쥐는 연중 가장 더운 달 동안 잠을 잔다. 다른 동물들은 더위에 적

응해 왔다. 낙타는 긴 다리를 가지고 있어 자신들의 몸을 모래의 열로부터 떨어져 있게 한다.

1

① 사막에서 먹이 찾기

② 세계에서 가장 더운 사막

③ 사막에서 가장 더운 달

④ 사막의 아름다운 환경

⑤ 사막 동물들이 열을 피하는 여러 가지 방법들

해설

1

사막의 동물들이 극한의 더위를 이기는 방법을 설명한 글이다.

2

빈칸 뒤 animals와 them은 각각 to live와 to drink의 의미상 주어 역할을 하고 있으므로 to부정사의 의미상 주어를 나타내는 「for + 목적격」의 형태로 써야 한다.

06 동명사

Grammar Practice ①

A
1 To find, Finding 2 reading 3 going

B
1 inviting 2 eating 3 taking

C
1 his(him) getting
2 my(me) using
3 being

D
1 look forward to meeting
2 couldn't help falling
3 feel like eating

A
1 완벽한 직업을 찾기란 거의 불가능하다.
2 Ann은 만화책 읽기를 좋아한다.
3 너는 뉴욕에 가는 것에 신이 나니?

B
1 A: 와 줘서 고마워.
　 B: 우리를 초대해 줘서 고마워.
2 A: 오늘밤에 외식하는 것이 어때?
　 B: 비가 오고 있어. 그냥 시켜 먹자.
3 A: 너는 무엇을 보고 있니?
　 B: 사진들을 보고 있어. 나는 사진 찍기에 관심이 있어.

C
1 나는 그가 그 배역을 따낼 것이라고 확신한다.
2 내가 네 전화기를 좀 써도 괜찮니?
3 늦어서 미안해.

A
1 문장의 주어 자리에는 동명사와 to부정사 모두 가능하다.
2 문장의 목적어 자리에는 동명사가 알맞다.
3 전치사 about의 목적어로는 동명사가 알맞다.

B
1 전치사 for의 목적어로는 동명사가 알맞다.
2 전치사 about의 목적어로는 동명사가 알맞다.
3 전치사 in의 목적어로는 동명사가 알맞다.

C
1 동명사의 의미상 주어는 소유격이나 목적격을 쓰므로 he를 his 혹은 him으로 바꾸고 동사 will get을 getting으로 바꿔 쓰는 것이 알맞다.
2 동명사의 의미상 주어는 소유격이나 목적격을 쓰므로 I를 my 혹은 me로 바꾸고 동사 use를 using으로 바꿔 쓰는 것이 알맞다.
3 문장의 주어와 동명사의 의미상 주어가 일치하므로 that I를 생략하고 표현 be sorry for(~을 미안하게 생각하다)에 알맞도록 am을 being으로 바꿔 쓴다.

D
1 look forward to -ing: ~하기를 고대하다
2 can't help -ing: ~하지 않을 수 없다
3 feel like -ing: ~하고 싶다

Grammar Practice ②

A
1 To shop, Shopping
2 playing, to play
3 riding

B
1 doing 2 to do 3 to order

C
1 ⓑ read → reading(to read)
2 ⓓ come → to come
3 ⓒ stay → staying
4 ⓐ eat → eating

D
1 to clean → cleaning
2 calling → to call
3 losing → to lose

A
1 쇼핑하는 것은 항상 즐겁다.
2 그가 가장 좋아하는 여가 활동은 아이들과 노는 것이다.
3 Brad는 집에 자신의 자전거를 타고 갈까 생각 중이다.

B
1 네가 좋아하는 일을 계속해라. 언젠가 너는 성공할 것이다.
2 연휴 동안 무엇을 할 계획이니?
3 우리는 저녁 식사로 중국 음식을 시키기로 했다.

C

1 너는 아직 1장을 끝내지 않았어. 계속 책을 읽어라.

2 나는 서울에 돌아갈 거야. 곧 여기 다시 오길 바라.

3 그녀는 많이 먹었어. 다이어트를 포기했어.

4 너는 체중이 많이 늘었어. 패스트푸드 그만 먹어.

해설

A

1~2 문장의 주어 혹은 보어의 경우 to부정사와 동명사 모두 쓸 수 있다.

3 전치사의 목적어로 동명사는 쓰일 수 있지만, to부정사는 쓰일 수 없다.

B

1 keep 다음에는 목적어로 동명사가 바른 형태이다.

2 plan 다음에는 목적어로 to부정사가 바른 형태이다.

3 choose 다음에는 목적어로 to부정사가 바른 형태이다.

C

continue는 to부정사나 동명사와 함께 쓸 수 있지만 stop, give up은 동명사만을 목적어로 쓰며 hope는 to부정사만을 목적어로 쓴다. 단, 「stop + to부정사」는 '~하기 위해 멈추다'라는 의미이며 '~하는 것을 멈추다'와는 다른 의미를 갖는다.

D

1 mind 다음에는 동명사가 바른 형태이다.

2 '~해야 할 것을 잊지 마'라는 표현은 「Don't forget + to부정사」로 나타낸다.

3 '~하려고 노력하다'라는 표현은 「try + to부정사」로 나타낸다.

Writing ①

A

1 remember seeing

2 forget to eat

3 tried to lock

4 stopped doing volunteer work

5 look forward to buying

6 spent two hours doing

B

1 stopped to pick up his key

2 is used to living in Korea

3 wastes time playing computer games

4 is good at playing

5 don't feel like going

6 is never to give up

Writing ②

A

1 started cooking(to cook)

2 forgot to bring

3 stopped cooking

4 remembered bringing

B

1 A: What do you enjoy doing on weekends?

　B: [예시 답안] I enjoy playing computer games on weekends.

2 A: What do you hope to be in the future?

　B: [예시 답안] I hope to be a teacher (in the future).

3 A: What did you decide to do recently?

　B: [예시 답안] I decided to study hard.

해석

A

Johnny는 숲속에 캠핑을 하러 갔다. 먼저 그는 텐트를 세우려고 했다. 한 시간이 걸렸다. 그러고 나서 그는 저녁 식사를 **1** 만들기 시작했다. 그런데 그는 팬을 **2** 깜빡 잊고 안 가져와서, 대신 냄비를 사용했다. 갑자기 그는 무슨 소리를 들었다. 그는 **3** 요리하는 것을 멈추고 들어보았다. 그는 어떤 사람이 소리를 지르는 것을 들었다. 그는 손전등을 **4** 가져온 것을 기억하고 배낭에서 그것을 꺼내 숲속으로 들어갔다.

B

〈보기〉 A: 토요일에 너는 무엇을 하는 것을 좋아하니?

　　　　B: 나는 친구들과 영화 보러 가는 것을 좋아해.

1 A: 너는 주말에 무엇 하기를 즐기니?

　B: [예시 답안] 나는 주말에 컴퓨터 게임하기를 즐겨.

2 A: 너는 미래에 무엇이 되기를 바라니?

　B: [예시 답안] 나는 (미래에) 선생님이 되기를 바라.

3 A: 너는 최근에 무엇을 하기로 결심했니?

　B: [예시 답안] 나는 열심히 공부하기로 결심했어.

해설

A

1 start + 동명사(to부정사): ~하기 시작하다

2 forget + to부정사: ~하는 것을 잊다

3 stop + 동명사: ~하는 것을 멈추다

4 remember + 동명사: ~한 것을 기억하다

B

1 enjoy는 동명사를 목적어로 쓰는 동사이므로 주말에 즐겨하는 것을 「enjoy + 동명사」로 쓴다.

2 장래 희망을 「hope + to부정사」로 쓴다.

3 최근에 결심한 것을 「decided + to부정사」로 쓴다.

Reading Ⓐ

1 ⓐ To change(Changing) ⓒ to change 2 ⑤

해석

온도를 섭씨에서 화씨로 바꾸는 것은 어렵지 않습니다. 먼저 섭씨 온도에 9를 곱하세요. 그러고 나서 그 답을 5로 나누세요. 그리고 그 답에 32를 더하세요. 그것이 화씨 온도입니다. 예를 들어, 만약 섭씨 온도가 32도라면, 32에 9를 곱합니다. 그리고 그 답인 288을 5로 나눕니다. 결과는 57.6입니다. 그 다음에 32를 더하면 화씨 온도인 89.6℃를 얻습니다. 이제 여러분은 온도를 섭씨에서 화씨로 바꾸는 방법을 압니다.

해설

1 글의 요지는 온도를 섭씨에서 화씨로 바꾸는 것이기 때문에 적절한 동사는 change이다. 빈칸 ⓐ는 주어 자리이므로 to부정사와 동명사 둘 다 가능하며, 빈칸 ⓒ는 「how to + 동사원형(~하는 방법)」으로 to부정사만 써야 하기 때문에 to change가 적절하다.
2 빈칸 앞 부분의 내용대로 계산하면 된다.

Reading Ⓑ

1 pick, pop 2 ② to grow up → growing up

해석

여드름이 나는 것은 성장의 정상적인 과정이지만 많은 십 대들은 여드름 때문에 스트레스를 받고 그것을 없애고 싶어 합니다. 몇몇 사람들은 여러분에게 여드름을 터뜨리는 것이 그것을 눈에 덜 띄게 하고, 빨리 낫는 데 도움이 될 것이라고 말할지도 모릅니다. 하지만 그들은 틀렸으므로 여러분은 거울에서 물러나는 편이 좋습니다. 여드름을 짜거나 터뜨리는 것은 세균을 여러분의 피부 안쪽으로 더 밀어 넣고, 얼굴 붉어짐, 통증, 심지어는 감염까지 더 많이 유발할 수 있습니다. 그리고 여드름을 짜는 것은 또한 영원히 남을 수도 있는 흉터를 유발할 수도 있습니다. 따라서 여드름이 나면, 그냥 그대로 두세요.

1
얼굴에 여드름이 나면, 그것을 짜거나 터뜨리지 말아라.

해설

1 이 글의 주제는 얼굴에 여드름이 나면 그것을 짜거나 터뜨리지 말고 그대로 두라는 것이다.
2 전치사의 목적어 자리에 동사가 올 경우 반드시 동명사형을 써야 한다. to부정사는 전치사의 목적어 자리에 올 수 없다.

수행 평가 Writing

[예시 답안]

My Dream Job: A Fashion Model

My dream job is to be a fashion model. My role model is Jessica Stam. She is one of the most famous fashion models in the world. I want to be a fashion model like her because I'm interested in fashion. I also like to make clothes. To be a fashion model, I need to be hard-working, creative, and patient. I plan to practice walking like a model and plan on entering a world-famous modeling agency to get my dream job.

해석

나의 장래 희망: 패션모델

나의 장래 희망은 패션모델이 되는 것이다. 나의 롤 모델은 Jessica Stam이다. 그녀는 세계에서 가장 유명한 모델 중 한 사람이다. 나는 패션에 관심이 있어서 그녀처럼 패션모델이 되기를 원한다. 나는 옷 만들기도 좋아한다. 패션모델이 되기 위해, 나는 열심히 노력하고, 창의적이며, 참을성이 있어야 한다. 내 장래 희망을 실현하기 위해 나는 모델처럼 걷는 연습을 할 계획이고 세계적으로 유명한 모델 기획사에 들어갈 계획이다.

07 분사

Grammar Practice ①

A
1 exciting 2 interested 3 stolen

B
1 living 2 painted 3 advertised

C
1 surprised 2 moving 3 searching

D
1 some books written by an American writer
2 the language spoken in Spain
3 The elderly man walking a dog

해석

B
1 옆집에 사는 여자는 변호사이다.
2 이것은 Picasso에 의해 그려진 그림이다.
3 나는 TV에서 광고된 새 휴대전화를 샀다.

C
1 나는 그 소식에 놀랐다.
2 과학자들은 태양계를 통과하는 빛나는 혜성을 발견했다.
3 진주를 찾는 사람은 물 속으로 깊이 들어가야 한다.

해설

A
현재분사는 '능동'과 '진행'의 의미를 가지며, 과거분사는 '수동'과 '완료'의 의미를 가진다.
1 주어(The movie)가 감정을 일으킬 때는 현재분사를 사용한다.
2 주어(you)가 감정을 느낄 때는 과거분사를 사용한다.
3 '도난당한'은 수동의 의미를 나타내는 과거분사를 사용한다.

B
1 '옆집에 사는 여자'가 자연스러우므로 현재분사를 사용한다.
2 'Picasso에 의해 그려진 그림'이 자연스러우므로 과거분사를 사용한다.
3 'TV에서 광고된 휴대전화'가 자연스러우므로 과거분사를 사용한다.

C
1 주어(I)가 감정을 느낄 때는 과거분사가 알맞다.
2 움직이는 혜성을 관찰한 상황으로 진행의 의미를 나타내는 현재분사가 알맞다.
3 진주를 찾아 물 속으로 깊이 들어가야 하는 능동의 의미를 나타내는 현재분사가 알맞다.

D
1 명사구 some books 뒤에서 수식어구가 있는 과거분사 written by an American writer가 수식한다.
2 명사구 the language 뒤에서 수식어구가 있는 과거분사 spoken in Spain이 수식한다.
3 명사구 the elderly man 뒤에서 수식어구가 있는 현재분사 walking a dog이 수식한다.

Grammar Practice ②

A
1 Singing 2 Listening 3 Holding

B
1 Waiting for John
2 Being excited at the baseball game
3 Taking this shuttle bus

C
1 Being honest 2 Turning left 3 Not being rich

D
1 Arriving 2 Being 3 Not being

해석

A
1 Jane은 노래를 부르며 설거지를 하고 있다.
2 Anna는 음악을 들으며 요가를 한다.
3 엄마와 아빠는 손을 잡고 길을 따라 걸으셨다.

B
1 John을 기다리며 나는 차를 끓였다.
2 그 야구 경기에 매우 흥분해서, 그들은 점심 먹는 것을 잊어버렸다.
3 이 셔틀 버스를 타면, 바로 공항에 갈 수 있다.

C
1 그는 정직하기 때문에, 친구들이 많다.
2 좌회전하면, 너는 쉽게 제과점을 찾을 것이다.
3 비록 그녀는 부자는 아니지만, 다른 사람들을 돕기를 좋아한다.

D
1 늦게 도착했기 때문에, Ben은 뒷줄에 앉았다.
2 아팠기 때문에, Susan은 학교에 결석했다.
3 갈증이 나지 않아서, Tom은 물을 마시지 않았다.

해설

A

제시된 문장들은 모두 의미상 '동시동작'을 나타내는 분사구문을 포함하고 있다. 부사절의 주어와 주절의 주어가 일치하여 부사절의 주어를 생략하였고 부사절의 동사를 「동사원형＋-ing」 형태로 바꿨다. 접속사를 생략하여도 의미를 파악하는 데 큰 지장이 없으므로 접속사도 생략했다.

B

1 '동시동작'을 의미하는 분사구문이다.
2 '이유'를 의미하는 분사구문이다. 감정을 나타내는 분사에서 주어가 감정을 느낄 때는 과거분사가 쓰인다.
3 '조건'을 의미하는 분사구문이다.

C

1~2 부사절에서 접속사와 주어를 생략하고 동사를 -ing 형태로 바꿔서 분사구문으로 쓸 수 있다.
3 분사구문을 부정할 때는 분사 앞에 not이나 never를 쓴다.

D

1 '이유'의 의미를 지닌 분사구문으로 동사원형(Arrive)이 아니라 현재분사(Arriving)로 고쳐야 한다.
2 '이유'의 의미를 지닌 분사구문으로 동사원형(Be)이 아니라 현재분사(Being)가 필요하다.
3 분사구문에서 부정어(not)는 분사 앞에 써야 한다.

Writing ①

A

1 surprising
2 playing
3 Fallen
4 made
5 Reading
6 Not having

B

1 the injured people
2 the barking dog
3 the girl playing with a cat
4 A picture painted by Monet
5 am interested in watching
6 Going to school

Writing ②

A

1 surrounded by the(her) students
2 hugged by Paul
3 standing behind Mark

B

1 painted by
2 kicking their feet high in the air
3 playing instruments

해석

A

〈보기〉 Laura는 손을 흔들고 있는 소녀이다.
1 Green 선생님은 학생들에게 둘러싸인 여자이다.
2 Mark는 Paul에게 안긴 소년이다.
3 Mark 뒤에 서 있는 소년은 Paul이다.

B

〈보기〉 이것은 The Dancers란 제목이 붙여진 그림이다.
1 이것은 Georges Noel에 의해 그려진 그림이다.
2 그림은 공중에 발을 높이 차는 몇몇 무용수들을 보여준다.
3 악기를 연주하는 몇몇 음악가들이 있다.

해설

A

1 '학생들에게 둘러싸인' 여자이므로 수동의 의미를 지닌 과거분사를 쓴다.
2 'Paul에게 안긴' 소년이므로 수동의 의미를 지닌 과거분사를 쓴다.
3 'Mark 뒤에 서 있는' 소년이므로 능동의 의미를 지닌 현재분사를 쓴다.

B

1 Georges Noel에 의해 '그려진' 그림이므로 수동의 의미를 지닌 과거분사를 쓴다.
2 그들의 발을 높이 '차는' 무용수들이므로 능동의 의미를 지닌 현재분사를 쓴다.
3 악기를 '연주하는' 음악가들이므로 능동의 의미를 지닌 현재분사를 쓴다.

Reading Ⓐ

1 ④ 2 scared

세계에는 많은 미신이 있다. 그중에 숫자 13은 아마 가장 유명한 미신일 것이다. 많은 건물들이 13번 방이나 13층을 갖고 있지 않다. 오래 전에 인류는 그의 열 손가락과 두 발을 사용해서 숫자를 세었고, 그저 12까지 셀 수 있었다고 어떤 이들은 말한다. 사람들은 너무 무서워서 숫자 12를 넘어서 계속하지 못했다. 하지만 고대 이집트인들과 중국인들은 이 숫자를 매우 운이 좋은 것으로 여겼다. 그래서 그것을 불운하다고 여기기에 합당한 단 하나의 설명이나 답은 없다.

1
① 많은 건물에 13층이 없다.
② 몇몇 사람들은 13이라는 숫자를 좋아하지 않는다.
③ 고대 이집트인들과 중국인들은 숫자 13을 좋아했다.
④ 숫자 13은 세계에서 가장 유명한 숫자이다.
⑤ 옛날에는 사람들이 그저 12까지 숫자를 셀 수 있었다고 어떤 이들은 말한다.

해설

1 ④ 숫자 13이 아니라 그 숫자에 관한 미신이 가장 유명한 것이다.
2 사람들이 무서운 감정을 느끼는 것이므로 과거분사(scared)가 알맞다.

Reading B

1 ④   **2** (A) named (B) exciting

해석

뉴욕 시 마라톤을 아는가? Fred Lebow라는 이름의 남자가 1970년에 그것을 시작했다. 그것은 작고 하찮은 경주로 시작했지만 오늘날 그것은 전 세계로부터 온 사람들의 마음을 끌기에 충분히 인기 있는 것이 되었다. 최근에 43,000명 이상의 사람들이 그 마라톤에서 뛰었고 많은 군중들이 달리기 주자들을 응원했다. 참가자들은 뉴욕 시를 가로질러 달렸고 최고의 주자들은 (완주하는 데) 3시간 미만의 시간이 걸렸다. 몇 해 동안 내내 많은 신나는 행사들이 마라톤을 하는 동안 일어났다. 한 젊은 커플은 경주 시작 몇 분 전에 결혼을 했다. 그러고 나서 그들은 결혼식 하객들과 함께 마라톤 경주를 했다. 뉴욕 시 마라톤의 창시자 Fred Lebow는 비록 사망했지만 마라톤과 그것의 모든 흥미진진함은 계속될 것이다.

해설

1 뉴욕 시를 가로질러 달린다고는 했으나 출발점에 대한 언급은 없다.
2 (A) Fred Lebow가 그 앞에 있는 명사 A man을 수식하는데. '~라고 이름지어진'이란 수동의 의미이므로 과거분사 named가 알맞으며,

(B) '신나는 행사'라는 의미로 행사가 감정을 일으키므로 현재분사 exciting이 알맞다.

5형식 문장

Grammar Practice ①

A
1 find **2** want **3** call

B
1 call our dog Sweetie
2 made her famous
3 keep your head safe

C
1 to wash her car **2** to be careful **3** not to eat sweets

D
1 clean **2** happy **3** easily

해석

A
1 나는 네가 그 책이 흥미롭다는 것을 알게 되면 좋겠어. 나는 그 작가의 팬이 되었어.
2 당신은 제가 택시를 불러주길 원하시나요?
3 몇몇 사람들이 나를 '얼음공주'라고 부르는데 나는 그것을 좋아하지 않는다.

C
1 그녀는 그에게 세차를 해 달라고 부탁했다.
2 David는 Sally에게 조심하라고 말했다.
3 의사는 나에게 단 것을 먹지 말라고 충고했다.

D
1 너는 너의 방을 깨끗하게 유지해야 한다.
2 그 노래가 모든 사람을 행복하게 만들었다.
3 그는 그 식당을 쉽게 찾았다.

해설

A
1 '책이 흥미롭다는 것을 알게 되다'의 의미이며, 동사 find는 목적격 보어로 형용사를 쓴다.
2 '내가 택시 부르기를 원하다'의 의미이며, 동사 want는 목적격 보어로 to부정사를 쓴다.
3 '나를 "얼음공주"라고 부른다'는 의미이며, 동사 call은 목적격 보어로 명사를 쓴다.

B
1~3 5형식 문장의 어순은 「주어 + 동사 + 목적어 + 목적격 보어」이다.

C
1~3 ask, tell, advise는 목적격 보어 자리에 to부정사가 온다. to부정사의 부정형은 「not + to부정사」이다.

D
1~2 「주어 + 동사 + 목적어 + 목적격 보어」의 5형식 문장으로 목적격 보어 자리에 형용사가 와야 한다. 우리말 해석으로 인해 부사를 고르지 않도록 주의한다.
3 「주어 + 동사 + 목적어」의 3형식 문장이므로 괄호 안에는 부사가 오는 것이 알맞다. 「주어 + 동사 + 목적어 + 목적격 보어」의 5형식 문장이 되려면 목적어와 목적격 보어가 의미상으로 〈주어 – 동사〉의 관계가 되어야 하는데 '식당은 쉽다'라는 의미는 성립될 수 없으므로 5형식 문장으로 쓸 수 없다.

Grammar Practice ②

A
1 run **2** calling **3** sing **4** play

B
1 made me clean my room
2 let me hand in the report

C
1 touch(touching) **2** know **3** stay **4** to have

D
1 had the students read
2 heard someone knocking
3 watched me fall

해석

A
1 나는 James가 들판을 뛰어서 가로지르는 것을 보았다.
2 그는 누군가가 자신의 이름을 부르는 것을 들었다.
3 네가 Jane이 무대 위에서 노래하도록 시켰니?
4 Jim은 어제 그의 아이들이 탁구 치는 것을 허락했다.

B
엄마: 너는 외출하기 전에, 네 방을 청소해야만 해.
선생님: 너는 그 과제물을 금요일까지 제출해도 된다.
1 나의 엄마는 나에게 외출하기 전에 내 방을 청소하라고 시키셨다.
2 나의 선생님은 나에게 과제물을 금요일까지 제출하도록 허락하셨다.

C
1 나는 나의 고양이가 내 손을 만지는 것을 느꼈다.
2 내가 너에게 다음 주 월요일까지 결과를 알려줄게.
3 의사는 그 환자에게 침대에 누워 있도록 했다.
4 엄마는 내가 반려견을 키우는 것을 허락하셨다.

A

1 saw가 지각동사이므로 목적격 보어는 동사원형 run이 알맞다.

2 heard가 지각동사이므로 목적격 보어는 현재분사 calling이 알맞다.

3 make가 사역동사이므로 목적격 보어는 동사원형 sing이 알맞다.

4 let이 사역동사이므로 목적격 보어는 동사원형 play가 알맞다.

B

1 엄마가 지나에게 방 청소를 시킨 상황이므로 「사역동사(made) + 목적어 + 목적격 보어(동사원형)」 형태로 써야 한다.

2 선생님이 과제물을 금요일까지 제출해도 된다고 허락한 상황이므로 let을 사용하여 let me hand in the report로 쓴다.

C

1 「지각동사 feel + 목적어 + 동사원형 또는 현재분사」

2 「사역동사 let + 목적어 + 동사원형」

3 「사역동사 make + 목적어 + 동사원형」

4 「allow + 목적어 + to부정사」

D

1~3 5형식 문장의 어순은 「주어 + 동사 + 목적어 + 목적격 보어」이다.

Writing ①

A

1 closed
2 to open
3 to buy
4 not to make
5 solve
6 take(taking)

B

1 made you so angry
2 named her pet Cutty
3 advised my dad not to smoke
4 asked Cinderella to come
5 let the students use
6 heard the orchestra play

Writing ②

A

1 heard the students talking loudly
2 saw the girls throwing the trash
3 smelled something burning downstairs

B

1 made the students(them) stand at the back
2 had the girls(them) pick up the trash
3 helped the dog (to) get out of the house

A

1 그 선생님은 학생들이 시끄럽게 이야기하는 것을 들었다.
2 그 노인은 소녀들이 바닥에 쓰레기를 버리는 것을 보았다.
3 그 소년은 아래층에서 무엇인가가 타는 냄새를 맡았다.

B

1 그 선생님은 학생들을(그들을) 뒤쪽에 서 있게 했다.
2 그 노인은 그 소녀들에게(그들에게) 쓰레기를 줍게 했다.
3 그 소년은 개를 집 밖으로 나올 수 있게 해 주었다.

A

지각동사는 목적격 보어로 동사원형이나 현재분사를 쓸 수 있다. 동작의 진행을 강조할 경우 현재분사를 쓰는 것이 적절하다.

1 「heard + 목적어 + 현재분사」의 어순으로 쓴다.

2 「saw + 목적어 + 현재분사」의 어순으로 쓴다.

3 「smelled + 목적어 + 현재분사」의 어순으로 쓴다.

B

사역동사는 목적격 보어로 동사원형을 사용한다.

1 상황으로 보아 목적어는 the students(them)이므로 「made + the students(them) + 동사원형」의 어순으로 쓴다.

2 상황으로 보아 목적어는 the girls(them)이므로 「had + the girls(them) + 동사원형」의 어순으로 쓴다.

3 상황으로 보아 목적어는 the dog이므로 「helped + the dog + to부정사/동사원형」의 어순으로 쓴다.

Reading Ⓐ

1 ④ **2** (A) knocking (B) pecking

해석

James Givens는 오하이오 주의 경찰관이다. 어느 날, 무엇인가가 노크하는 소리를 들었을 때 그는 자신의 차 안에 앉아 있었다. 그는 몸을 돌렸고 거위 한 마리가 자동차 문을 부리로 쪼고 있는 것을 보았다. 그것이 멈추지 않아서 그는 차 밖으로 나왔다. 그러자 그 새는 다른 곳으로 걸어가기 시작했지만 계속 돌아보며 James가 따라오는지 확인했다. 마침내 그들이 멈췄을 때, 그는 새끼 거위 한 마리가 어떤 풍선 줄에 걸려 있는 것을 보았다. 그 거위는 자신의 새끼를 풀어 주는 데 그의 도움이 필요했던 것이다. 몇 분 후, 그는 그 작은 새를 풀어 주었고 그것은 엄마에게 갔다. 그 둘은 곧바로 서둘러 떠났다. 그것은 실화이다! 믿을 수 있는가?

1

① James Givens의 직업은 무엇인가?

② James Givens의 자동차 문을 쪼고 있던 것은 무엇이었나?

③ 왜 거위는 계속 뒤를 돌아보았나?

④ 그 새끼 거위는 James Givens의 차로부터 얼마나 멀리 떨어져 있었나?

⑤ James Givens는 어떻게 그 거위를 도와주었나?

해설

1 새끼 거위와 James Givens의 차 사이의 거리는 언급되지 않았다.

2 (A)와 (B) 모두 지각동사가 쓰인 5형식 문장의 목적격 보어이므로 동사원형 혹은 현재분사가 올 수 있다. 현재분사는 그 동작이 진행 중임을 강조할 때 쓴다.

Reading Ⓑ

1 ④   **2** (A) feel (B) eat (C) think

해석

음악은 사람들에게 영향을 미친다. 몇몇 과학자들에 따르면, (바흐나 모차르트 같은) 서양 고전음악의 소리는 사람들을 더 부유하게 느끼게 만든다고 한다. 따라서 음식점에서 고전음악을 틀어 주면 현대음악을 틀어 주는 것보다 사람들이 더 많은 돈을 음식과 음료에 쓴다. 과학자들은 또한 크고 빠른 음악이 사람들을 더 빨리 먹게 만든다고 이야기한다. 따라서 어떤 음식점에서는 그들이 바쁜 시간 동안에 빠른 음악을 들려준다. 게다가 어떤 과학자들은 음악이 당신이 더 잘 생각하고 배우게 만든다고 생각한다. 그들은 음악이 학생들의 긴장이 풀리도록 도와준다고 믿으며, 긴장이 풀어졌을 때 학습이 더 잘 되는 것은 사실이다. 다음번에 어디에선가 음악을 들으면, 조심해라. 그것은 너의 행동 방식을 바꿀지도 모른다.

1

① 사람들은 고전음악을 틀어 주는 음식점에서 더 많은 돈을 쓴다.

② 음악은 사람들이 얼마나 빨리 먹는지에 영향을 미칠 수 있다.

③ 음악은 네가 더 잘 배우도록 도와줄 수 있다.

④ 시끄러운 음악은 네가 긴장이 더 풀리도록 만들어 줄 수 있다.

⑤ 음악은 사람들의 행동을 바꿀 수 있다.

해설

1 시끄러운 음악이 사람의 긴장이 풀리도록 만든다는 내용은 없다.

2 (A)~(C) 모두 사역동사 make가 쓰인 5형식 문장의 목적격 보어이므로 동사원형을 써야 한다.

Grammar **Practice** ①

A

1 one　**2** another　**3** the other

B

1 the other　**2** others　**3** another

C

1 one　**2** Some, others　**3** the others

D

1 the others are sons
2 others are listening to
3 another is red(blue), and the other is blue(red)

해석

A

1 저는 그 파란 티셔츠는 싫어요. 빨간 것이 좋아요.
2 나는 이미 이 책을 읽었어. 너에게 또 다른 책이 있니?
3 그녀는 딸이 두 명 있다. 한 명은 9살이고 나머지 한 명은 7살이다.

B

1 저기 있는 두 여자를 봐. 한 사람은 내 언니이고 나머지 한 사람은 내 고모(이모)야.
2 캐나다에서 어떤 사람들은 영어를 하고 또 다른 어떤 사람들은 프랑스 어를 한다.
3 사람들은 그를 Jimmy라고 부르지만 그는 또 다른 이름이 있다.

D

1 그는 다섯 명의 아이들이 있다. 한 명은 딸이고, 나머지는 아들이다.
2 어떤 사람들은 낚시하고 있고, 어떤 사람들은 음악을 듣고 있다.
3 나는 세 개의 모자를 샀다. 하나는 검은색, 또 다른 하나는 빨간색(파란 색), 나머지 하나는 파란색(빨간색)이다.

해설

A

1 같은 종류로 막연한 어느 것 하나를 나타낼 때는 it이 아니라 one을 사 용한다.
2 '또 다른'이라는 표현으로 another를 사용한다.
3 둘 중 하나는 one, 나머지 하나는 the other로 표현한다.

B

1 두 명의 여자에 대해 나열하여 말하고 있으므로 둘 중 하나는 one, 나 머지 하나는 the other로 표현한다.
2 캐나다에 있는 사람들 중 일부를 some으로 지칭하면 막연한 나머지는 (나머지 전부가 아니라) others로 표현할 수 있다.

3 이미 Jimmy라는 이름이 있지만 또 다른 이름이 있으므로 '또 다른'이 라는 의미의 another를 사용해야 한다.

C

1 불특정하고 막연한 사물 하나를 가리키는 부정대명사는 one이다.
2 다수 중 막연한 일부와 또 다른 일부를 가리킬 때 some ~, others …를 쓴다.
3 전체 중 한 개와 나머지 전부를 가리킬 때 one ~, the others …를 쓴다.

D

1 한 명(one)이 딸이며 나머지 전부(the others)는 아들이다.
2 낚시를 하는 몇몇 사람들(some) 외에 또 다른 몇몇(others)은 음악을 듣고 있다.
3 세 개의 모자 중 한 개는 검은색이고, 또 다른 하나(another)는 빨간 색(파란색), 나머지 하나(the other)는 파란색(빨간색)이다.

Grammar **Practice** ②

A

1 weekend　**2** person　**3** question, has　**4** windows

B

1 class　**2** is　**3** group

C

1 herself　**2** yourself　**3** himself　**4** ourselves

D

1 himself　**2** yourself　**3** themselves

해석

A

1 그녀는 거의 모든 주말마다 쇼핑을 하러 간다.
2 이 마을의 모든 사람들은 야구를 사랑한다.
3 각각의 질문은 오직 하나의 정답을 가지고 있다.
4 그 집의 창문이 둘 다 닫혀있다.

B

1 우리 학교에서 모든 학급에는 25명의 학생들이 있다.
2 이 도서관의 모든 책은 영어로 되어 있다.
3 그 시험에서 각 모둠에는 5명의 구성원이 있었다.

D

1 그는 혼자 외출하기에는 너무 어리다.
2 기다리는 동안 편히 계세요.
3 아이들은 파티에서 즐거운 시간을 보냈다.

해설

A

1~3 every, each 뒤에는 단수 명사와 단수 동사가 온다.

4 both 뒤에는 복수 명사가 온다. 이때 이어지는 동사도 주어의 수에 맞게 복수로 써야 한다.

B

1 every 다음에는 단수 명사를 써야 하므로 classes를 class로 고쳐야 한다.

2 「every + 단수 명사」가 주어이면 단수로 취급하기 때문에 are를 is로 고쳐야 한다.

3 each 다음에는 단수 명사를 써야 하므로 groups를 group으로 고쳐야 한다.

C

1 she의 재귀대명사는 herself이다.

2 명령문의 주어는 you이므로 동사 cut의 목적어 자리에 you의 재귀대명사인 yourself가 와야 한다.

3 he의 재귀대명사는 himself이다. '직접'이라는 뜻의 강조 용법으로 쓰였다.

4 we의 재귀대명사는 ourselves이다. '직접'이라는 뜻의 강조 용법으로 쓰였다.

D

1 '혼자서'라는 뜻으로 by himself가 알맞다.

2 '편안하게 있으라'는 뜻으로 make yourself at home이 알맞다.

3 '즐거운 시간을 보냈다'라는 뜻으로 enjoyed themselves가 알맞다.

Writing ①

A

1 a new one

2 others went swimming

3 Do you have one?

4 the other is red

5 Each group

6 blame yourself

B

1 Can I have another one?

2 the others are my classmates'

3 He lives by himself

4 Help yourself to the food

5 every class had at least 45 students

6 Both doors in the classroom are

Writing ②

A [예시 답안]

1 Can I have one?

2 One is a watch and the other is a soccer ball.

3 Some are apples and the others are oranges.

B [예시 답안]

1 One is Sam, another is Brian, and the other is Harry.

2 Some (of them), others

3 Some, the others went swimming (to the beach)

해석

A

1 A: 감자 냄새가 좋네요. 제가 하나 먹어도 될까요?
B: 그럼, 내가 너에게 하나 줄게.

2 A: John, 어제 네 생일이었잖니! 선물 받았니?
B: 네, 선물 두 개를 받았어요. 하나는 시계이고 나머지 하나는 축구공이에요.

3 A: Judy! 바구니 안에 뭐가 있니?
B: 그 안에 과일이 몇 개 있어. 몇 개는 사과이고 나머지 전부는 오렌지야.

B

1 나에게는 아들이 세 명 있다. 한 명은 Sam, 또 다른 한 명은 Brian, 나머지 한 명은 Harry이다.

2 이 그래프는 10대들의 취미가 무엇인지 보여준다. 몇몇은 컴퓨터 게임을 하는 것을 좋아하고 또 다른 학생들은 영화 보는 것을 좋아한다. 단지 10%의 십 대 학생들만 독서를 좋아한다.

3 20명의 관광객이 있었다. 일부는 쇼핑을 하러 갔고, 나머지 전부는 바닷가에 갔다.

해설

A

1 막연한 하나를 나타내는 것은 one이다.

2 두 개를 나열할 때 하나는 one, 나머지 하나는 the other를 쓴다. 그림을 보면 하나는 시계, 나머지 하나는 축구공임을 알 수 있다.

3 정해진 수에서 일부는 some, 나머지 전부는 the others이다. 그림을 보면 일부는 사과, 나머지 전부는 오렌지이다.

B

1 셋을 차례대로 나열할 때 하나는 one, 또 다른 하나는 another, 나머지 하나는 the other로 표현한다.

2 몇몇은 some, 또 다른 일부는 others로 표현한다.

3 몇몇은 some, 나머지 전부는 the others로 표현한다.

Reading Ⓐ

1 ① **2** 안부 인사를 하는 것은 소통의 행동이다.

해석

사람들은 많은 방법으로 인사한다. 사람들이 만났을 때 한 지역에서는 땅바닥에 엎드리고 또 다른 지역에서는 자기 자신의 양손을 함께 문지른다. 그들이 서로를 볼 때 어떤 사람들은 한 발을 공중으로 들어올리고, 어떤 사람들은 친구의 손에 입을 맞추고, 어떤 사람들은 친구의 발을 잡고 그것을 자신의 얼굴에 문지른다. 인사를 하는 많은 방법이 있다. 아무도 어떤 방법이 가장 좋은지 알 수 없지만 우리 모두는 한 가지는 알고 있다: 안부 인사를 하는 것은 소통의 행동이다.

해설

1 한 가지 대상과 그 외의 또 다른 한 가지 대상을 가리킬 때 one과 another를 쓴다. 다수의 대상 중 일부와 또 다른 일부를 가리킬 때 some과 others를 쓴다.
2 모두가 알고 있는 한 가지란 바로 콜론(:) 뒤에 이어지는 문장을 가리킨다.

Reading Ⓑ

1 ① **2** 아이들은 즐거운 시간을 보내지 못했다.

해석

어느 날 Walt Disney는 그의 딸들을 데리고 놀이공원에 갔다. 그들은 놀이기구도 타고, 게임도 하고, 동물들을 봤다. 그러나 아이들은 즐거운 시간을 보내지 못했다. 그는 그의 아이들을 더 나은 곳으로 데려가고 싶었다. 그는 "환상의 나라"와 "모험의 나라"라는 이름의 다른 부분들로 이루어진 새로운 공원을 꿈꾸었다. 그는 Mickey Mouse와 다른 만화 속 등장인물들이 공원을 걸어 다니며 손님들에게 말을 걸기를 원했다. 1955년 마침내 디즈니랜드가 캘리포니아에 문을 열었다. 그것은 바로 대성공이었다. 사람들이 미국 전역과 전 세계에서 왔다. 1971년에는 플로리다에 월트 디즈니월드가 문을 열었다. 오늘날에는 도쿄와 파리, 홍콩, 상하이에도 디즈니랜드가 있다.

해설

1 디즈니랜드가 어떻게 탄생했는지에 대한 내용으로 디즈니랜드의 탄생 이야기를 다룬 글이다.
2 enjoy oneself는 '즐거운 시간을 보내다'의 의미이다.

Writing

수행 평가

[예시 답안]

My Favorite Movie: *Harry Potter*

My favorite movie is *Harry Potter*. I like this movie because the story is very entertaining. The *Harry Potter* series is about a young wizard named Harry Potter and his friends. After being offered admission to Hogwarts, Harry learns that there's a magical world. This movie is special to me because it provides a message of hope. While watching this movie, I feel happy and excited.

해석

내가 가장 좋아하는 영화: 〈해리 포터〉

내가 가장 좋아하는 영화는 〈해리 포터〉이다. 나는 이 이야기가 매우 즐거움을 주어서 이 영화를 좋아한다. 〈해리 포터〉 시리즈는 해리 포터라 불리는 어린 마법사와 그의 친구들에 관한 이야기이다. 호그와트 학교에 입학 제안을 받은 후, 해리는 마법의 세계가 있음을 알게 된다. 이 영화는 희망의 메시지를 주어서 내게는 특별한 영화이다. 이 영화를 보는 동안 나는 행복과 흥분을 느낀다.

Grammar Practice ①

A

1 smart
2 more famous
3 more beautiful
4 quite, much

B

1 better   **2** bigger   **3** easier   **4** less

C

1 as popular as soccer
2 as well as you
3 as strong as she

D

1 more difficult   **2** fast   **3** more

해석

A

1 Nick은 매우 똑똑한 학생이다.
2 그녀는 그녀의 아버지보다 더 유명해졌다.
3 이 호수는 여름보다 겨울에 더 아름답다.
4 Annie는 꽤 높이 점프했지만, Lena는 훨씬 더 높이 점프했다.

B

1 나는 어제보다 오늘 기분이 더 좋다.
2 George의 방은 Tim의 것보다 더 크다.
3 춤추는 것이 내게는 노래하는 것보다 더 쉽다.
4 나는 항상 나의 형(오빠)보다 더 적은 돈을 받는다.

D

1 시험은 퀴즈만큼 어렵지 않았다.
2 Jane은 Phil보다 더 빨리 읽을 수 있다.
3 그녀의 새로운 책은 지난번 책만큼 많이 팔리지 않았다.

해설

A

1 very는 형용사나 부사의 원급을 강조할 때 쓴다.
2~3 뒤에 비교급 문장임을 나타내는 than이 있으므로 비교급이 필요하다.
4 형용사나 부사의 원급을 강조할 때는 quite, 비교급을 강조할 때는 much를 쓴다.

B

1 비교 대상 앞에 than이 쓰였으므로 good의 비교급인 better가 알맞다.
2 big의 비교급인 bigger가 알맞다.

3 easy의 비교급인 easier가 알맞다.
4 little의 비교급인 less가 알맞다.

C

1~3 동등비교는 「A + 동사 + as + 형용사(부사) + as B」의 형태로 'A는 B만큼 ~하다'의 뜻으로 서로 동등함을 표현한다.

D

1 빈칸 뒤에 than이 있으므로 빈칸에는 비교급이 와야 한다. difficult의 비교급은 more difficult이다.
2 빈칸 앞뒤에 as, as가 있으므로 빈칸에는 원급이 들어가야 한다. faster의 원급은 fast이다.
3 빈칸 뒤에 than이 있으므로 빈칸에는 비교급이 와야 한다. much의 비교급은 more이다.

Grammar Practice ②

A

1 fastest   **2** heaviest   **3** most expensive

B

1 most popular
2 more important
3 richest women

C

1 the most famous cafe
2 the strictest teacher
3 one of the most interesting subjects

D

1 deeper, deepest
2 healthier, healthiest
3 hotter, hottest
4 more important, most important
5 more harmful, most harmful
6 more delicious, most delicious
7 more slowly, most slowly
8 less, least

해석

A

1 비행기는 자동차나 기차보다 훨씬 더 빠르다. 그것은 셋 중에서 가장 빠르다.
2 볼링공은 풍선이나 셔틀콕보다 더 무겁다. 그것은 셋 중에서 가장 무겁다.

3 반지는 손목시계나 장난감 곰보다 훨씬 더 값이 비싸다. 그것은 셋 중에서 값이 제일 비싸다.

B

1 십 대들 사이에 가장 인기 있는 음악은 무엇이니?

2 세상에서 시간보다 더 중요한 것은 없다.

3 Oprah Winfrey는 세계에서 가장 부유한 여성들 중 한 명이다.

해설

A

1 정관사 the가 있고 비행기가 셋 중 가장 빠르므로 fast의 최상급인 fastest가 필요하다.

2 정관사 the가 있고 볼링공이 셋 중 가장 무거우므로 heavy의 최상급인 heaviest가 필요하다.

3 정관사 the가 있고 반지가 셋 중 가장 비싸므로 expensive의 최상급인 most expensive가 필요하다.

B

1 popular는 3음절 형용사로 앞에 most를 써서 최상급을 나타낸다.

2 최상급은 「부정주어 + 비교급 + than ~」으로 나타낼 수 있으므로 important 앞에 more를 넣어 비교급으로 만드는 것이 알맞다.

3 「one of the + 최상급 + 복수 명사」는 '가장 ~한 사람들(것들) 중의 하나'라는 뜻이다.

C

1 famous의 최상급은 the most famous이다.

2 strict의 최상급은 the strictest이다.

3 '가장 재미있는 과목들 중 하나'는 one of the most interesting subjects이다.

D

1 규칙 변화는 단어 뒤에 -er/-est를 붙인다.

2 「자음 + -y」로 끝나는 단어는 y를 i로 고치고 + -er/-est를 붙인다.

3 「단모음 + 단자음」으로 끝나는 단어는 끝자음을 한 번 더 쓰고 -er/-est를 붙인다.

4 3음절 이상의 긴 단어는 앞에 more/most를 붙인다.

5~7 -ful, -ous, -ly로 끝나는 일부 2음절 단어는 단어 앞에 more/most를 붙인다.

8 little은 불규칙 변화로 less – least이다.

Writing ①

A

1 as tall as

2 healthier than

3 swim as well as

4 much(still/a lot/far/even) later than

5 the happier we will be

6 the tallest building in the world

B

1 can't walk as fast as you can

2 the funniest comedy show I've ever watched

3 is much more comfortable than

4 one of the most famous restaurants in town

5 respond as soon as possible

6 became sadder to hear the news

Writing ②

A

1 faster than Jane

2 more delicious than Tom's (food)

3 better than Jane's (test score)

B

1 more expensive

2 the most

3 thinner

4 the most recently

해석

A

1 Tom은 Jane보다 더 빨리 달린다.

2 Jane의 음식은 Tom의 음식보다 더 맛있다.

3 Tom의 시험점수가 Jane의 것보다 더 낫다.

B

1 "I Found a Hat"은 "The Giant Apple"보다 더 비싸다.

2 "The Giant Apple"은 세 책 중에 가장 별점이 많다.

3 "The Secret of Shark Island"는 "I Found a Hat" 보다 더 얇다.

4 "The Secret of Shark Island"는 세 책 중에 가장 최근에 발행되었다.

해설

A

1 Tom은 Jane보다 빠르므로 비교급 faster와 비교 대상 앞에 than이 알맞다.

2 Jane의 음식이 더 맛있으므로 비교급 more delicious가 알맞고, 비교 대상은 Tom's food인데 반복되는 명사인 food는 대개 생략한다.

3 Tom의 시험 성적이 더 좋으므로 better than이 알맞고 than 뒤에 비교 대상인 Jane's (test score)가 와야 한다.

B

1 "I Found a Hat"이 "The Giant Apple"보다 더 비싸므로 비교급 more expensive가 알맞다.

2 세 책 중에 "The Giant Apple"이 가장 많은 별을 받았으므로 the most가 알맞다.

3 "The Secret of Shark Island"는 90페이지로 "I Found a Hat" 350페이지보다 두께가 더 얇다. 따라서 thin의 비교급을 사용하여 문장을 완성한다.

4 "The Secret of Shark Island"의 출판연도는 2018로 세 책 중에 가장 최근에 출판되었다.

해석

사탕수수는 수천 년 전에 인도에서 처음 재배되었다. 로마 제국 시대에 그것은 유럽에서 대단한 사치품으로 여겨졌다. 로마 제국의 멸망 후에도, 수 세기 동안 그것은 진귀하고 비쌌다. 1493년에, 콜럼버스가 사탕수수 묘목을 서인도 제도에 가져갔다. 그것은 매우 잘 자랐기에 매우 큰 대규모 농장이 유럽인들에 의해 시작되었고 아프리카에서 온 노예들에 의해 경작되었다. 매우 많은 돈을 벌었기 때문에 설탕은 "흰색 금"이라고 알려졌다. 설탕은 음식을 달게 하기 위해 사용되었지만 그것은 중독성이 있었다. 16세기에는, 영국인들이 역사상 최대 설탕 소비자들이었다. 엘리자베스 1세 여왕은 그것을 너무 많이 먹어서 자신의 모든 치아를 잃었다.

해설

1 설탕 가격 하락에 대한 내용은 언급되어 있지 않다.
2 앞에 정관사 the가 있고 in history라는 범위가 있으므로 최상급 greatest가 알맞다.

Reading Ⓐ

1 ① **2** as wide as a man's finger

해석

번개는 먹구름이 물방울들로 가득 차 있을 때 형성된다. 구름들이 움직일 때, 이 미세한 물방울들은 서로 마찰된다. 전기 불꽃은 하나의 구름에서 또 다른 구름으로 넘어 다니고 가끔은 지표면으로 튄다. 우리가 보는 섬광은 별로 넓지 않다. 그것들은 대략 성인 남자의 손가락 정도의 넓이이다. 그러나 그것들은 길어서 가끔은 8마일만큼 길다. 섬광은 매우 뜨겁다. 그것들은 태양의 표면보다도 더 뜨겁다.

해설

1 섬광의 면적은 별로 넓지 않다고 나와 있다.
2 섬광(번개)의 넓이는 성인 남자의 손가락 정도라고 했고, 길이는 가끔 8마일 정도일 만큼 길다고 했다. 「as + 원급 + as」 동등비교 표현을 이용하여 문장을 완성해야 한다.

Reading Ⓑ

1 ④ **2** greater → greatest

Grammar Practice ①

A
1 ⓓ 2 ⓒ 3 ⓑ 4 ⓐ

B
1 which 2 whose 3 who

C
1 which(that) 2 who(that) 3 whose

D
1 I don't like people who(that) talk too much.
2 My brother whose major is economics is a university professor. (My brother is a university professor whose major is economics.)
3 She lives in a two-story building whose roof is red.

〔해석〕

A
1 부모를 전쟁에서 잃은 저 아이들을 보아라.
2 저것이 서울에 가는 버스이다.
3 조종사는 비행기를 조종하는 사람이다.
4 나는 딸이 유명한 가수인 한 남자를 알고 있다.

B
1 이것은 전기로 달리는 차이다.
2 그는 제목이 러시아어로 되어있는 책을 나에게 한 권 보여주었다.
3 그는 우리 집 옆 집에 사는 사람이다.

C
1 믹서기는 음식을 섞는 기계이다.
2 그녀는 영화 Spider-Man 3의 주연을 맡은 여배우이다.
3 저 사람은 차를 도난당한 남자이다.

D
1 나는 사람들을 싫어한다. 그들은 말을 너무 많이 한다.
 → 나는 말을 너무 많이 하는 사람들을 싫어한다.
2 나의 남동생은 대학 교수이다. 그의 전공은 경제학이다.
 → 전공이 경제학인 내 남동생은 대학 교수이다.
3 그녀는 이층 건물에 산다. 그것의 지붕은 빨갛다.
 → 그녀는 지붕이 빨간 이층 건물에 산다.

〔해설〕

A
관계대명사절이 선행사에 대한 부연설명을 해주므로 관련된 내용을 찾아 연결한다.
1 아이들의 부모에 관한 관계대명사절을 연결하는 것이 자연스럽다.

2 버스의 목적지를 나타내는 관계대명사절과 연결한다.
3 조종사라는 직업을 설명하는 관계대명사절과 연결한다.
4 남자의 딸에 대해 설명하는 관계대명사절을 연결하는 것이 자연스럽다.

B
1 선행사인 the car는 사물이고 관계대명사절 안에서 주어 역할을 하므로 which가 알맞다.
2 선행사인 a book과 빈칸 뒤에 나오는 명사 title은 소유 관계이므로 whose가 알맞다.
3 선행사인 the man은 사람이고 관계대명사절 안에서 주어 역할을 하므로 who가 알맞다.

C
1 선행사가 사물이며 관계대명사절 안에서 주어 역할을 하므로 which(that)를 써야 한다.
2 선행사가 사람이며 관계대명사절 안에서 주어 역할을 하므로 who(that)를 써야 한다.
3 선행사가 사람이며 관계대명사절 안에서 소유격 역할을 하므로 whose를 써야 한다.

D
1 선행사가 사람이며 관계대명사절 안에서 주어 역할을 하므로 who(that)를 써서 문장을 연결한다.
2 선행사가 사람이며 관계대명사절 안에서 소유격 역할을 하므로 whose를 써서 문장을 연결한다.
3 선행사가 사물이며 관계대명사절 안에서 소유격 역할을 하므로 whose를 써서 문장을 연결한다.

Grammar Practice ②

A
1 He's talking with the women.
2 watched the movie, was the movie

B
1 which 2 whom 3 that 4 ×

C
1 that 2 What 3 which 4 what

D
1 which(that) 2 what 3 what

〔해석〕

A
〈보기〉 네가 관심이 있는 그 소년은 내 사촌이다.
= 그 소년은 내 사촌이다. 너는 그 소년에게 관심이 있다.

1 그가 함께 이야기하고 있는 여자들은 변호사들이다.

= 그 여자들은 변호사들이다. 그는 그 여자들과 함께 이야기하고 있다.

2 네가 본 영화는 어땠니?

= 너는 그 영화를 봤어. 그 영화는 어땠니?

B

1 내가 기다리고 있었던 버스는 오지 않았다.

2 내가 만난 사람들은 매우 친절했다.

3 이것이 네가 찾고 있던 책이니?

4 그녀는 눈이 큰 소년을 만났다.

C

1 그는 내가 요리한 음식을 좋아하지 않았다.

2 나를 행복하게 하는 것은 음악이다.

3 엄마는 우리가 믿을 수 없는 이야기를 하셨다.

4 이것이 내 남동생(오빠/형)이 요구했던 것이다.

해설

A

1 선행사가 the women인 관계대명사절이므로 두 번째 문장은 '그가 그 여자들과 이야기하고 있다'가 알맞다.

2 영화를 꾸며주는 관계대명사절이므로 첫 번째 문장은 '너는 그 영화를 보았다.', 두 번째 문장은 '그 영화 어땠니?'가 알맞다.

B

1 was waiting for의 목적어로 쓰인 목적격 관계대명사 which는 생략 가능하다.

2 met의 목적어로 쓰인 목적격 관계대명사 whom은 생략 가능하다.

3 were looking for의 목적어로 쓰인 목적격 관계대명사 that은 생략 가능하다.

4 who는 관계대명사절 안에서 had의 주어로 쓰인 주격 관계대명사로 생략할 수 없다.

C

1 선행사 the food가 있으므로 관계대명사 that이 알맞다.

2 선행사가 없으므로 선행사를 포함하는 관계대명사 what이 알맞다.

3 선행사 a story가 있으므로 관계대명사 which가 알맞다.

4 선행사가 없으므로 선행사를 포함하는 관계대명사 what이 알맞다.

D

1 선행사는 the chocolate이므로 목적격 관계대명사 which나 that 이 알맞으며 생략할 수도 있다.

2 선행사를 포함하는 관계대명사 what이 알맞다.

3 '그가 네게 준 것'에 알맞은 표현은 what he gave you이다.

Writing 1

A

1 which(that)

2 who(that)

3 whose

4 which(that)

5 What

6 who(that)

B

1 that I make myself(that I myself make)

2 who is sitting next to me

3 which was painted by Vincent van Gogh

4 that a famous designer made

5 What I need

6 whose birthday is today

Writing 2

A

1 whose director is John Davis

2 which(that) Michael Holly starred in

3 which(that) people can enjoy fantastic special effects in

B

1 Felix Goldman is the reporter who(that) knew Tom at school.

2 Bill Wang is the farmer whose land Tom bought.

3 Sonia Carter is the house guest whose fingerprints were on the door handle.

해석

A

〈보기〉 Skyline은 사람들이 보고 싶어 하는 영화이다.

1 Skyline은 감독이 John Davis인 영화이다.

2 Skyline은 Michael Holly가 주연인 영화이다.

3 Skyline은 사람들이 멋진 특수 효과를 즐길 수 있는 영화이다.

B

〈보기〉 George Baker는 Tom과 논쟁을 했던 영화감독이다.

1 Felix Goldman은 학창 시절에 Tom을 알았던 기자이다.

2 Bill Wang은 Tom이 산 땅을 소유했던 농부이다.
3 Sonia Carter는 지문이 문의 손잡이에 남아 있는 유숙객이다.

해설

A

1 선행사가 사물이며 관계대명사절 안에서 소유격 역할을 하므로 관계대명사 whose를 쓴다.

2 선행사가 사물이며 관계대명사절 안에서 전치사의 목적어 역할을 하므로 관계대명사 which 또는 that을 쓴다.

3 선행사가 사물이며 관계대명사절 안에서 전치사의 목적어 역할을 하므로 관계대명사 which 또는 that을 쓴다.

B

1 선행사가 사람이며 관계대명사절 안에서 주어 역할을 하므로 관계대명사 who 또는 that을 쓴다.

2 선행사가 사람이며 관계대명사절 안에서 대명사의 소유격 역할을 하므로 관계대명사 whose를 쓴다.

3 선행사가 사람이며 관계대명사절 안에서 대명사의 소유격 역할을 하므로 관계대명사 whose를 쓴다.

Reading Ⓐ

1 ④   **2** which(that)

해석

유명한 그림 속 여성들이 남성처럼 보이는 이유에 대해 궁금해 본 적이 있는가? 위대한 화가 미켈란젤로가 그린 시스티나 예배당의 그림들 속 여성들에 대한 연구는 남성 신체에만 있는 많은 특징을 찾아냈다. 그 그림들 속 여성들은 모두 잘 발달된 근육을 가지고 있다. 그들은 또한 남성의 신체에 전형적인 긴 허벅지를 가지고 있다. 아마도 르네상스 시대에 여성 모델을 찾는 것은 어려웠을 것이다. 그래서 미켈란젤로는 남성 모델을 먼저 그리고 그 위에 여성의 옷을 덧칠했을지도 모른다.

1

① 작은 얼굴 ② 두꺼운 목 ③ 털이 많은 가슴 ④ 긴 허벅지 ⑤ 넓은 어깨

해설

1 미켈란젤로의 여성 그림에서 찾아볼 수 있는 남성 신체의 특징으로 잘 발달된 근육과 긴 허벅지를 언급했다.

2 빈칸 앞의 선행사는 모두 사물이므로 관계대명사 which나 that이 알맞다.

Reading Ⓑ

1 ②   **2** ④

해석

북아메리카와 유럽에서는 대부분의 여성들이 날씬하기를 원한다. 그러한 지역에서는 날씬한 여성이 아름답고 건강한 여성으로 여겨진다. 그러나 아프리카의 많은 지역에서는 뚱뚱한 여성이 아름답고 건강한 것으로 여겨진다. 소녀들과 여성들이 건강하고 아름답게 보이도록 돕기 위해 중앙아프리카 사람들은 그들을 살찌우는 방으로 보낸다. 살찌우는 방은 보통 가족의 집 근처에 있다. 살찌우는 방에서 소녀는 생활하고, 자고, 그녀가 살이 찌도록 도와주는 음식을 먹는다. 유일한 방문객은 그녀에게 앉는 법, 걷는 법, 말하는 법을 가르치는 여성들이다. 그들은 또한 그녀에게 청소, 바느질, 요리에 대한 충고도 한다.

2

① 저 차를 보아라.

② 저것은 내가 사고 싶은 것이다.

③ 나는 네가 틀렸다고 생각한다.

④ 나는 맛있는 커피를 파는 카페를 안다.

⑤ 너는 그가 극장에서 일한다는 것을 기억하니?

해설

1 ② 뒤에는 유럽이나 북미의 여성들의 미의 기준과 대조되는 아프리카 여성들의 미의 기준을 말하고 있으므로 ②가 알맞다.

2 본문의 that은 앞에 나온 선행사를 수식하는 관계대명사이다.
① 지시형용사 ② 지시대명사 ③ 접속사 ④ 관계대명사 ⑤ 접속사

12 접속사

Grammar Practice ①

A

1 until   2 that

B

1 hope that she will marry Andy
2 is that this car consumes too much fuel
3 while she was taking the exam
4 while I am having lunch

C

1 while   2 While   3 until

D

1 (that) you should work out regularly
2 (that) you should get some rest
3 (that) you should not drink coffee

해석

C

1 나는 러닝머신에서 걷는 동안 대개 TV를 본다.
2 민재가 겨울 스포츠를 좋아하는 반면 그의 형(남동생)은 여름 스포츠를 좋아한다.
3 그녀는 기차가 보이지 않을 때까지 손을 흔들었다.

D

1 A: 나는 과체중이야.
　B: 나는 네가 규칙적으로 운동해야 한다고 생각해.
2 A: 나는 감기가 심해.
　B: 나는 네가 쉬어야 한다고 생각해.
3 A: 나는 밤에 잘 잘 수가 없어.
　B: 나는 네가 커피를 마시면 안 된다고 생각해.

해설

A

1 '~때까지'라는 의미의 부사절을 이끄는 시간 접속사는 until이다.
2 동사 believes의 목적어를 이끄는 명사절에 알맞은 접속사는 that이다.

B

1 접속사 that이 이끄는 절이 동사 hope의 목적어 역할을 한다.
2 접속사 that이 이끄는 절이 be 동사의 보어 역할을 한다.
3~4 '~하는 동안'이라는 의미의 부사절을 이끄는 시간 접속사 while 뒤에 주어와 동사를 써야 한다.

C

1 동시에 일어나는 동작이므로 '~하는 동안'이라는 의미의 부사절을 이

끄는 시간 접속사가 필요하다.
2 상반되는 내용이 이어지므로 '~하는 반면에'라는 의미의 접속사가 필요하다.
3 한 시점까지 계속되는 동작이므로 '~때까지'라는 의미의 접속사가 필요하다.

D

1~3 that절이 목적어 역할을 하는 경우 that은 생략 가능하다. should는 조언이나 권장을 나타내는 조동사로 쓰인다.

Grammar Practice ②

A

1 though(although / even though)
2 Though(Although / Even though)

B

1 ⓒ   2 ⓑ   3 ⓐ

C

1 If you have any questions, raise your hand. (Raise your hand if you have any questions.)
2 Unless you hurry up, you'll be late for school. (You'll be late for school unless you hurry up.)
3 She is short although her parents are tall. (Although her parents are tall, she is short.)

D

1 ~할 때
2 ~때문에
3 ~한 이래로
4 ~때문에

해석

A

1 비가 왔지만 우리는 하이킹하러 갔다.
　= 비록 비가 왔지만 우리는 하이킹하러 갔다.
2 나는 택시를 타고 역으로 갔지만 내 기차를 놓쳤다.
　= 비록 나는 택시를 타고 역으로 갔지만 내 기차를 놓쳤다.

B

1 그가 매우 열심히 일했음에도 불구하고, 그는 아주 가난했다.
2 그녀가 늦었음에도 불구하고, 아무도 화를 내지 않았다.
3 바깥이 추웠음에도 불구하고, 나는 코트를 입지 않았다.

D

1 Sam은 일어나다가 그의 컴퓨터 위에 우유를 쏟았다.

2 나는 점심으로 피자를 너무 많이 먹어서 저녁을 걸렀다.

3 전쟁이 일어난 지 70년이 되었다.

4 그것은 내 첫 취업 면접이었기 때문에 나는 무척 긴장했다.

해설

A

1~2 '비록 ～임에도 불구하고'라는 양보의 의미를 나타내는 접속사가 필요하다.

B

접속사 (al)though는 문장 내에서 양보의 부사절을 이끌며 '비록 ～임에도 불구하고'란 뜻을 지닌다.

C

1 조건을 나타내는 접속사 if절이 쓰였다.

2 '～하지 않으면'의 뜻인 접속사 unless절이 쓰였다.

3 양보 부사절을 이끄는 접속사 although가 쓰인 문장이다.

D

1~2 접속사 as는 '～할 때', '～때문에'의 의미로 모두 쓰일 수 있다.

3~4 접속사 since는 '한 이래로', '～때문에'의 의미로 모두 쓰일 수 있다.

Writing ①

A

1 As(Since/Because)

2 If

3 unless

4 since

5 Though(Although/Even though)

6 that

B

1 While my mom was out

2 that you will be a good teacher

3 Though I was disappointed with my score

4 While Jane agrees with you

5 unless he gives up

6 until your dream comes true

Writing ②

A [예시 답안]

1 Though(Although/ Even though) Scott is American

2 until the police arrived

B

1 while Jinho was interested in it

2 while the door was closed

3 while the window was open

해석

A

1 Scott는 미국인이지만 한국 음식을 좋아한다.

2 그는 경찰이 도착할 때까지 강도를 붙잡고 있었다.

B

〈보기〉 음악 선생님께서 피아노를 연주하시는 동안 민수는 노래를 불렀다.

1 진호는 공연에 관심이 있었던 반면에 지나는 공연에 관심이 없었다.

2 문은 닫혀 있었던 반면에 창문은 활짝 열려 있었다.

3 창문이 열려 있었던 동안 바람이 강하게 불었다.

해설

A

1 접속사 though(although/even though)는 '～임에도 불구하고'의 의미로 양보의 부사절을 이끈다.

2 접속사 until은 '～할 때까지'의 의미로 시간의 부사절을 이끈다. 도착하는 시점까지 붙잡고 있는 동작이 계속된 것이므로 until이 알맞다.

B

접속사 while은 두 가지 뜻을 지닌다. 1, 2는 대조를 나타내는 상황에서 '～인 반면에'라는 뜻으로 쓰였고, 〈보기〉와 3은 때를 나타내는 상황에서 '～하는 동안에'라는 뜻으로 쓰였다.

Reading

1 ① **2** ②

해석

치아 요정은 유년기 시절에 흔한 상상 속의 인물이다. 아이들이 유치가 빠져서 베개 아래에 그것을 놓아두게 되면, 아이들이 자는 동안 치아 요정이 방문하여 빠진 이를 작은 선물이나 돈으로 바꾸어 놓는다고 믿어진다. 치아 요정은 다른 형태로 전 세계에 존재한다. 예를 들어, 몽골에서 빠진 이는 개에게 주어지는데, 이유인즉 개들이 수호천사로 여겨지기 때문이다. 한국과 일본에서는 아이들이 치아가 빠지게 되면, 사람들은 아이들에게 그것을 지붕 위로 던지거나, 집 아래에 두라고 말한다.

1
① 빠진 유치에 대한 믿음
② 유년기의 환상
③ 전 세계의 요정들
④ 빠진 이를 교체하는 방법
⑤ 이가 빠지는 나쁜 꿈

(해설)

1 치아와 관련하여 빠진 유치에 대한 여러 나라의 믿음에 대해 소개하는 글이다.
2 '~하는 동안'이라는 뜻의 while이 적절하다. during은 뜻은 같으나 전치사라서 뒤에 주어와 동사를 갖춘 절이 아닌 명사구가 온다.

Reading

1 ④ **2** as

(해석)

뉴질랜드 출신의 이상한 새인 키위새는 전혀 다른 새들처럼 행동하지 않는다. 그것은 심지어 날지도 못한다. 그것의 잠자는 습관도 마찬가지로 이상하다. 그것은 하루 중 가장 밝은 시간 동안 잔다. 키위새는 다른 새들처럼 알을 낳는다. 어미 키위새는 알들이 부화되도록 하기 위해 그 위에 앉아 있나? 전혀 아니다. 어미 키위새가 벌레나 달팽이를 찾아 돌아다닐 때 아비 키위새가 알들 위에 앉아 있는다. 대부분의 새들은 깃털로 덮여 있고 키위새도 그렇다. 하지만 키위새의 깃털은 아주 얇아서 키위새가 마치 털로 덮여 있는 것처럼 보인다.

1
① 키위란 무엇인가?
② 아비 키위새의 사랑
③ 키위새의 꿈
④ 참 이상한 키위새!
⑤ 키위: 과일인가 새인가?

(해설)

1 이 글은 키위새의 이상한 습성과 외모를 설명한 글이다.
2 문맥상 시간의 의미를 나타내는 부사절을 이끄는 접속사 as가 알맞다.

(수행 평가) **Writing**

Step 1 [예시 답안]
1 the largest
2 four times bigger than
3 the lightest
4 half as much as
5 more colors

Step 3 [예시 답안]

> ### Revolutionary Laptop, Vista 7
>
> Our brand new laptop, Vista 7, is different! Vista 7 has the largest screen size of all our models. The memory of Vista 7 is four times bigger than Vista 5. It is the lightest among the three. Plus, it weighs half as much as Vista 5, and has more colors than the previous models. You should hurry to get Vista 7. Supplies are limited!

(해석)

혁명적인 노트북, Vista 7

우리의 새 노트북 Vista 7은 다릅니다! Vista 7은 우리의 모든 모델 중에서 가장 큰 스크린을 가지고 있어요. Vista 7의 메모리는 Vista 5의 네 배 만큼 큽니다. 이것은 셋 중에서 가장 가볍습니다. 더구나 이것은 Vista 5의 절반 정도의 무게가 나가고, 이전 것들 보다 더 많은 색으로 나옵니다. 당신은 Vista 7을 얻기 위해 서둘러야 합니다. 공급이 한정되어 있습니다!

정답과 해설

Workbook

Writing Practice

A

1 have lived
2 has, left
3 has, traveled
4 has seen
5 Have, found
6 has known
7 have been counting
8 has never lost
9 Has, given
10 has been raining
11 haven't(have not) decided
12 have taken
13 Have you been running
14 Has he gone
15 you been listening to

B

1 have never driven a car
2 have finished the art project
3 haven't eaten breakfast yet
4 hasn't swum since
5 has received a ring
6 come back from school
7 has been crying
8 Has he been to New York
9 hasn't slept for a day
10 has forgotten my name three times
11 has been cooking in the kitchen
12 has just arrived at the door
13 Have you ever read
14 I haven't washed the clothes yet
15 have been waiting for a long time

Actual Test

1 ③ 2 ⑤ 3 (1) learning (2) bought 4 ② 5 planted
6 ① 7 ⑤ 8 ② 9 ③ 10 has taught music for ten
years 11 ① 12 ③ 13 ④ 14 ① 15 has gone
16 Have, ridden 17 haven't tidied 18 have, been
19 has, left 20 have never 21 has been, for
22 worked, since 23 lost 24 have heard 25 I
haven't(have not) been to the market. 26 washing
his car → fixing(repairing) his bike(bicycle) 27 A boy
has → Three boys have 28 ① 29 ③ 30 ③
31 (1) have, eaten (2) has, finished (3) has been
sleeping 32 have known each other, has played,
four years, has studied Spanish, five months

1

해설 sing의 과거분사는 sung이다.

2

A: 나는 내 영어책을 찾을 수 없어. 너는 그것을 봤니?
B: 응, 봤어. Jim이 가지고 있어.
해설 영어책을 본 적이 있는지 「Have + 주어 + 과거분사 ~?」 형태의
현재완료 의문문을 사용해서 묻고 있으므로 빈칸에는 see의 과거분사
seen이 알맞다.

3

(1) 나는 2015년 이후로 영어를 배워 오고 있다.
(2) 그녀는 새 자전거를 샀다.
해설 현재완료진행형은 「have(has) been + -ing」의 형태이며, buy
의 과거분사는 bought이다.

4

① 지수는 전에 테니스를 쳐 본 적이 있다.
② 지수는 테니스를 쳐 본 적이 없다.
③ 지수는 이미 테니스를 쳤다.
④ 지수는 테니스를 치고 있지 않다.
⑤ 지수는 그녀가 어렸을 때 이후로 테니스를 치지 않았다.
해설 '한 번도 ~ 않다'라는 의미의 부사 never를 사용해서 테니스를
쳐 보지 않은 경험을 나타낸다.

5

나는 3년 전에 그 나무를 심었다.
해설 three years ago는 특정 시점의 과거를 나타내는 어구로 과거
시제와 어울린다.

6

나는 시드니에 한 번 가 본 적이 있다. 나는 2016년에 그곳에 있는 내 친구를 방문했다. 내가 그를 본 지 벌써 3년이 되었다.

해설 첫 번째 문장의 주어가 I이므로 have를 쓰고, 두 번째 문장의 주어는 It이므로 has를 써야 한다.

어휘 have been to ~에 간 적이 있다

7

나는 작년 겨울에 나의 조부모님을 뵈러 갔다. 나는 우리의 지난번 방문 이후로 그분들을 못 뵈었다. 그분들은 전에 우리와 사셨지만 2년 전에 제주도로 이사를 가셨다. 그분들은 거기서 2년 동안 살고 계신다.

해설 ⑤ 주어가 They이므로 has가 아니라 have를 써야 한다.

어휘 last 지난, 가장 최근의

8

① 그녀는 연을 한 번 날린 적이 있다.
② 영화가 막 시작되었다.
③ 나는 파리에 가 본 적이 없다.
④ Joe는 이전에 김치를 먹어 본 적이 없다.
⑤ 그는 그 책을 열 번 읽어 봤다.

해설 ②는 현재완료의 용법 중 '완료'이고 나머지는 '경험'이다.

어휘 fly 날리다 (fly - flew - flown) once 한 번 try 먹어 보다, 시도하다

9

• 나는 약을 좀 먹었다.
• 너는 너의 우산을 가져갔니?

해설 take의 과거분사는 taken이다.

어휘 medicine 약

10

해설 「have(has) + 과거분사」 구조 뒤에 '~ 동안에'의 의미를 갖는 「for + 기간」을 쓴다.

어휘 teach 가르치다 (teach - taught - taught)

11

지나는 규칙을 어겼다.

해설 현재완료의 의문문은 「Have(Has) + 주어 + 과거분사 ~?」의 형태로 쓴다.

어휘 break a rule 규칙을 어기다 (break - broke - broken)

12

나는 그녀에게 이메일을 썼다.

해설 현재완료의 부정문은 「주어 + have(has) not + 과거분사 ~.」의 형태이다.

어휘 write 쓰다 (write - wrote - written)

13

• Mike는 2010년에 도쿄로 이사 갔다.
• 그는 여전히 도쿄에 산다.

해설 2010년부터 지금까지 도쿄에 살고 있으므로 현재완료를 쓰고, '~ 이후로'의 뜻을 가진 since를 사용한다.

14

• 나는 아침에 내 방을 청소하기 시작했다.
• 나는 여전히 내 방을 청소하고 있다.

해설 아침부터 현재까지 동작이 계속되고 있으므로 현재완료진행형 「have(has) been -ing.」를 사용해서 한 문장으로 나타낼 수 있다.

15

Jake는 유럽에 가서 아직 돌아오지 않았다.

해설 「have been to + 장소」는 그 장소에 가 본 적이 있다는 뜻으로 경험을 나타내며, 주어진 문장은 Jake가 유럽에 가서 아직 돌아오지 않은 상태이므로 「have gone to + 장소」를 써야 한다.

어휘 return 돌아오다 yet 아직

16

해설 ride의 과거분사는 ridden이다.

17

A: 너는 너의 침실을 정돈했니?
B: 아니, 나는 아직 그것을 정돈하지 않았어.

해설 질문에 대해 부정으로 대답하고 있으므로, 현재완료의 부정형 「have(has) not + 과거분사」의 형태를 사용하여 대답해야 한다.

18

A: 너는 이집트에 가 봤니?
B: 아니, 나는 이집트에 가 본 적이 없어.

해설 이집트에 가 본 경험을 묻는 질문에 「have never been to + 장소」의 형태를 사용해서 가 본 적이 없다고 답하고 있다.

19

A: Tom은 집에 있니?
B: 아니, 없어. 그는 벌써 학교로 떠났어.

해설 Tom이 집에 있는지 물어본 질문에 아니라고 답하고 있으므로, 현재완료를 사용하여 현재 없는 상태를 대답할 수 있다.

20

우리는 이전에 체스를 둔 적이 없다.

해설 현재완료를 사용해서 경험을 나타낼 수 있다. play chess는 '체스를 두다'라는 뜻이다.

21

Christine은 한 시간 <u>동안</u> 계속 춤을 추고 있다.

해설 「for + 기간」은 '~ 동안에'라는 의미이며 한 시간 동안 춤을 계속 추고 있다는 것을 현재완료진행형을 사용해서 나타낼 수 있다.

22

나는 1990년 <u>이후로</u> 여기서 일해 왔다.

해설 '~ 이후로'의 뜻을 가진 since를 사용해서 그 이후로 계속해서 일해 왔다는 것을 현재완료를 사용해서 나타낼 수 있다.

23

Billy는 어제 자신의 개를 잃어버렸다.

해설 yesterday는 과거를 나타내는 부사로 과거 시제에만 쓸 수 있다. 따라서 과거 시제 lost가 알맞다.

24

나는 그 노래를 한 번 들어 보았다.

해설 once는 '한 번'이라는 뜻으로 경험을 나타낸다. 따라서 현재완료를 사용해서 경험을 나타낸다.

25

해설 시장에 가 본 적이 없으므로 현재완료의 부정형 「have(has) not + 과거분사」의 형태를 사용한다.

26

Dave는 하루 종일 그의 차를 계속 세차하고 있다.

해설 그림은 차를 세차하는 것이 아니라 자전거를 고치고 있으므로, '고치다'라는 뜻의 동사 fix(repair)를 사용한 현재완료진행형 문장으로 바꿔야 한다.

27

한 소년이 두 시간 동안 계속 농구를 하고 있다.

해설 그림에서는 소년 한 명이 아니라 세 명이므로 Three boys가 되어야 하며, 주어가 복수이므로 has가 아니라 have가 되어야 한다.

28

해설 ② last month는 과거를 나타내는 부사구로 didn't snow가 되어야 한다.

③ yesterday는 과거를 나타내는 부사로 과거 시제에만 쓸 수 있으므로 went를 써야 한다.

④ three hours ago는 과거를 나타내는 부사구로 과거 시제에만 쓸 수 있으므로 left가 되어야 한다.

⑤ 주어가 3인칭 단수이므로 have 대신 has를 써야 한다.

29

A: 너는 Joseph을 어떻게 아니?

B: 나는 그를 프랑스에서 만났어.

A: 너는 그를 얼마 동안 알고 지냈니?

B: 나는 그를 4년 동안 <u>알고 지냈어</u>. 우리는 2012년에 만났어. 그때 이후로 우리는 친구야.

해설 첫 번째 빈칸이 있는 질문은 Joseph을 어떻게 아는지 묻는 질문으로 ① know가 알맞다.

두 번째 빈칸이 있는 질문은 그를 과거부터 지금까지 얼마나 오랫동안 알고 지냈냐는 현재완료 시제이므로 know의 과거분사 ② known이 알맞다.

세 번째 빈칸이 있는 문장은 과거부터 지금까지 그를 알고 지낸 기간으로 답하고 있으므로 빈칸에는 ⑤ have known이 알맞다.

마지막 문장은 2012년에 만난 후 지금까지 친구로 지내고 있다는 내용으로 주어가 We(복수)이므로 빈칸에 ④ have been이 알맞다.

30

나의 가족은 5년 전에 스페인으로 <u>이사를 왔다</u>. 우리는 2013년 이후로 여기에 살고 있다. 마을은 정말 아름답다. 우리는 이곳에 이사 온 이후로 <u>행복하다</u>.

해설 five years ago는 과거를 나타내는 부사구이므로 (A)는 동사의 과거형 moved가 알맞다. 2013년 이후로 지금까지 스페인에서 살고 있으므로 (B)는 현재완료 have lived가 알맞다. 이사를 온 이후로 지금까지 행복하므로 (C)도 현재완료 have been이 알맞다.

31

(1) Patrick과 Susie는 막 아침 식사를 <u>했다</u>.

(2) 그들의 어머니는 막 설거지를 끝내셨다.

(3) 아기 고양이는 아침 내내 <u>계속 자고 있다</u>.

해설 (1) 지금 막 아침 식사를 끝낸 상황으로 주어가 복수이므로 현재완료 「have + 과거분사」의 형태를 사용해서 문장을 완성한다.

(2) 지금 막 설거지를 끝낸 상황으로 주어가 3인칭 단수이므로 have 대신 has를 사용해서 문장을 완성한다.

(3) 아침 내내 계속 잠을 자고 있는 상황이므로 현재완료진행형을 사용해서 문장을 완성한다.

어휘 breakfast 아침 식사 wash the dishes 설거지를 하다 kitten 새끼 고양이

32

지호와 미나는 초등학교 때부터 <u>서로 알고 지내 왔다</u>. 그들은 이제 열네 살이다. 지호는 학교 밴드에서 기타를 친다. 그는 <u>4년 동안 기타를 쳐 왔다</u>. 미나는 언어 배우는 것을 좋아한다. 그녀는 <u>5개월 동안 스페인어를 배워 왔다</u>.

해설 과거부터 지금까지 서로 알고 지내 온 사실 및 기타를 치고 스페인어를 배우는 데 대해 이야기하고 있으므로, 현재완료를 사용하여 문장을 완성한다.

어휘 each other 서로 elementary school 초등학교 play the guitar 기타를 연주하다

Writing Practice

A

1 composed by
2 was taken
3 am satisfied with
4 Was, made by
5 is spoken by
6 is covered with
7 Was he bitten by
8 must be worn
9 can be heard
10 is known as
11 weren't(were not) washed by
12 will be sold
13 made of
14 will be shown
15 is being fixed by

B

1 was painted by me
2 was designed by
3 was not invited
4 is made from milk
5 Is Chinese spoken
6 is being built
7 was filled with
8 can be found
9 will be held
10 shouldn't be eaten inside
11 Were all the bags sold
12 must be checked
13 should be taken off
14 was given to me by
15 is being served by the waiter

Actual Test

1 ④ 2 ③ 3 ④ 4 was filled with 5 ② 6 ④ 7 ②
8 ③ 9 is wrapped in paper 10 ⑤ 11 Were the
flowers planted by Jane? 12 wasn't(was not)
written by 13 ④ 14 ⑤ 15 are driven 16 is being
sewn 17 should be kept 18 in 19 with 20 from
21 for 22 with 23 The building was filled with
smoke. 24 was broken 25 was found 26 was
missed by 27 Were, canceled(cancelled) 28 ④
29 ④ 30 ⑤ 31 was broken, was stolen, were thrown
32 (1) was built (2) was hit (3) was discovered

1

나는 1999년에 태어났다.
해설 in 1999는 과거를 나타내는 어구로 과거 시제 수동태 was born이 빈칸에 알맞다.
어휘 bear 낳다 (bear – bore – born)

2

• 이 자리에 앉을 사람이 있나요?(자리가 비었나요?)
• 그 고양이는 수의사에게 데려가졌다.
해설 첫 번째 문장은 자리가 누군가에 의해 이미 차지되었는지 묻는 내용이다. 두 번째 문장은 수의사에게 고양이를 데려가는 내용이다. 따라서 '의자 등에 앉다'와 '데려가다'의 의미를 가진 동사 take의 과거분사가 빈칸에 알맞다.
어휘 vet 수의사 take 데려가다 (take – took – taken)

3

미나는 그 검은색 말에게 먹이를 주었다.
→ (수동태) 그 검은색 말은 미나에 의해 먹이가 주어졌다.
해설 능동태 문장을 수동태 문장으로 만들 때 목적어인 the black horse가 주어 자리로 이동하며, fed를 「be동사 + 과거분사」 형태로 바꾼 후, 능동태의 주어인 Mina를 「by + 행위자」의 형태로 바꿔 준다.
어휘 feed 먹이를 주다 (feed – fed – fed)

4

그 바구니는 달걀로 가득 차 있었다.
해설 be filled with는 '~으로 가득 차다'라는 뜻이다.
어휘 basket 바구니

5

그 마을은 허리케인에 의해 강타당했다. 대부분의 건물들이 손상을 입었다.
해설 hit의 과거분사 hit, damage의 과거분사 damaged를 사용

해서 수동태 문장을 완성한다.

어휘 hit 치다, 강타하다 (hit – hit – hit)

6

그녀의 집에 도둑이 들었다. 그녀의 모든 물건들이 도난당했다.

해설 break into는 '건물에 침입하다'라는 뜻으로 집에 도둑이 침입했으므로 break의 과거분사 broken을, 그녀의 물건들은 도난을 당했으므로 steal의 과거분사 stolen을 사용해서 수동태 문장을 완성한다.

어휘 thief 도둑 steal 훔쳐가다 (steal – stole – stolen)

7

① Chris는 모든 사람들에 의해 사랑받아야 한다.
② Joe는 최근 소식에 놀랐다.
③ 에펠탑은 1889년에 지어졌다.
④ 화석들이 한 박사에 의해 발견되었다.
⑤ 그의 새 앨범은 곧 공개될 것이다.

해설 ② '~에 놀라다'는 be surprised at이므로 in이 아니라 at을 써야 한다.

어휘 latest 최신의 fossil 화석 discover 발견하다 release 공개하다, 발표하다

8

A: 무슨 일이야?
B: 내 새 셔츠를 우리 개가 찢었어.

해설 개에 의해 새 셔츠가 찢어졌다고 했으므로 was torn이 빈칸에 알맞다.

어휘 tear 찢다 (tear – tore – torn)

9

해설 수동태 문장으로 주어 다음에 「be동사 + 과거분사」가 와야 한다.

어휘 wrap 포장하다

10

A: 세호야, 네 방 청소했니?
B: 아직이요, 그렇지만 제 숙제는 다했어요.
A: 기억해, 그것은 저녁 식사 전에 치워져야 한다. 그리고 개들도 씻겨야 해.
B: 네, 저녁 식사는 엄마가 준비하고 계시나요?
A: 아니, 저녁 식사는 아버지가 만드실 거야.
B: 알겠어요.

해설 ⑤ 수동태 문장이므로 make를 made로 고쳐야 한다.

어휘 prepare 준비하다

11

그 꽃들은 Jane에 의해 심어졌다.

해설 수동태의 의문문은 「Be동사 + 주어 + 과거분사 ~?」 형태이다.

12

해설 수동태의 부정문은 「주어 + be동사 + not + 과거분사 ~.」 형태이다.

13

해설 사진이 '찍힐 수 있다'고 했으므로 조동사 can을 포함하는 수동태 문장이 되어야 한다.

어휘 take (사진을) 찍다 (take – took – taken)

14

해설 '배달되어야 한다'라는 의미의 조동사를 포함하는 수동태 문장이므로 must be delivered가 되어야 한다.

15

비행기는 조종사들에 의해 운행된다.

해설 조종사에 의해 운행이 된다는 뜻이므로 수동태 문장이다. 주어가 Planes이므로 are driven이 알맞다.

어휘 drive 운전하다 (drive – drove – driven)

16

드레스가 재단사에 의해 바느질되고 있는 중이다.

해설 주어가 The dress이고 행위자는 by 뒤에 있는 tailor(재단사)이므로 수동태 문장이다. 재단사가 바느질을 하고 있는 중이므로 진행형 수동태를 사용한 is being sewn이 알맞다.

어휘 sew 바느질하다 (sew – sewed – sewn) tailor 재단사

17

여러분이 만약 친구를 지키기를(잃지 않기를) 원한다면 약속은 지켜져야 한다.

해설 '지켜져야 한다'라는 뜻의 조동사를 포함하는 수동태 문장이므로 should be kept가 알맞다.

어휘 keep 지키다 (keep – kept – kept)

18

Ted와 나는 둘 다 음악에 관심이 있다.

해설 be interested in은 '~에 관심이 있다'라는 뜻이다.

19

그 케이크는 크림으로 덮여 있다.

해설 be covered with는 '~에 덮여 있다'라는 뜻이다.

20

와인은 포도로 만들어진다.

해설 be made from은 '~으로 만들어지다'라는 의미로 원재료가 화학적 변화를 거치는 경우에 사용된다.

어휘 make 만들다 (make – made – made)

21

Diane은 그녀의 요리 실력<u>으로</u> 잘 알려져 있다.

(해설) be known for는 '~으로(~ 때문에) 알려져 있다'라는 의미이다.

(어휘) know 알다 (know – knew – known)

22

모두 저녁 식사<u>에</u> 만족했다.

(해설) be satisfied with는 '~에 만족하다'라는 뜻이다.

23

(해설) be filled with는 '~으로 가득 차 있다'라는 뜻이다.

24

울타리가 <u>부서져 있었다</u>.

(해설) 울타리가 알 수 없는 행위자에 의해 부서진 상태이므로, 과거 시제 수동태를 사용하여 문장을 완성한다.

(어휘) break 깨지다, 부서지다 (break – broke – broken)

25

그 개는 그 남자가 <u>찾았다</u>.

(해설) 개가 남자에 의해 발견되었으므로 수동태 과거 시제를 사용하여 문장을 완성한다.

(어휘) find 찾다 (find – found – found)

26

그 공은 그 소년에 <u>의해 놓쳐졌다</u>.

(해설) 공이 놓쳐졌으므로 과거 시제 수동태를 사용하고, 공을 놓친 행위자는 소년이므로 by the boy로 나타낸다.

27

(해설) 수동태의 의문문은 「Be동사 + 주어 + 과거분사 ~?」 형태인데, 주어가 flights이고 과거 시제이므로 be동사는 were를 써야 한다.

(어휘) flight 비행 cancel 취소하다

28

① 그 작가는 많은 희곡을 썼다.
  → 많은 희곡이 그 작가에 의해 쓰였다.
② 그는 비밀번호를 바꿨다.
  → 그 비밀번호는 그에 의해 바뀌었다.
③ 그녀는 그 남자를 도울 것이다.
  → 그 남자는 그녀에 의해 도움을 받을 것이다.
④ 사람들은 쓰레기를 버리면 안 된다.
  → 쓰레기는 사람들에 의해 버려져서는 안 된다.
⑤ Mike는 그 생선을 요리 중이다.
  → 그 생선은 Mike에 의해 요리되어지고 있는 중이다.

(해설) ④ throw의 과거분사는 thrown이다. (throw – threw – thrown)

29

결혼식은 다음 달에 <u>열릴 것이다</u>.

(해설) 결혼식이 다음 달에 열리므로 미래 시제를 나타내는 will be held가 알맞다.

30

이 책은 유명한 작가에 의해 <u>쓰였다</u>. 그 작가는 그것을 3년 전에 <u>썼다</u>. 그 책은 올해 영화로 만들어질 것이다.

(해설) 책이 유명한 작가에 의해 이미 쓰였으므로 (A)에는 과거 진행 시제가 아닌 과거 시제 written이 알맞다. (B)는 능동태 문장이므로 wrote가 알맞다. 영화가 만들어질 예정이므로 (C)는 미래 시제의 수동태인 will be made가 알맞다.

(어휘) famous 유명한 author 작가

31

지난밤 Andy의 방에 도둑이 들었다. 창문이 <u>깨졌다</u>. 그의 노트북이 <u>도난당했다</u>. 그의 책들은 바닥에 <u>던져졌다</u>.

(해설) break의 과거분사는 broken, steal의 과거분사는 stolen, throw의 과거분사는 thrown이다. 지난밤에 일어난 일이므로 과거 시제 수동태로 나타낸다.

32

(1) 타이타닉호는 1909년부터 아일랜드 벨파스트에서 2년 이상의 기간 동안 <u>만들어졌다</u>.
(2) 1912년 4월 14일에 타이타닉호가 빙산에 <u>부딪혔다</u>.
(3) 그 배는 1986년에 Robert Ballard에 의해 <u>발견되었다</u>.

(해설) (1) 1909년부터 배가 만들어졌기 때문에 수동태의 과거 시제를 사용해서 문장을 완성한다. build의 과거분사는 built이다.
(2) hit의 과거분사는 hit이다.
(3) Robert Ballard에 의해 발견되었으므로 「주어 + be동사의 과거형 + 과거분사 + by + 행위자」 형태의 수동태 문장을 완성한다.

(어휘) iceberg 빙산 discover 발견하다

Writing Practice

Ⓐ

1 would dance
2 had better see a doctor
3 didn't use to be
4 might come back
5 must be
6 would play baseball
7 might come across
8 had better talk
9 would bake
10 didn't use to like
11 might miss
12 must be
13 had better not eat
14 must(had better) warm up
15 might be lost

Ⓑ

1 used to be a big traditional market
2 would play at the beach
3 must be angry at me
4 He might call me
5 might not go to school because of a fever
6 had better drive slowly
7 There used to be a flower shop
8 might take more than 2 years
9 used to be a long bench
10 She might not know the answer.
11 You'd better take an umbrella
12 He must be smart.
13 You'd better not eat salty food
14 I used to go camping on weekends
15 They used to eat lunch

Actual Test

1 ① 2 ⑤ 3 ③ 4 ④ 5 ② 6 (1) had better clean up
(2) had better not leave 7 ⑤ 8 ② 9 must be
10 ① 11 ⑤ 12 had better 13 used to 14 might
15 might(may) be 16 must be 17 used to play
18 didn't use to exercise 19 used to eat 20 had
better change 21 didn't use to like 22 ⑤ 23 must
be(feel) 24 might(may) stay 25 There used to be a
bakery next door. 26 You'd better not eat greasy
food for your health.(For your health, you'd better
not eat greasy food.) 27 used to change → are
used to changing 28 used → use 29 can't → must
30 must be 31 (1) used to (2) collect(am collecting)
(3) used to collect 32 (1) You had(You'd) better
hurry up. (2) You had(You'd) better take some
medicine. (3) You had(You'd) better not cross the
street there.

1
대부분의 학생들이 이미 시험을 끝마쳤다. 그 시험이 쉬웠음에 틀림없다.
해설 조동사 must는 '~임에 틀림없다'라는 의미로 확신에 찬 추측의
표현에 쓰인다.

2
우리는 떠날 준비를 하는 게 좋겠다, 그렇지 않으면 우리는 늦을 것이다.
해설 had better는 '~하는 것이 좋겠다'라는 의미로 강한 충고를 나
타내며, 충고에 따르지 않을 경우 불이익이 있을 수 있다는 의미까지 포함
하는 경우가 많다.

3
A: Brian이 내일 올까?
B: 백퍼센트 확신은 없지만, 그는 와야만 해/올 것 같아/오는 게 좋겠어.
해설 빈칸에는 의무나 불확실한 추측, 강한 충고 등의 조동사는 들어갈
수 있지만 '~했었다'라는 의미의 used to는 알맞지 않다.

4
A: 이 여드름 짜야 할까?
B: 아니. 짜지 않는 게 나아. 흉터가 남을 거야.
해설 대화의 흐름으로 볼 때 A는 여드름을 짜야 할지 충고를 구하고 있
고 B는 No.라고 했으므로, '짜지 않는 게 좋겠다'라는 의미가 되도록
had better not이 알맞다.

5
A: 너는 학교에 걸어서 다녔었니?

B: 아니, 나는 자전거를 탔었어.

해설 used to의 의문문은 「Did + 주어 + use to + 동사원형 ～?」이다.

6

해설 '～하는 것이 좋겠다'라는 의미의 충고를 나타내는 표현은 had better를 이용해 쓴다. had better의 부정은 had better not이고 had better not 뒤에는 동사원형을 쓴다.

어휘 immediately 즉시, 당장 roommate 룸메이트 mad 화난 snowstorm 눈보라

7

그녀의 시간제 일은 매우 힘듦에 틀림없다. 그녀는 너무 피곤해 보인다.

① 우리는 늦었다. 우리는 지체해서는 안 된다.
② 그들은 잡지에서 몇 가지 꼭 가져야 할 물품들을 보았다.
③ 시험이 다가왔다. 너는 더 열심히 노력해야 한다.
④ 우리는 먹을 것이 없다. 우리는 식료품 쇼핑을 가야 한다.
⑤ Mr. Kim은 아침과 점심을 굶었다. 그는 아주 배가 고플 것임에 틀림없다.

해설 주어진 문장에서 must는 '～임에 틀림없다'라는 의미로 쓰였다. 같은 의미로 쓰인 문장은 ⑤이다.

어휘 demanding 힘든 must-have item 필수품, 꼭 가져야 할 물건 around the corner 코앞에 와 있는 grocery 식료품

8

내 여동생은 오늘 안 좋아 보인다. 그녀는 땀을 흘리고 있다. 그녀는 아픈 것이 틀림없다.

해설 must가 '～임에 틀림없다'라는 의미로 쓰일 때 「주어 + must + 동사원형」의 어순으로 쓰인다. doesn't look well today(오늘 안 좋아 보인다)라는 표현이 앞에 있으므로 아프다는 것을 알 수 있다.

9

A: 첫 번째 줄의 저 소녀를 봐. 그녀는 딱 Jane처럼 생겼어.
B: 오, 그녀는 Jane의 쌍둥이 여동생임에 틀림없어. 그들은 똑같이 생겼어.

해설 대화의 흐름으로 보아 첫 번째 줄의 소녀와 Jane이 쌍둥이라고 확신하는 상황이다.

어휘 row 열, 줄 look like ～처럼 보이다 twin 쌍둥이

10

① 나는 집에 일찍 가는 것이 좋겠다.
② 너는 휴식을 취하는 것이 좋겠다.
③ 나는 날것을 먹지 않는 것이 좋겠다.
④ 너는 밤에 나가지 않는 것이 좋겠다.
⑤ 너는 너의 옷을 세탁하는 것이 좋겠다.

해설

② → You'd better take
③ → I'd better not eat
④ → You'd better not go out

⑤ → You'd better wash

어휘 raw 날것의

11

① 그녀는 여배우가 아닌 것이 분명하다.
② 너는 여기서는 담배를 피우지 않는 것이 좋겠다.
③ 여기에 커다란 교회가 있었다.
④ 너는 벌레들을 조심하는 것이 좋겠다.
⑤ Jin은 그의 할아버지와 카드놀이를 하곤 했다.

해설 ① 강한 추측을 나타내는 must의 부정은 cannot이다.
② had better의 부정형은 had better not이다.
③ There used to be ～로 써야 한다.
④ had better 다음에는 동사원형이 온다.

어휘 actress 여배우 watch out for ～을 조심하다 bug 벌레

12

너는 지쳐 보인다. 휴식을 좀 취하는 것이 좋겠다.

해설 강한 충고의 의미로 had better가 쓰인다.

어휘 exhausted 지친

13

나의 엄마는 어렸을 때 교복을 입으셨다.

해설 과거의 습관이나 상태를 나타낼 때 used to를 사용한다.

어휘 school uniform 교복

14

Max는 항상 내게 미소를 짓는다. 그는 나를 좋아하는지도 모르겠다.

해설 빈칸에는 추측의 의미를 가지는 조동사 might가 알맞다.

어휘 smile at ～을 보고 미소 짓다

15

A: 너의 영어 선생님은 어디서 오셨니?
B: 나도 잘 몰라. 그분은 아마도 캐나다에서 오셨을 거야.

해설 불확실한 추측을 나타내는 might나 may를 쓴다. I'm not sure.라고 했으므로 확신이 없음을 알 수 있다.

16

A: 왜 Susie가 전화를 안 받지?
B: 내가 그녀를 몇 분 전에 쇼핑 센터에서 봤어. 그녀는 쇼핑 센터에 있는 게 틀림없어.

해설 몇 분 전에 그녀를 본 장소에 있을 것이라는 추측은 매우 확신이 강한 추측이라 볼 수 있다.

어휘 answer the phone 전화를 받다

17

나는 학생이었을 때 기타를 연주했지만 지금은 그만두었다.

해설 used to는 '(과거에) ~하곤 했다'라는 의미로 과거의 동작이나 상태를 나타내며, 지금은 그렇지 않다는 의미가 포함되어 있다.

18

Kate는 운동을 하지 않았었는데 지금은 매일 걷는다.

해설 used to는 '(과거에) ~하곤 했다'라는 의미로 과거의 동작이나 상태를 나타낸다. 과거에는 운동을 안 했지만 지금은 그렇지 않으므로 didn't use to를 사용해서 나타낼 수 있다.

어휘 exercise 운동하다

19

Paul은 최근에 채식주의자가 되었다. 그는 예전에 고기를 먹었었다.

해설 최근에 채식주의자가 되었다는 말을 반대로 생각해 보면 그 이전에는 채식주의자가 아니었다는 말이 된다.

어휘 vegetarian 채식주의자 recently 최근에

20

해설 had better 다음에는 동사원형을 쓴다.

어휘 completely 완전하게

21

해설 used to의 부정은 didn't use to이다. 뒤에 동사 like를 붙여서 '좋아하지 않았었다'라는 표현을 만들 수 있다.

어휘 mushroom 버섯

22

ⓐ 그는 컴퓨터를 사용하지 않았었다.
ⓑ 너는 따뜻한 정장을 입는 것이 좋겠다.
ⓒ 나는 다음 학기에 여기 머무르지 않을 수도 있다.
ⓓ 그녀는 (과거에) 안경을 썼었니?

해설 used to의 부정문은 「주어+didn't use to+동사원형 ~.」이고, 의문문은 「Did+주어+use to+동사원형 ~?」이다.
ⓐ used not to → didn't use to
ⓓ Did she used to → Did she use to

어휘 suit 정장 semester 학기

23

해설 '~임에 틀림없다'라는 의미를 가지는 조동사는 must이다.

어휘 gloomy 우울한

24

해설 '~일지 모른다'라는 불확실한 추측은 조동사 might나 may를 쓴다.

어휘 for a while 잠시 동안

25

해설 There used to be ~는 '(과거에) ~이 있었다'라는 의미이다.

어휘 next door 옆집에

26

해설 had better의 부정은 had better not이다. '기름진'이라는 의미의 greasy가 food를 수식해 주도록 배열한다.

27

해설 be used to -ing는 '~에 익숙하다'라는 의미이며 '(과거에) ~하곤 했다'라는 의미의 used to와 구별해야 한다.

어휘 break 휴식 시간

28

해설 used to의 의문문은 「Did+주어+use to+동사원형 ~?」이다.

29

해설 '~임에 틀림없다'라는 의미의 조동사 must를 쓴다.

30

나는 그가 음악 선생님이라고 확신한다.
→ 그는 음악 선생님임에 틀림없다.

해설 '~임에 틀림없다'라는 의미를 가지는 조동사는 must이다.

31

> 🧑 와! 너는 (과거에) 열쇠고리를 모았었니?
> 🧑 응, (1) 그랬어, 그렇지만 더 이상은 모으지 않아. 나는 지금은 만화책을 (2) 수집해(수집하고 있어).
> 🧑 나도 어렸을 때 만화책을 (3) 수집했었어. 그래서 내 책꽂이가 그것들로 가득 차 있어.
> 🧑 와! 언젠가 그것들을 보고 싶구나.

해설 (1)에는 '과거에는 그랬지만 지금은 그렇지 않다'라는 문맥에 맞게 used to가, (2)에는 시제에 맞게 현재 시제나 현재진행형이, (3)에도 어렸을 때의 일을 말하고 있으므로 used to가 알맞다.

어휘 collect 수집하다 key chain 열쇠고리 comic book 만화책

32

(1) 너는 서두르는 것이 좋겠다.
(2) 너는 약을 좀 먹는 것이 좋겠다.
(3) 너는 그곳에서 길을 건너지 않는 것이 좋겠다.

해설 상황에 따라 you'd better와 you'd better not을 적절하게 선택해서 써야 한다.

어휘 medicine 약 cross 건너다 hurry up 서두르다

UNIT 04 to부정사 (1)

Writing Practice

A

1 To keep a diary
2 goes to the park to jog
3 to open a restaurant
4 disappointed to see
5 promise to keep
6 excited to see
7 To spend too much time
8 is to become
9 to meet her cousin
10 to take part in
11 to miss the train
12 how to cook
13 places to visit
14 tired to fall asleep
15 to travel around the world

B

1 to hear from you again
2 where to put the big sofa
3 To talk loudly on your phone
4 disappointed to see his report card
5 where to plant the apple tree
6 went to the library to check out
7 when to start our club meeting
8 didn't know what to say to you
9 is to set a clear goal
10 decided to give up finishing the race
11 expected to see her old friends
12 promise to lend his book
13 doesn't have enough food to share
14 have no money to buy a birthday present
15 to learn a foreign language is to

Actual Test

1 ③ 2 ② 3 ③ 4 (1) to drive (2) to finish 5 things to tell you 6 ② 7 ⑤ 8 ⑤ 9 to come back by 7:00 10 where to send 11 in order to(so as to) look 12 ② 13 ① 14 ③ 15 to go to a concert with 16 to read on the plane 17 not to 18 to take care of 19 to say 20 to eat 21 to wear 22 where to go 23 whom(who) to invite 24 what to do 25 Dad taught me how to put up a tent. 26 I need a nice raincoat to wear when it rains. 27 ① 28 ② 29 ③ 30 where to put 31 (1) not to eat after 6 p.m. (2) to walk his dog every day 32 (1) when to have the party (2) what to prepare for the party (3) how to bake a cake

1

• 최선을 다하는 것은 중요하다.
• 그것을 들으니 너무 유감이다.
해설 to부정사가 쓰인 문장으로 첫 문장은 to부정사의 명사적 용법, 두 번째 문장은 to부정사의 부사적 용법으로 쓰였다.

2

• 너는 나에게 모형 비행기 만드는 방법을 가르쳐 줄 수 있니?
• 나는 소리를 줄이는 방법을 모른다.
해설 「how to + 동사원형」은 '어떻게 ~할지, ~하는 방법'이라는 의미이다.

3

우리는 뜨거운 마실 것을 원해요. 어떤 종류의 음료들이 있나요?
해설 '마실'이라는 의미로 to drink를 써서 앞에 나오는 명사구 something hot을 수식한다. to부정사의 형용사적 용법으로 쓰였다.
어휘 drink 마실 것, 음료

4

해설 (1)과 (2) 모두 to부정사의 형용사적 용법으로 각각 앞에 있는 no one과 an important project를 수식하는 역할을 한다.

5

해설 to tell you가 앞에 있는 명사 things를 수식하는 to부정사의 형용사적 용법이다.

6

나는 DVD를 틀고 싶어요. 그것을 작동하는 방법을 알려 주세요.
해설 「how to + 동사원형」은 '어떻게 ~할지'라는 의미로 수단 또는 방법을 나타낸다.

Workbook

7

너는 할 말이 있니?

해설 to say가 앞에 나오는 명사 anything을 수식하는 to부정사의 형용사적 용법이다.

8

나는 엄마를 위한 파티를 열 것이다. 우선, 나는 언제 파티를 할지 결정했다. 그것은 다음 주 토요일에 열릴 것이다.

해설 '언제 ～할지'라는 의미의 「when to + 동사원형」을 쓴다.

어휘 throw a party 파티를 열다

9

엄마: 7시까지 돌아오렴.
Sarah: 네, 그럴게요.
→ Sarah는 7시까지 돌아오기로 약속했다.

해설 to come back by 7:00은 promised의 목적어로 to부정사의 명사적 용법으로 쓰였다.

어휘 promise 약속하다

10

이 책을 어디로 보내야 할지 제게 알려 주세요.

해설 '어디로 ～할지'라는 의미의 「where to + 동사원형」이 알맞다.

어휘 send 보내다

11

그녀는 달라 보이기 위해 머리를 염색했다.

해설 to부정사의 부사적 용법 중 '～하기 위해'라는 뜻의 '목적'으로 쓰이는 경우 to를 in order to 또는 so as to로 바꿔 쓸 수 있다.

어휘 dye 염색하다

12

① James는 자신의 연설을 언제 시작할지 알고 싶었다.
③ 어떻게 특별한 초콜릿을 만드는지는 비밀이다.
④ 에어컨을 언제 꺼야 할지 알려 주세요.
⑤ 나는 그 사고의 희생자들에게 무슨 말을 해야 할지 몰랐다.

해설 ②는 '그 단어의 철자를 어떻게 쓰는지 아니?'라는 의미가 되어야 자연스러우므로 방법을 나타내는 「how to + 동사원형」의 형태로 바꿔야 한다.

어휘 speech 연설 air conditioner 에어컨 victim 희생자

13

그는 좀 더 자유 시간을 가지기 위해 일찍 집을 나섰다.
① Evan은 자신의 개를 산책시키기 위해 공원에 갔다.
② 그 노부인을 무시하다니 당신은 너무 무례하군요.
③ 그는 모든 것을 시도해 봤지만 결국 시험에 떨어졌다.
④ 오늘 배달할 상자들이 좀 있다.
⑤ 나의 할머니는 자신의 고향을 보게 되어 매우 들뜨셨다.

해설 주어진 문장과 ①은 '～하기 위해서'라는 의미의 '목적'을 나타내는 to부정사의 부사적 용법이다.

어휘 ignore 무시하다 deliver 배달하다

14

너의 오늘 숙제는 10개의 단어를 암기하는 것이다.
① 나의 여동생은 날씬하게 보이기 위해 검은색을 즐겨 입는다.
② 인터넷에서 너와 함께 게임하는 것은 흥미롭다.
③ David의 최종 목표는 국가대표 선수가 되는 것이다.
④ 나는 수업이 끝나면 먹을 것을 사고 싶다.
⑤ 나는 춤추는 방법을 배우기 위해 댄스 클럽에 가입하기로 결심했다.

해설 주어진 문장과 ③에 쓰인 to부정사는 문장의 보어 역할을 하고 있다.

어휘 memorize 암기하다 national 국가의

15

Jane은 몇몇 친구들을 찾고 있다. 그녀는 그들과 함께 콘서트에 가기를 원한다.
→ Jane은 콘서트에 함께 갈 몇몇 친구들을 찾고 있다.

해설 to부정사가 수식하는 명사구인 some friends는 전치사 with의 목적어이므로 to부정사는 그 전치사를 동반해야 한다.

16

Tony는 신문을 하나 샀다. 그는 그것을 비행기에서 읽을 것이다.
→ Tony는 비행기에서 읽을 신문을 하나 샀다.

해설 to부정사가 앞에 나오는 명사를 수식하는 형용사적 용법이다.

17

나는 그의 이름을 기억하지 못해 미안했다.

해설 to부정사를 부정할 때는 to 앞에 not을 쓴다.

18

그 젊은 부부는 돌봐야 할 세 아들이 있다.

해설 to부정사가 수식하는 명사가 전치사의 목적어이므로 전치사 of를 함께 써야 한다.

어휘 take care of ～을 돌보다

19

그녀가 그런 말을 하다니 부주의함에 틀림없다.

해설 판단의 근거를 나타내는 to부정사의 부사적 용법이다.

어휘 careless 부주의한, 조심성 없는

20

냉장고에는 먹을 만한 신선한 뭔가가 하나도 없다.

해설 to eat이 앞에 있는 nothing을 수식하는 to부정사의 형용사적 용법이다.

21

나는 크리스마스 파티에 무엇을 입을지 모르겠다.

해설 「what to + 동사원형」은 '무엇을 ~할지'라는 의미이다.

22

해설 「where to + 동사원형」은 '어디로 ~할지'라는 의미이며 「where + 주어 + should + 동사원형」으로 바꿔 쓸 수 있다.

어휘 decide 결정하다 go on a vacation 휴가 가다

23

해설 「whom(who) + to + 동사원형」은 '누구를 ~할지'라는 의미이다.

어휘 housewarming party 집들이

24

해설 「what to + 동사원형」은 '무엇을 ~할지'라는 의미이다.

25

해설 「how to + 동사원형」은 '어떻게 ~할지'라는 의미이다.

어휘 put up a tent 텐트를 치다

26

해설 to wear가 앞에 있는 a nice raincoat를 수식하는 to부정사의 형용사적 용법이다.

27

① 나는 오늘 할 일이 매우 많다.
② 그 팀의 목표는 결승에 진출하는 것이다.
③ 나는 공원 주위를 산책하고 싶다.
④ 수업 시간에 집중하는 것이 중요하다.
⑤ 나의 직업은 외국인들은 관광명소로 안내하는 것이다.

해설 ①을 제외한 나머지는 모두 to부정사의 명사적 용법이고 ①은 형용사적 용법이다.

어휘 focus 집중하다 guide 안내하다 tourist attraction 관광명소

28

① 나는 내 친구들을 다시 보기 위해 서둘렀다.
② 그런 것을 믿다니 그는 어리석음에 틀림없다.
③ 그녀는 식당을 열기 위하여 일본에 갔다.
④ Andy는 책을 반납하기 위해 도서관에 갔다.
⑤ 나의 아빠는 나를 놀이공원에 데려가기 위해 일찍 집에 오셨다.

해설 ②를 제외한 나머지는 목적을 나타내는 to부정사의 부사적 용법이고, ②는 판단의 근거를 나타내는 to부정사의 부사적 용법이다.

어휘 amusement park 놀이공원

29

① 나는 사용할 수건이 없다.
② 나는 함께 이야기할 친구들이 필요하다.
③ 그녀의 손글씨는 읽기가 어렵다.
④ 방문할 흥미로운 장소들이 많다.
⑤ 그 아이들은 먹을 달콤한 무언가를 원했다.

해설 ③은 to read가 앞에 있는 형용사를 수식하는 부사적 용법이고, 나머지는 명사를 수식하는 형용사적 용법이다.

30

Sue는 접시들을 어디에 두어야 할지 몰랐다.

해설 「where + 주어 + should + 동사원형」은 「where to + 동사원형」으로 바꿔 쓸 수 있다.

31

(1) Jane은 오후 6시 이후로는 먹지 않기로 결심했다.
(2) Paul의 새해 목표는 자신의 개를 매일 산책시키는 것이다.

해설 (1)은 decided의 목적어로 to부정사를 써야 하며, 그림과 일치하도록 not을 to eat 앞에 쓴다. (2)는 문장의 보어 역할을 하는 to부정사를 쓴다.

32

Kate: Chris를 위해 깜짝 파티를 열어 주는 게 어떨까?
Jake: 좋아. (1) 언제 파티를 할지 결정하자.
Kate: 이번 토요일 어때?
Jake: 좋은 생각이야! (2) 파티를 위해 무엇을 준비할지 이야기해 보자.
Kate: 나는 생일 케이크를 만들게. (3) 케이크를 굽는 방법을 알거든.
Jake: 그럴래? 그러면 나는 정원을 장식할게.

해설 「의문사 + to부정사」를 사용하여 대화를 완성하되, 의문사에 따라 그 의미가 달라지는 것에 유의한다.

어휘 surprise 뜻밖의 일, 깜짝 놀라게 하기 decorate 장식하다, 꾸미다 garden 정원, 뜰

Writing Practice

A

1 dangerous for you to go out
2 difficult to understand
3 generous of you to help
4 for the children to eat
5 rude of Ted to say
6 strong enough to carry
7 early enough to catch
8 too salty to eat
9 too busy to get
10 so nice of you to lend
11 too young to drive
12 too hot to eat
13 long enough to fit
14 wise enough to solve
15 not tall enough to reach

B

1 It's boring to watch TV
2 It is rude to speak ill of
3 for you to read
4 so busy that I can't wash
5 healthy enough to eat
6 too large to send
7 so much that I can't
8 too hot to drink
9 generous of you to share
10 stupid of him to believe
11 honest of you to admit
12 for you to eat
13 for us to decide
14 so loud that we could
15 too weak to stand

Actual Test

1 ③ **2** ③ **3** ① **4** ⑤ **5** ⑤ **6** ② **7** ② **8** ③ **9** not to overeat **10** ⑤ **11** ② **12** ④ **13** ⑤ **14** ③ **15** ③
16 too big for you to wear **17** for us to take care of
18 so difficult that I can't **19** early enough to catch
20 ④ **21** ⑤ **22** ① **23** I can play the flute well enough to perform on stage. **24** His cooking skills were good enough to impress the judges. **25** ②
26 ③ **27** ② **28** ① **29** ⑤ **30** ⓐ too ⓑ to finish ⓒ to drink **31** the hours, too late, to go **32** (1) too short to dunk (2) tall enough to dunk

1

나를 초대하다니 그는 친절하구나.
해설 가주어 It으로 시작되는 문장에서 진주어는 「to + 동사원형」의 형태로 쓴다.
어휘 invite 초대하다

2

너무 웃겨서 우리는 웃음을 멈출 수가 없었다.
해설 「so + 형용사 + that + 주어 + can't ~」는 '너무 …해서 ~할 수 없다'라는 뜻이다.

3

다른 사람들을 위해 문을 열어 주다니 너는 예의가 바르구나.
해설 사람의 성격을 나타내는 형용사 polite가 왔으므로 의미상 주어 앞에 of를 쓴다.
어휘 polite 예의 바른 others 다른 사람들

4

해설 성격을 나타내는 말인 careless가 왔으므로 의미상 주어 앞에 of를 쓴다.

5

해설 to부정사의 의미상 주어는 「for + 목적격(children)」 형태로 to부정사 앞에 쓴다.

6

A: 이것은 네가 수학 시험을 위해 공부할 학습지야. 나는 네가 시험 공부하는 것을 도와줄 수 있어.
B: 도와주겠다니 너는 정말 친절하구나. 이런 종류의 수학은 내가 이해하기 어렵거든.
해설 to부정사의 의미상 주어는 보통 「for + 목적격」의 형태로 쓰므로, the worksheet for you to study가 적절하다.

worksheet 연습 문제지[평가지]

7
그는 너무 키가 작아서 롤러코스터를 탈 수가 없다.
해설 「too + 형용사 + to + 동사원형」과 「so + 형용사 + that + 주어 + can't ~」는 '너무 …해서 ~할 수 없다'라는 뜻이다.

8
내 어린 남동생은 너무 약해서 그 상자를 들 수가 없다.
해설 「so + 형용사 + that + 주어 + can't ~」는 '너무 …해서 ~할 수 없다'라는 뜻으로, 「too + 형용사 + to + 동사원형」으로 바꿔 쓸 수 있다.

9
과식하지 않는 것이 건강에 좋다.
해설 to부정사의 부정은 to부정사 앞에 not이나 never를 쓴다.
어휘 overeat 과식하다

10
네가 그렇게 말하다니 _____ 하구나.
① 예의 바른 ② 부주의한 ③ 친절한 ④ 어리석은 ⑤ 어려운
해설 ⑤를 제외하고 다른 단어들은 성격을 나타내는 말이므로 의미상 주어로 「of + 목적격」을 쓴다.

11
소풍 갈 만큼 충분히 따뜻했다. Sam과 나는 하이킹을 갔다. Sam은 내가 따라가기에 너무 빨리 걸었다.
해설 '~하기에 충분히 …한'은 「형용사 + enough + to부정사」로 표현한다.
어휘 go on a picnic 소풍을 가다 go hiking 하이킹을 가다(도보 여행을 가다)

12
• 만화책을 읽는 것은 재미있다.
• 너무 더워서 잘 수가 없다.
해설 to부정사가 문장의 주어인 경우 「It ~ to부정사」로 나타낼 수 있다. 이때 It은 가주어라고 하고 to부정사를 진주어라고 한다.

13
• 친구들과 어울리는 것은 큰 즐거움이다.
• 햇빛에 빨래를 너는 것이 중요하다.
해설 to부정사가 문장의 주어인 경우 「It ~ to부정사」로 나타낼 수 있다. 이때 It은 가주어라고 하고 to부정사를 진주어라고 한다.
어휘 pleasure 기쁨 hang out with ~와 어울리다 important 중요한 hang the wash 빨래를 널다

14
① 프랑스어를 배우는 것은 재미있다.
② 길을 건너는 것은 위험하다.
③ 그렇게 일찍 일어나는 것은 불가능하다.
④ 그 파란색 셔츠는 내가 입기에 완벽하다.
⑤ 모든 창문을 열어야 하나요?
해설 to부정사가 문장의 주어인 경우 「It ~ to부정사」로 나타낼 수 있다. to부정사의 의미상 주어는 「for + 목적격」으로 나타낸다.
① learned → to learn
② crosses → to cross
④ of me wear → for me to wear
⑤ opened → to open
어휘 dangerous 위험한 cross 건너다 impossible 불가능한 necessary 필수의, 필요한

15
아이들이 들어가 앉을 수 있을 만큼 충분히 큰 상자들을 몇 개 준비하세요.
해설 to부정사의 의미상 주어는 「for + 목적격」이므로 for children 이고 아이들이 상자 안에 들어가 앉는 것이므로 전치사 in을 쓴다.

16
해설 '~하기에 너무 …한', '너무 …해서 ~할 수 없는'의 뜻으로 「too + 형용사 + to + 동사원형」의 표현을 사용한다. 의미상 주어는 to부정사 바로 앞에 「for + 목적격」으로 쓴다.

17
해설 가주어 it, 진주어 to부정사 구문이다. 의미상 주어 for us는 to부정사 앞에 위치한다.
어휘 take care of ~을 돌보다

18
이 책은 내가 읽기에는 너무 어렵다.
해설 「too + 형용사 + to + 동사원형」, 「so + 형용사 + that + 주어 + can't ~」는 '너무 …해서 ~할 수 없다'라는 뜻이다.

19
Tim은 아주 일찍 일어나서 첫 기차를 탈 수 있었다.
해설 '매우 …해서 ~할 수 있다'라는 뜻의 「so + 부사 + that + 주어 + can + 동사원형 ~」은 '~하기에 충분히 …하게'라는 뜻의 「부사 + enough + to + 동사원형」으로 바꿔 쓸 수 있다.

20
해설 성격을 나타내는 말인 kind가 왔으므로 to부정사 앞에 의미상의 주어 of her를 쓴다.

Workbook

21

(해설) 의미상의 주어는 보통 「for + 목적격」을 쓰며 to부정사 앞에 위치한다.

(어휘) comfortable 편안한

22

① 그것은 내 생일 선물이야.
② 그 문을 잠그는 것은 쉽다.
③ 그 일을 끝내는 것은 어려웠다.
④ 그렇게 일찍 일어나는 게 힘들지 않았나요?
⑤ 매일 조깅을 하러 가는 것은 쉽지 않다.

(해설) ① It은 지시대명사이고 나머지는 가주어 It이다.

23

(해설) 「부사 + enough + to + 동사원형」은 '~하기에 충분히 …하게'라는 뜻이다.

24

(해설) 「형용사 + enough + to + 동사원형」의 어순을 따른다.

25

나는 너무 피곤해서 더 이상 걸을 수가 없다.

(해설) 「so + 형용사 + that + 주어 + can't + 동사원형 ~」 = 「too + 형용사 + to + 동사원형」: 너무 …해서 ~할 수 없다

26

학생들은 모든 질문에 답하기에 충분히 똑똑했다.

(해설) 「형용사 + enough to + 동사원형」의 어순을 따른다.

27

그들은 너무 쑥스러워서 누군가에게 도움을 청하지 못했다.

(해설) 「too + 형용사 + to + 동사원형」의 표현을 쓴다.

(어휘) embarrassed 쑥스러운, 어색한

28

그 십 대는 너무 어려서 운전면허증을 딸 수 없다.

(해설) '너무 …해서 ~할 수 없다'는 「so + 형용사(부사) + that + 주어 + can't + 동사원형 ~」으로 표현한다.

(어휘) driver's license 운전면허증

29

① Tom은 대화할 친구가 필요하다.
② Sarah는 차가운 마실 것을 원한다.
③ 우리는 배드민턴을 치기 위해 공원에 갔다.
④ 나는 음악가가 되고 싶다.
⑤ 엄마는 요리 경연 대회에 나갈 정도로 요리를 잘하신다.

(해설) ⑤ 「부사 + enough + to + 동사원형」 구문을 사용해서 cooks well enough to join으로 수정해야 한다.

30

A: 점심 먹읍시다. 외식하는 게 어때요?
B: 미안해요. 나는 너무 바빠서 외출할 수 없어요. 끝내야 할 일이 있거든요.
A: 내가 뭔가 가져다 줄까요?
B: 마실 것 좀 사다 줄래요?
A: 알았어요.

(해설)
ⓐ: 「too + 형용사 + to + 동사원형」
ⓑ, ⓒ: 형용사적 용법으로 쓰인 to부정사

31

Bill: 안녕, Sue. 학교 도서관 개관 시간 아니?
Sue: 오전 8시 30분에 열고 오후 5시에 닫아. 그러니까 오늘은 거기 가기에 너무 늦었어. 5시가 넘었어.
Bill: 괜찮아. 나는 내일 책을 반납할 거야.
Sue: 그래.
→ Bill은 Sue에게 학교 도서관의 개관 시간을 물어본다. Sue는 그가 오늘 도서관에 가기에는 너무 늦었다고 말한다. Bill은 괜찮다며 내일 책을 반납할 것이라고 말한다.

(해설) 오늘은 늦어서 Bill이 도서관에 갈 수 없는 상황이므로 「too + 형용사 + for + 목적격 + to + 동사원형」으로 나타낸다.

(어휘) return 반납하다

32

2년 전에 나는 (1) 덩크슛을 하기에 너무 키가 작았다. 이제 나는 (2) 덩크슛을 할 수 있을 만큼 키가 크다.

(해설) enough 다음에는 to부정사가 오고, too 뒤에는 형용사가 오는 것에 유의한다.

(1) too + 형용사 + to + 동사원형: 너무 …해서 ~할 수 없다
(2) 형용사 + enough to + 동사원형: ~하기에 충분히 …한

Writing Practice

Ⓐ

1 feel like going skateboarding
2 help laughing(help but laugh)
3 looking forward to seeing
4 is used to living alone
5 kept practicing
6 walking(to walk) dogs
7 remember to send an e-mail
8 her telling a lie
9 making new friends
10 having a break
11 not telling the truth
12 teasing my close friend
13 running across
14 enjoy singing along
15 gave up eating sweets

Ⓑ

1 stopped driving and pulled over
2 forgot leaving her cell phone
3 my coming home late
4 forgot to close the windows
5 tried wearing the yellow shirt
6 finished cleaning my room
7 gave up learning how to ski
8 is planning to study
9 hope to see you again
10 Do you mind going
11 forget to take out the garbage
12 spent two hours surfing the Internet
13 him giving a great speech
14 He tried to understand
15 Raising a pet positively influences

Actual Test

1 ③ 2 ③ 3 ⑤ 4 ③ 5 ⑤ 6 ① 7 my(me) sitting next to 8 the president('s) visiting 9 is good at fixing 10 ④ 11 ② 12 ②, ③ 13 ①, ② 14 ④ 15 ④ 16 ⑤ 17 ④ 18 ④ 19 ⑤ 20 her calling 21 his(him) coming 22 decided to watch 23 looking forward to reading 24 my(me) 25 complaining 26 closing 27 (1) learning → to learn (2) to leave → leaving 28 taking pictures of flowers 29 how to ride a bike without falling down 30 getting pocket money from her parents 31 (1) to bring (2) not bringing (3) to go 32 (1) Thinking(To think) (2) to buy (3) to have

1
아빠는 설거지를 마치셨다.
해설 동명사를 목적어로 쓰는 동사는 finish이다. hope, want, plan, choose는 to부정사를 목적어로 취한다.
어휘 do the dishes 설거지를 하다

2
A: 우리가 어디에 있는지 아니?
B: 전혀 모르겠어. 우리는 누군가의 도움이 필요해.
A: 누군가에게 도움을 청하기 위해 멈추자.
해설 「stop to + 동사원형」은 '~하기 위해 멈추다'라는 뜻이다.
어휘 have no idea 전혀(하나도) 모르다

3
Jenny는 시험을 대비해 공부하기를 _____했다.
해설 keep, give up, finish, suggest는 목적어로 동명사를 쓰는 동사이지만 agree는 to부정사를 목적어로 쓴다.

4
① 그는 작별 인사를 하는 것을 싫어한다.
② 나는 재미있는 영화를 즐겨본다.
③ 그녀는 점심을 먹으러 나가고 싶어 한다.
④ 배구 경기를 보는 것은 지루하다.
⑤ 미나는 독일어 단어를 계속 외운다.
해설 「feel like + 동명사」는 '~하고 싶다'는 뜻으로, to go가 아니라 going이 되어야 한다.
어휘 hate 싫어하다 volleyball 배구 memorize 외우다, 암기하다

5

① 늦어서 죄송합니다.
② 우리는 최선을 다하는 것을 포기했다.
③ 그녀는 집으로 돌아가지 않을 수 없었다.
④ 내일 또 우리를 방문해 주겠니?
⑤ 그는 컴퓨터 게임을 그만두기로 결심했다.

(해설) decide는 to부정사를 목적어로 쓰는 동사이다. 전치사 for와 give up, cannot help, mind 뒤에는 동명사가 온다.

6

(해설) 「can't help -ing」는 '~하지 않을 수 없다'는 뜻이다. 그러므로 ①은 '나는 그녀를 좋아하지 않을 수 없다.'라는 의미이다.

7

(해설) mind 다음에는 동명사가 온다. 동명사의 의미상 주어는 소유격 또는 목적격으로 쓸 수 있으며 여기서는 my 또는 me로 쓴다.

8

(해설) 동명사의 의미상 주어는 소유격 또는 목적격으로 쓰므로 president('s)로 쓰고, visit은 동명사 형태인 visiting을 쓴다.

9

(해설) 전치사 at의 목적어로 쓰였으므로 동명사 형태인 fixing이 와야 한다.
(어휘) be good at ~을 잘하다

10

A: 저녁 먹으러 나가는 게 어때?
B: 나는 외식하고 싶지 않아.
A: 그럼 그냥 피자나 주문하자.

(해설) 전치사 about의 목적어 형태는 동명사이다. 「feel like + 동명사」는 '~하고 싶다'는 뜻이다.
(어휘) eat out 외식하다

11

A: 밖에 눈이 그쳤어.
B: 정말? 눈사람을 만들고 싶어. 밖에 나가자.

(해설) 「stop + 동명사」: ~하는 것을 멈추다
「would like to + 동사원형」: ~하고 싶다, ~하는 것을 바라다

12

아침 식사를 거르는 것은 건강에 좋지 않다.
(해설) 문장의 주어 자리이므로 to부정사와 동명사 둘 다 가능하다.
(어휘) skip 거르다

13

Sally는 그가 일찍 떠나는 것을 좋아하지 않는다.
(해설) 동명사의 의미상 주어는 소유격이나 목적격을 쓰므로 his, him 모두 가능하다.

14

① 나는 시금치 먹는 것을 싫어한다.
② 나는 다시 일하기 시작했다.
③ 그들은 계속해서 웃었다.
④ 나는 울타리를 넘으려고 노력했다.
　나는 시험 삼아 울타리를 넘어 보았다.
⑤ 나는 음악을 듣고 싶지 않다.

(해설)
try to는 '~하려고 노력하다'의 뜻이고, 「try + v-ing」는 '(시험 삼아) ~해 보다'의 뜻이다.
(어휘) spinach 시금치

15

(해설) mind는 동명사를 목적어로 쓰며, 동명사의 의미상 주어는 소유격이나 목적격을 쓰므로 me, my가 온다.
(어휘) turn off ~을 끄다

16

(해설) '~하는 것을 멈추다'라는 뜻이므로 stop 뒤에 동명사가 온다. 시제는 과거 시제가 알맞다.
(어휘) homeroom teacher 담임 선생님

17

(해설) look forward to의 to는 전치사이므로 목적어로 동명사가 온다.
(어휘) look forward to -ing ~하기를 고대하다

18

(해설) 「feel like + 동명사」는 '~하고 싶다'는 뜻이다.
(어휘) take a rest 휴식을 취하다

19

(해설) 「spend (시간·돈) -ing」: ~하는 데 (시간·돈)을 쓰다
(어휘) hang out with ~와 시간을 보내다

20

그녀가 너에게 다시 전화해도 될까?
(해설) 동명사의 의미상 주어는 소유격이나 목적격이므로 her가 알맞다.
(어휘) call back 다시 전화하다

21

나는 <u>그가 곧 돌아올 것</u>이라고 확신한다.

해설 of의 목적어로 동명사 coming이 오고, 그 앞에 의미상 주어는 소유격(his) 또는 목적격(him)을 쓴다.

어휘 sure 확신하는 soon 곧

22

Jane: Sam, 재미있는 영화 한 편 보는 것이 어때?
Sam: 좋아.
→ Jane과 Sam은 재미있는 영화 한 편을 <u>보기로</u> 결정했다.

해설 decide는 목적어로 to부정사를 쓴다.

23

세진: 내가 가장 좋아하는 작가는 John Smith야.
Tim: 정말? 그는 최근에 새로운 책을 출판했어.
세진: 나는 그 책을 주문했어. 빨리 그것을 읽고 싶어.
→ 세진은 자신이 가장 좋아하는 작가의 새 책을 <u>읽기를</u> 고대하고 있다.

해설 look forward to 다음에 동명사가 오므로 reading이 알맞은 형태이다.

어휘 publish 출판하다 look forward to ~을 고대하다

24

해설 의미상 주어인 소유격(my) 혹은 목적격(me)과 함께 동명사 talking을 쓰는 것이 자연스럽다.

어휘 talk back (~에게) 말대답하다

25

해설 「keep + 동명사」에서 keep은 '유지하다'라는 뜻을 가지며, 목적어로 동명사를 더하면 '~을 계속하다'라는 의미가 된다.

26

해설 「remember + 동명사」는 '(과거에) 이미 ~한 것을 기억하다'라는 뜻이다. 동명사의 부정은 동명사 앞에 not을 붙인다.

27

해설
(1) try + to부정사: ~하려고 노력하다
(2) 전치사 about의 목적어는 동명사 leaving을 쓴다.

28

해설 enjoy는 동명사를 목적어로 쓰는 동사이다.

어휘 take pictures(a picture) of ~의 사진을 찍다

29

해설 전치사 without의 목적어로 동명사 falling이 온다.

어휘 fall down 떨어지다, 넘어지다

30

해설 「forget + 동명사」는 '(과거에) 이미 ~한 것을 잊어버리다'의 뜻이다.

어휘 pocket money 용돈

31

A: Dave, 우리 그룹 과학 보고서 가져왔니?
B: 아. 집에서 갖고 오는 것을 잊어버렸어.
A: 오늘까지야.
B: 정말 미안해. 점심 시간에 집에 가서 가져올게.
A: 알았어.
→ Dave는 과학 보고서를 (1) <u>가져오는 것</u>을 잊었다. Dave는 그것을 (2) <u>안 가져와서</u> 미안해했다. 그는 보고서를 가지러 집에 (3) <u>가기로</u> 결정했다.

해설
(1) forget + to부정사: ~할 것을 잊다
(2) 전치사 for의 목적어로 동명사가 온다. 동명사의 부정은 동명사 앞에 not을 쓴다.
(3) decide는 to부정사를 목적어로 쓴다.

어휘 due ~으로 예정된

32

재활용은 쓰레기를 새롭고 사용 가능한 물질로 바꾸는 과정입니다. 무슨 물건을 살지 주의 깊게 (1) <u>생각하는 것</u>은 효과적인 재활용으로 가는 첫 번째 단계입니다. 쇼핑을 갈 때, 재활용이 가능한 물건을 (2) <u>사도록</u> 노력하세요. 플라스틱, 종이, 철은 재활용될 수 있습니다. 또한, 여러분의 집에 잊지 말고 재활용 쓰레기통을 (3) <u>갖도록</u> 하세요.

해설 (1) to부정사, 동명사 모두 주어로 올 수 있다.
(2) try + to buy: 사려고 노력하다
(3) don't forget + to부정사: 잊지 말고 ~하도록 하라

Writing Practice

A

1 exciting
2 surprised
3 used
4 interesting
5 parked
6 made
7 doing
8 worried
9 Feeling
10 Playing
11 Waving
12 Being
13 Not having
14 Being
15 Speaking

B

1 is very interesting
2 excited about taking tennis lessons
3 at those falling snowflakes
4 a fried egg
5 The boys playing basketball
6 the picture painted by Picasso
7 the chair made by your dad
8 The man living next door
9 Doing your best
10 Staying in Sydney
11 Listening to music
12 Not wearing a raincoat
13 Taking the subway to
14 Living near the sea
15 Exercising for an hour

Actual Test

1 ④ **2** ③ **3** making → made **4** excited, exciting **5** ② **6** ⑤ **7** ⑤ **8** made, burning **9** ② **10** played → playing **11** frying → fried **12** fixed **13** holding **14** Not having **15** barking dog **16** Being **17** playing **18** parked **19** taken **20** leaving **21** respected **22** working **23** eating boiled meat **24** practicing tennis with her coach **25** in the zoo sat enjoying the sunshine **26** Saving **27** Drinking **28** ① **29** ③ **30** ⑤ **31** (1) painted (2) made (3) written (4) lying **32** (1) Feeling hungry, Eating *tteokbokki* (2) Having a math exam, Studying math

1

A: 떨어지는 낙엽들을 좀 봐!
B: 왜! 그것들이 공중에서 춤을 추는 것처럼 보인다.
해설 현재분사는 「동사원형 + -ing」의 형태로 능동과 진행의 의미가 있다. 낙엽들이 공중에 있다고 한 것으로 보아 떨어지는 동작이 '진행' 중임을 알 수 있다.
어휘 look like ~처럼 보이다

2

해설 과거분사는 수동과 완료의 의미가 있다. 창문이 깨짐을 당한 수동 관계이므로 과거분사가 알맞다.

3

해설 가방(a bag)과 만들다(make)는 수동 관계이므로 make의 과거분사인 made가 알맞다. 분사가 단독으로 명사를 수식할 때는 형용사처럼 명사 앞에 위치하지만 수식어구(in Korea)가 붙어 길어질 때는 수식하는 명사 뒤에 위치한다.

4

해설 문장의 주어가 어떤 감정을 일으킬 때는 현재분사, 주어가 어떤 감정을 느낄 때는 과거분사를 사용한다.

5

해설 분사 수식어구(living in cities)를 지닌 명사(Most people)가 주어로 쓰인 문장이다. 대부분의 사람들(Most people)이 도시에 '살고 있는' 능동과 진행 상황이므로 현재분사인 living이 알맞다.

6

소방관들이 불타고 있는 집에서 사람들을 구출했다.
해설 소방관들이 사람들을 구출한 곳은 '불타고 있는 집'이 의미상 알맞으므로 house 앞에 burning이 오는 것이 알맞다.

7

A: 어젯밤 그 영화 어땠어?
B: 지루했어. 난 심지어 영화가 상영되는 동안에 잠을 자는 몇몇 사람들도 봤어.

해설 영화가 감정을 일으키므로 현재분사로 표현한다. 사람들이 자고 있는 '진행' 상태도 현재분사로 표현한다.
어휘 even (심지어) ~하기까지

8

해설 뜨거운 공기는 불타고 있는 가스에 의해 만들어지는 수동 관계이므로 과거분사를 써야 하고, 가스는 불타고 있는 '진행' 상태이므로 현재분사를 써야 한다.
어휘 hot-air balloon 열기구 float (물 등에) 뜨다

9

A: 너는 꽃에 관심이 있니?
B: 응. 사실 나는 야생화 사진 찍기를 좋아해.

해설 사람(you)이 꽃에 대해 어떤 감정을 느끼는 것이므로 과거분사가 필요하다.
어휘 be interested in ~에 관심(흥미)이 있다 actually 사실은 wildflower 야생화

10

해설 분사로 바꿀 수 있는 부분은 동사(waste, played)이다. 그런데 nowadays는 현재시제와 함께 쓰이므로 현재시제인 waste 동사는 그대로 두고 played를 playing으로 바꿔 '동시동작'의 분사구문을 만든다.

11

해설 fry(기름에 튀기다)와 치킨은 수동 관계이므로 과거분사가 알맞다.

12

그 자전거는 Jack에 의해 수리되었다.

해설 자전거가 Jack에 의하여 수리된 것이므로 수동 관계를 표현하는 과거분사가 알맞다.
어휘 fix 수리하다(= repair)

13

Sarah는 고양이를 두 팔에 안고 소파에 앉아 있었다.

해설 '동시동작'을 나타내는 분사구문으로 holding a cat in her arms를 while she was holding a cat in her arms로 표현할 수 있다.

14

돈이 많지 않아서, 그는 좋은 컴퓨터를 살 수 없었다.

해설 분사구문의 부정은 부정어(not, never)를 분사구문 앞에 쓴다.

15

그 개는 짖고 있었다. 그리고 그것은 나에게 몹시 무섭게 보였다.
= 그 짖고 있는 개는 나에게 몹시 무섭게 보였다.

해설 형용사 성격이 있는 분사가 단독으로 명사를 수식할 때는 명사 앞에 쓴다.
어휘 bark (개가) 짖다 scary 무서운

16

나는 피곤했기 때문에 일찍 잠자리에 들었다.
= 피곤해서 나는 일찍 잠자리에 들었다.

해설 분사구문은 일반적으로 「접속사 + 주어 + 동사」 역할을 동시에 한다. 이때 동사를 분사로 바꿔 쓴다.

17

우리는 무대에서 첼로 연주를 하는 소녀를 안다.

해설 분사(playing)에 수식어구(the cello on stage)가 붙어 길어질 때는 수식하는 명사(the girl) 뒤에 온다.

18

거리에 주차된 자동차가 교통 체증을 유발할 수 있다.

해설 자동차는 운전자에 의해 주차(park)되는 수동 관계이므로 과거분사를 쓴다.
어휘 traffic jam 교통 체증

19

나는 2016년에 뉴욕 시에서 찍은 많은 사진이 있다.

해설 사진은 사람에 의해서 찍히는 수동 관계이므로 과거분사를 쓴다.
어휘 a lot of 많은(= many, much)

20

교실에서 마지막으로 나가는 학생이 전등을 꺼야 한다.

해설 학생이 교실에서 나가는 것은 '능동' 상황이므로 현재분사를 쓴다.

21

김 선생님은 훌륭하신 과학교사이다. 그분은 대부분의 학생들에게 존경을 받는다.
→ 김 선생님은 대부분의 학생들에게 존경받는 훌륭하신 과학교사이다.

해설 김 선생님이 학생들에게 존경을 받는 것은 수동 관계이므로 과거분사를 쓴다.
어휘 respect 존경하다(= look up to)

22

나의 어머니는 의사이다. 그녀는 이 병원에서 근무한다.
→ 나의 어머니는 이 병원에서 근무하는 의사이다.

해설 어머니가 병원에서 근무하는 것은 '능동/진행'인 상태이므로 현재분사를 쓴다.

23
해설 고기(meat)와 삶는(boil) 것의 관계는 수동 관계이므로 과거분사가 필요하다.
어휘 meat (식용) 고기 boil 삶다

24
해설 Amy가 테니스를 연습하고 있는 '능동/진행' 상태는 현재분사로 표현한다.

25
해설 while they are enjoying the sunshine이라는 의미의 '동시상황'을 나타내는 분사구문이다.

26
그녀는 충분한 돈을 저축했기 때문에, 좋은 옷을 살 수 있었다.
해설 '이유'의 부사절을 「접속사 + 주어 + 동사」 역할을 하는 분사구문으로 바꾼 문장이다.

27
Tara는 차 한 잔을 마시면서, 음악 감상을 즐겼다.
해설 '동시상황'의 부사절을 분사구문으로 바꾼 문장이다.

28
① 내가 매우 좋아하는 활동은 수영하기이다.
② 그 개는 고양이를 뒤쫓고 있다.
③ 그가 교실로 들어가고 있다.
④ 테니스를 치고 있는 그 사람은 나의 아버지이다.
⑤ 나는 무대에서 노래를 하고 있는 그 소녀를 알고 있다.
해설 ①은 '~하기'라는 의미를 지닌 '동명사'이고, ②~⑤는 '능동/진행'의 의미를 지닌 '현재분사'이다.
어휘 run after ~을 뒤쫓다

29
무엇을 해야 할지 몰라서 나는 너의 충고를 구하고 있는 것이다.
해설 분사구문과 주절의 논리적인 관계를 따져볼 때 무엇을 해야 할지 모르기 때문에 충고를 구하고 있다고 보는 것이 알맞다.
어휘 ask for ~을 요청(요구)하다

30
두 팔 없이 태어났음에도 불구하고, 그는 훌륭한 수영선수가 되었다
해설 분사구문과 주절의 내용으로 미뤄보아 '~임에도 불구하고'라는 뜻인 양보의 접속사가 가장 알맞다.

31
(1) 파랗게 페인트칠이 된 벽을 봐라.
(2) 금으로 만들어진 접시에 약간의 빵이 있다.
(3) 영어로 쓰인 책이 날아다니고 있다.
(4) 테이블에 놓여있는 찻주전자가 노래를 부르고 있다.
해설 (1) 벽이 페인트로 칠을 당한 수동 관계이므로 과거분사를 쓴다.
(2) 접시가 금으로 만들어진 수동 관계이므로 과거분사를 쓴다.
(3) 책이 영어로 쓰인 수동 관계이므로 과거분사를 쓴다.
(4) 찻주전자가 테이블 위에 놓여 있는 진행 상태이므로 현재분사를 쓴다.
어휘 teapot 찻주전자

32
(1) 배가 고파서, 민호는 떡볶이를 먹었다. 떡볶이를 먹으며, 그는 만화책을 읽었다.
(2) 수학 시험이 있어서, 민호는 수학을 공부했다. 수학을 공부하며, 그는 음악을 들었다.
해설 (1) Because Minho felt hungry라는 '이유'의 부사절을 분사구문 Feeling hungry로 표현한다. 또한 While he was eating *tteokbokki*라는 '동시상황'의 부사절을 Eating *tteokbokki*라는 분사구문으로 표현한다.
(2) Because Minho had a math exam이라는 '이유'의 부사절을 분사구문 Having a math exam으로 표현한다. 또한 While he was studying math라는 '동시상황'의 부사절을 Studying math라는 분사구문으로 표현한다.

Writing Practice

A

1 to make
2 to come
3 to lend
4 to exercise
5 not to be
6 to stay out
7 ask
8 cry
9 translate
10 play(playing)
11 laugh(laughing)
12 burn(burning)
13 touch(touching)
14 break(breaking)
15 study(studying)

B

1 calls her Princess
2 elected him chairperson
3 found the novel boring
4 keep the children safe
5 want me to be healthier
6 expect you to do
7 asked him not to wait
8 advised him not to go
9 allow them to use your room
10 tell them to come
11 makes me do the dishes
12 had the repairperson fix the roof
13 let me know
14 watching the sun come
15 heard Andrew play the flute

Actual Test

1 ① 2 ② 3 ③ 4 ① 5 ① 6 ③ 7 ④ 8 (1) call them Tom and Jerry (2) want him to be alive 9 ② 10 ② 11 ③ 12 messy 13 taking a tennis lesson 14 made 15 allowed 16 read 17 call(calling) 18 not to speak 19 to appear 20 carry(to carry) 21 made me rewrite the report 22 found the comic book interesting 23 asked my mom to make pizza 24 has his students read novels 25 keep our family safe 26 ① 27 ③ 28 ④ 29 ③ 30 ⑤ 31 (1) not to play computer games too much (2) to be home by midnight (3) Pinocchio not to tell a lie 32 (1) fix the door (2) me water the plants in the garden (3) had Minsu clean the bathroom (4) had Minho take out the garbage

Workbook

1
· Kate는 그 방이 깨끗하다는 것을 알았다.
· Justin은 나에게 그 더러운 방을 청소하게 했다.
[해설] 첫 번째 빈칸은 found의 목적격 보어 자리로 형용사 clean이 알맞으며, 두 번째 빈칸은 사역동사 made의 목적격 보어 자리로 동사원형 clean이 알맞다. 참고로 clean은 형용사와 동사의 형태가 같다.

2
엄마는 나에게 더 일찍 일어나라고 말했다/부탁했다/충고했다/명령했다.
[해설] tell, ask, advise, order는 목적격 보어로 to부정사를 취하는 동사이고, make는 동사원형을 취하는 사역동사이다.
[어휘] advise 충고하다 cf. advice 충고

3
그는 아빠가 그 장난감을 사주기를 원했다.
[해설] 동사 want는 「want + 목적어 + to부정사」의 형태로 to부정사를 목적격 보어로 취한다.

4
그녀는 Jack에게 컴퓨터 수리를 시켰다.
[해설] 사역동사 make는 「make + 목적어 + 동사원형」의 형태로 동사원형을 목적격 보어로 취한다.
[어휘] fix 수리하다, 고치다

5
나의 음악 선생님은 나에게 매일 피아노를 연습하게 하셨다.
[해설] 사역동사 have는 동사원형(practice)을 목적격 보어로 취한다.
[어휘] practice 연습하다

6

A: 너는 건물이 흔들리는 것을 느꼈니?

B: 응. 너무 무서웠어.

(해설) 지각동사 feel은 목적격 보어로 동사원형(shake)이나 현재분사(shaking)를 취한다.

(어휘) shake 흔들리다 scary 무서운

7

어제 엄마는 내가 사과파이를 만드는 것을 허락하셨다.

(해설) 사역동사 let은 목적격 보어로 동사원형(make)을 취한다.

8

(해설) (1) Tom and Jerry가 목적어(them)의 목적격 보어로 쓰인 구문이다.

(2) 동사 want는 「want + 목적어 + to부정사」의 형태로 to부정사를 목적격 보어로 취한다.

9

(해설) 「주어(This book) + 동사(made) + 목적어(her) + 목적격 보어(famous)」의 형태로 쓰인 5형식 문장이다.

10

너에게 내 소개를 할게.

(해설) 「let + 목적어 + 동사원형」과 「allow + 목적어 + to부정사」의 형태로 쓰여 let은 동사원형, allow는 to부정사를 목적격 보어로 취한다.

11

(해설) 「사역동사(had) + 목적어(me) + 동사원형(bring)」의 형태로 쓰인 5형식 문장이다.

12

(해설) 「동사(found) + 목적어(the classroom) + 형용사(messy)」의 형태로 쓰인 5형식 문장이다.

13

나는 Tara를 봤다. 그녀는 테니스 강습을 받고 있었다.

→ 나는 Tara가 테니스 강습을 받고 있는 것을 봤다.

(해설) 지각동사의 목적격 보어로 현재분사를 써서 동작이 진행 중인 것을 강조하고 있다.

14

Olivia는 건강검진을 위해 혈액검사가 필요했다. 그래서 간호사는 그녀에게 소매를 걷어 올리고 주먹을 쥐게 했다.

(해설) 목적격 보어로 동사원형(roll up, make)이 쓰였으므로 사역동사 made가 알맞다. 참고로 get은 「get + 목적어 + to부정사」의 형태로 to부정사를 목적격 보어로 취한다.

(어휘) blood test 혈액검사 medical check-up 건강검진 roll up 걷어 올리다 sleeve 소매 make a fist 주먹을 쥐다

15

나는 외동이다. 나는 어렸을 때 외로움을 느꼈다. 그래서 엄마는 내가 내 친구 집에서 자고 오도록 자주 허락하셨다.

(해설) 목적격 보어로 to부정사(to sleep over)가 쓰였으므로 동사는 allowed가 알맞다. 참고로 let은 사역동사로 동사원형을 목적격 보어로 취한다.

(어휘) only child 외동(아들/딸) sleep over (남의 집에서) 자고 가다(오다)

16

엄마는 내가 영어를 잘 하길 원하신다. 그래서 엄마는 영어로 된 짧은 이야기들을 나에게 매일 읽게 하신다.

(해설) 사역동사(makes)는 동사원형을 목적격 보어로 취한다.

17

점심시간 동안에 교실은 너무 시끄러웠다. 그래서 그는 누군가가 그의 이름을 부르는 것을 들을 수 없었다.

(해설) 지각동사(hear)는 동사원형이나 현재분사를 목적격 보어로 취한다.

18

최 선생님은 우리들에게 등 뒤에서 남들 험담을 하지 말라고 충고하셨다.

(해설) 「advise + 목적어 + 부정어(not) + to부정사」의 형태로 부정어(not)가 to부정사 앞에 쓰인다.

(어휘) speak ill of ~을 험담하다 behind one's back ~의 등 뒤에서

19

Oprah Winfrey는 그 시인에게 그녀의 쇼에 출연할 것을 요청했다.

(해설) 동사 ask는 to부정사를 목적격 보어로 취한다.

(어휘) poet 시인 appear 출연하다, 나타나다

20

Jenny는 내가 그 무거운 상자 나르는 것을 도와주었다.

(해설) 동사 help는 동사원형과 to부정사를 둘 다 목적격 보어로 취할 수 있다.

(어휘) carry 나르다, 옮기다

21

A: 무슨 일이 있니?

B: 김 선생님께서 나에게 그 보고서를 다시 쓰도록 시키셨어.

(해설) 사역동사 make는 「make + 목적어 + 동사원형」의 형태로 동사원형을 목적격 보어로 쓴다.

어휘 rewrite 다시 쓰다

22

해설 「동사(found) + 목적어 + 형용사(interesting)」형태로 쓰인 5형식 문장이다.
어휘 comic book 만화책

23

해설 「ask + 목적어 + to부정사」의 형태로 쓰인 5형식 문장이다.

24

해설 「사역동사(has) + 목적어 + 동사원형」의 형태로 쓰인 5형식 문장이다.

25

해설 「동사(keep) + 목적어 + 형용사(safe)」의 형태로 쓰인 5형식 문장이다.

26

너는 Sophia가 그 파티에서 춤추는 것을 봤니?
해설 지각동사 see는 목적격 보어로 동사원형이나 현재분사를 취한다.

27

길에서 이어폰을 사용하는 것은 여러분 뒤에서 차가 오는 소리를 들을 수 없기 때문에 위험할 수 있다.
해설 지각동사 hear는 목적격 보어로 동사원형이나 현재분사를 취할 수 있다.

28

이 박물관은 외국인들이 전통 한국문화를 체험할 수 있게 해준다.
해설 allow는 목적격 보어로 to부정사를 취한다.
어휘 foreigner 외국인 traditional Korean culture 전통 한국문화

29

① 그에게 그것을 즉시 하라고 말해라.
② 그 소식이 나를 화나게 했다.
③ Emma는 나에게 그녀의 열쇠를 찾아달라고 부탁했다.
④ 너는 영어가 흥미롭다고 생각하니?
⑤ 그 부부는 그들의 아기를 Kate라고 이름을 붙여 주었다.
해설 ③ ask는 목적격 보어로 to부정사를 취한다. (found → to find)
어휘 at once 즉시, 당장 name 이름 붙이다

30

① 나는 그에게 한 가지 질문을 했다.
② Jason 선생님은 우리에게 영어를 가르치신다.
③ 나는 Mike에게 내 만화책들을 줬다.
④ 그는 그녀에게 아름다운 반지를 사주었다.
⑤ 그녀는 그녀의 반려동물에게 물을 좀 마시게 했다.
해설 ①~④는 「수여동사 + 간접목적어(~에게) + 직접목적어(~을/를)」의 형태로 쓰인 4형식 문장이다. ⑤는 「사역동사(let) + 목적어 + 목적격 보어」의 형태로 쓰인 5형식 문장이다.

31

(1) Peter의 아빠가 Peter에게 컴퓨터 게임을 너무 많이 하지 말라고 말씀하셨다.
(2) 계모는 신데렐라가 자정까지 귀가할 것이라고 예상했다.
(3) Jiminy Cricket은 피노키오에게 거짓말을 하지 말라고 충고했다.
해설 「tell/expect/advise + 목적어 + to부정사」의 형태로 쓰인 5형식 문장이다. 이때 부정어(not)가 to부정사 앞에 쓰이는 것에 유의한다.
어휘 by midnight 자정까지 stepmother 계모

32

어제는 우리 가족 대청소 날이었다. 엄마가 가족 모두에게 몇 가지 허드렛일을 하게 했다. (1) 엄마는 아빠에게 문을 수리하게 했다. (2) 엄마는 나에게 정원에 있는 식물들에게 물을 주게 했다. (3) 엄마는 민수에게 욕실을 청소하게 했다. (4) 엄마는 민호에게 쓰레기를 내다 버리게 했다. 우리 모두는 열심히 일했고 기분이 좋았다.
해설 모두 「사역동사(have) + 목적어 + 동사원형」의 형태로 쓰인 5형식 문장이다.
어휘 water 물을 주다 take out 밖으로 내가다 garbage (음식물) 쓰레기 chores 잡일, (가정의) 허드렛일

Writing Practice

A

1 is it
2 have another (one)
3 have some (coins)
4 the others are
5 eat one
6 show me another (one)
7 the other is
8 others were
9 like it
10 the others are
11 lost one
12 others like
13 can't find it
14 have one
15 have another pillow

B

1 Every house on the street looks
2 Each family member takes turns
3 Every student can play
4 I blame myself.
5 Each girl has written a letter
6 Take good care of yourself
7 Please help yourself.
8 Both like soccer.
9 Each is smiling.
10 Each guest at the party received
11 built his house himself
12 Others are playing with toys.
13 Each child receives water and some
14 were wandering about by themselves
15 Both are delicious.

Actual Test

1 ⑤ 2 ① 3 One, another, the other 4 ⑤ 5 One, the other 6 Some, the others 7 ③ 8 ① 9 make yourself at 10 by ourselves 11 ② 12 the others are 13 Both, are 14 ③ 15 ⑤ 16 One, another, the other 17 herself 18 the others 19 others 20 it 21 myself, yourself 22 have → has 23 ④ 24 ④ 25 help yourself 26 make yourself 27 enjoy themselves 28 Each member of the club has to sign up for the field trip. 29 themselves 30 Some (people) like spicy food, others hate it 31 Most, Some do, others hang out with 32 The queen looked at herself in the mirror

1

내 전화기가 더 이상 작동을 안 한다. 나는 새 전화기 하나를 사야 한다.

해설 막연한 '새 전화기 하나'를 지칭하므로 부정대명사 one이 알맞다.

어휘 not ~ any more 더 이상 ~않다 work 작동하다

2

A: 이 셔츠 마음에 드세요?

B: 별로입니다. 또 다른 셔츠 하나 보여주시겠어요?

해설 '또 다른 셔츠 하나'를 지칭하므로 one 앞에는 another가 알맞다.

3

고양이는 장난감을 세 개 가지고 있다. 하나는 탁구공이고, 또 다른 하나는 야구공이고, 나머지 하나는 테니스공이다.

해설 세 개 중에 하나는 one, 또 다른 하나는 another, 나머지 하나는 the other로 나타낸다.

4

① 쥐구멍에도 볕 들 날 있다.
② 둘 다 정답이다.
③ 학생들 각자가 사물함을 갖고 있다.
④ 이런! 타이어 두 개가 다 바람이 빠져있다.
⑤ 모든 아이가 잠을 자고 있지는 않았다.

해설 ⑤ every 뒤에는 단수 명사가 와야 한다.

어휘 locker 사물함 tire 타이어 flat 납작한, 바람이 빠진

5

해설 둘 중 한 명은 one, 나머지 한 사람은 the other로 지칭한다.

6

해설 여러 사람 중 몇 명은 some, 그 사람들을 제외한 나머지 사람들은 the others이다.

7
- 이 파란 셔츠는 너무 커요. 다른 사이즈들로 이 셔츠가 있습니까?
- 커피 한 잔 더 드시겠어요?

해설 다른 다양한 사이즈들이므로 「other + 복수 명사」, 커피 한 잔 더이므로 같은 종류의 추가를 나타내는 another가 알맞다.

8
그는 10년 동안 혼자 살아 왔다.

해설 by oneself는 '혼자서'라는 뜻이다.

9
편안하게 계세요.

해설 make oneself at home은 '집에 있는 것처럼 편안하게 있으라'는 뜻이다.

어휘 comfortable 편안한

10
우리는 우리 힘으로 이 경기를 이길 수 없다.

해설 alone은 '혼자(다른 사람 없이, 혼자 힘으로)'의 뜻으로 by oneself로 바꿔 쓸 수 있다.

어휘 win (경기 등에) 이기다

11
- Lisa는 나의 여동생이고, 나에게는 L.A.에 있는 또 다른 여자 형제가 있다.
- 나는 이 식당이 마음에 들지 않아. 이 근처에 또 다른 식당이 있을까?

해설 뒤에 모두 단수 명사가 오므로 공통으로 들어갈 말은 '또 다른'을 뜻하는 another이다.

12
고양이가 다섯 마리 있다. 하나는 하얀색, 나머지 모두는 검정색이다.

해설 여럿 중에 하나는 one, 나머지 모두는 the others이고 주어로 쓰이면 복수 취급한다.

13
Jack의 아버지는 유명한 기타 연주자이고 그의 어머니는 피아노 연주자이다. Jack이 음악에 그렇게 소질이 있는 것이 당연하다.
→ Jack의 부모님 두 분 다 음악가이다.

해설 「Both + 복수 명사」이므로 be동사는 are를 써야 한다.

어휘 talented 재능 있는

14
① 모든 반에 24명의 학생이 있다.
② 각 사람은 자신의 취향이 있다.
③ 나무 두 개가 모두 죽어가고 있다.

④ 조심해. 너는 베일 수도 있어.
⑤ 그들은 일요일마다 교회에 간다.

해설 ① 「every + 단수 명사」는 단수 취급한다.
② each 뒤에는 단수 명사를 써야 한다.
④ cut 다음에 주어와 같은 목적어가 오는 경우이므로 재귀대명사 yourself를 써야 한다.
⑤ every 뒤에는 단수 명사를 써야 한다.

어휘 taste 취향, 입맛 die 죽다

15
① 그는 이틀에 한 번 여기에 온다.
② 몇몇 사람들은 클래식 음악에 관심이 있다.
③ 나는 다른 게임을 하고 싶다.
④ 그 작가가 쓴 다른 책들은 지루하다.
⑤ Julia는 학교에 머물러 있다. 그 나머지 여자애들은 집에 갔다.

해설 ① every 뒤에 단수 명사가 오며 '이틀에 한 번'은 every other day이다.
② Some은 '몇몇'이라는 뜻으로 복수취급하여 is는 are가 되어야 한다.
③ games는 복수 명사이므로 another가 other가 되거나 another 다음에 단수 명사가 와야 한다.
④ be동사가 are이므로 「other + 복수 명사」가 알맞다.

어휘 classical music 클래식 음악

16
A: 너는 반려동물이 있니?
B: 응, 나는 세 마리가 있어. 하나는 햄스터, 또 하나는 고양이, 그리고 나머지 하나는 개야.

해설 셋 중 하나는 one, 또 다른 하나는 another, 그리고 나머지 하나는 the other이다.

17
A: 고양이는 무엇을 하고 있니?
B: 고양이는 거울 속에 자신을 보고 있어.

해설 고양이가 거울 속의 자신을 보고 있는 것이므로 at의 목적어 자리에는 재귀대명사 herself를 써야 한다.

18
A: 네 남동생이 그들을 좋아하니?
B: 그는 고양이는 좋아하지만, 나머지 동물들은 좋아하지 않아.

해설 반려동물 셋 중에 고양이를 제외한 나머지이므로 the others이다.

19
어떤 사람들은 겨울 스포츠를 좋아하고 다른 사람들은 그렇지 않다.

해설 어떤 사람들은 some, 다른 사람들은 others이다.

20

네가 어제 내 펜을 빌려갔지. 너는 그것을 잃어버렸니?

해설 앞에서 말한 바로 그것(my pen)을 가리키므로 대명사 it이 알맞다.

21

A: 엄마! 제가 혼자 저녁 식사를 요리했어요.
B: 와! 근사해 보이네! 고맙다.
A: 맘껏 드세요.

해설 by oneself는 '혼자', help oneself는 '(음식 등을) 맘껏 먹다' 의 의미이다.

22

각각의 형제가 다른 성격을 가지고 있다.

해설 「each + 단수 명사」는 단수 취급한다.

어휘 personality 성격

23

① 그녀의 부모 두 분 모두 치과의사이다.
② 각각의 책이 다른 색이다.
③ 그의 가족 중 모든 남자애들이 자전거를 가지고 있다.
④ 어떤 장난감들은 아이들에게 위험하다.
⑤ 저는 또 다른 셔츠를 입어볼게요.

해설 ① both 뒤에는 복수 명사를 써야 한다.
② 「each + 단수 명사」는 단수 취급한다.
③ every 뒤에는 단수 명사를 써야 한다.
⑤ another 뒤에는 단수 명사를 써야 한다.

어휘 dentist 치과의사 different 다른

24

① 각각의 문은 각자의 색이 있다.
② 우리는 그 캠프에서 정말 즐거운 시간을 보냈다.
③ 쿠키 좀 드실래요?
④ 어떤 사람들은 영어를 하고, 또 어떤 사람들은 독일어를 한다.
⑤ 나는 피자 한 조각만 먹었어. 나머지는 어디 있지?

해설 ① each 뒤에는 단수 명사가 알맞다.
② enjoy oneself인데 주어가 we이므로 재귀대명사 ourselves로 써야 한다.
③ another 뒤에는 단수 명사가 오므로 some cookies가 알맞다.
⑤ 피자 한 조각을 제외한 나머지 피자를 말하므로 the others가 알맞다.

어휘 slice 조각

25

환영합니다. 간식을 맘껏 드세요.

해설 help oneself to는 '~을 맘껏 먹다'의 의미이다.

26

안녕하세요. 편안하게 계세요.

해설 make oneself at home은 '집처럼 편안하게 있다'의 의미이다.

27

사람들은 보통 그 축제에서 즐거운 시간을 보낸다.

해설 enjoy oneself는 '즐기다, 즐거운 시간을 보내다'의 의미이다.

28

해설 each member of the club이 주어이고 has to sign up for ~가 동사구이다.

어휘 field trip 현장학습 sign up for ~을 신청하다

29

해설 문장의 주어(They)와 목적어가 같은 대상을 가리켜서 introduce oneself는 '자기 소개를 하다'의 의미가 되므로 빈칸에는 재귀대명사 (themselves)가 알맞다.

어휘 introduce 소개하다 police officer 경찰관

30

해설 '어떤 사람들은 ~하고, 또 어떤 사람들은 …하다'는 「some ~, and others …」 구문을 사용한다.

어휘 spicy 매운

31

대부분의 학생들은 동아리 활동에 참여한다. 어떤 학생들은 방과 후에 숙제를 하고 또 어떤 학생들은 친구들과 어울린다.

해설 「most + 복수 명사」는 '대부분의 ~', some은 '어떤 사람들'을, others는 '다른 사람들'을 나타낸다.

어휘 take part in ~에 참여하다 do homework 숙제를 하다 hang out with ~와 어울리다

32

여왕은 거울 속의 자신을 보고 물었다. "거울아, 벽에 있는 거울아. 이 세 상에서 누가 가장 아름다운 소녀이니?"

해설 「look at + 재귀대명사 + in a mirror」는 '거울 속 ~자신을 보 다'라는 의미이다.

어휘 mirror 거울

Writing Practice

A

1 as comfortable as
2 as fast as
3 not as interesting as
4 as soon as possible
5 more difficult than
6 much(still/a lot/far/even) colder than
7 the wiser we become
8 the youngest of the three
9 the scariest movie
10 one of the richest
11 the oldest tree
12 Nothing is more important
13 The more I learn
14 as expensive as
15 the luckiest person

B

1 get up as early as possible
2 the more you save
3 not as smart as
4 much shorter than mine
5 The more I sleep
6 much more famous than
7 the most beautiful sunset
8 Nothing in this shop is more expensive than
9 one of the most famous bakeries
10 do better than this
11 is not as deep as it looks
12 as well as any professional singer
13 a lot more exciting than
14 as slowly as possible
15 one of the most powerful women

Actual Test

1 ① 2 ⑤ 3 ③ 4 (1) easier (2) more famous 5 (1) old (2) older (3) oldest 6 not as popular as 7 the smartest 8 the scariest 9 ③ 10 ③ 11 ① 12 much(a lot/still/far/even) more 13 ① 14 heavier than 15 the noisiest animal 16 ⑤ 17 ② 18 ④ 19 ③ 20 funnier 21 as big as 22 best 23 the lower 24 the happiest 25 stronger than 26 the most delicious 27 more difficult than 28 The classroom became much quieter than before. 29 I can't draw as well as you. 30 least 31 (1) Sally is the oldest (2) is as tall as(is not shorter than) (3) is heavier than 32 run the fastest of

1

결과를 가능한 한 빨리 알려주세요.

해설 as soon as possible: 가능한 한 빨리

2

겨울에 캘거리는 밴쿠버보다 훨씬 더 춥다.

해설 두 대상을 비교하여 '~보다 더 …하다'는 「비교급＋than」으로 나타낸다.

3

나는 오늘 아침 기분이 훨씬 더 좋다.

해설 비교급을 강조하는 부사는 a lot, much, even, still, far 등이다.

4

(1) 나는 영어가 중국어보다 쉽다고 생각한다.
(2) 그는 이 분야에서 그의 아버지보다 더 유명해질 것이다.

해설 뒤에 than이 있으므로 비교급이 와야 한다.

어휘 field 분야

5

(1) 그녀는 우리 엄마하고 나이가 같다.
(2) 그는 보기보다 나이가 많다.
(3) Yuko 씨는 이 마을에서 가장 나이가 많은 사람이다.

해설 (1) 「as＋원급＋as」 구문이다.
(2) than이 있으므로 비교급으로 써야 한다.
(3) 「the＋최상급＋명사」 구문이다.

6

해설 「not＋as＋원급＋as」는 '~만큼 …하지 않다'라는 뜻의 구문이다.

7

아무도 우리 반에서 Mark만큼 똑똑하지 않다.

= Mark가 우리 반에서 제일 똑똑하다.

해설 「부정어 + as + 원급 + as」는 「the + 최상급」으로 표현할 수 있다.

8

나는 저것보다 더 무서운 영화는 본 적이 없다.

= 저것은 내가 지금까지 본 것 중에 가장 무서운 영화이다.

해설 「have + never + p.p. + ~ + 비교급 + than」은 「the + 최상급」으로 바꿔 표현할 수 있다.

9

주노는 셋 중에서 가장 키가 작다.

해설 '~중에서'의 의미인 「of + the + 복수 명사」이므로 전치사 of가 알맞다.

10

① 그것은 보기보다 더 작다.

② 그는 학교에서 꽤 유명하다.

③ 그녀는 나만큼 수영을 잘할 수 있다.

④ 그는 동네에서 가장 큰 집에 산다.

⑤ 너는 나보다 더 많은 친구를 가지고 있다.

해설 ③ 동급비교는 「as + 원급 + as」이므로 better가 well로 바뀌어야 한다.

11

① 그 자전거는 내 차보다 비싸다.

② 돈을 더 많이 가질수록 그는 더 욕심이 많아졌다.

③ 그는 우리만큼 빨리 걸을 수 없다.

④ 점수는 내가 예상한 것 보다 더 나빴다.

⑤ 이것은 내가 지금까지 읽은 것 중에 가장 재미있는 책이다.

해설 ① 「비교급 + than」이므로 more expensive가 되어야 한다.

어휘 greedy 욕심이 많은 expect 예상하다

12

해설 비교급을 강조하는 부사는 much, a lot, even, far, still 등이 있다.

13

① 하진이는 우리 반에서 다른 사람만큼 노래를 잘할 수 있다.

② 하진이는 우리 반에서 노래를 가장 잘할 수 있다.

③ 하진이는 우리 반에서 다른 누구보다 노래를 더 잘할 수 있다.

④ 아무도 우리 반에서 하진이보다 노래를 더 잘할 수 없다.

⑤ 아무도 우리 반에서 하진이만큼 노래를 잘할 수 없다.

해설 최상급의 의미를 나타낼 때 「the + 최상급」, 「비교급 + than +

any ~」, 「부정어 + 비교급 + than」, 「부정어 + as + 원급 + as」의 표현을 사용한다.

14

A: 어느 것이 더 무겁지?

B: 고양이가 개보다 훨씬 더 무거워.

해설 그림의 뚱뚱한 고양이가 개보다 훨씬 무겁기 때문에 「much + 비교급(heavier) + than」으로 표현해야 한다.

15

A: 어느 동물이 가장 시끄럽지?

B: 원숭이가 그들 중에 가장 시끄러운 동물이야.

해설 원숭이가 그림 속 동물들 중에서 가장 시끄러운 동물이므로 「the + 최상급 + 명사」로 써야 한다.

16

A: 네가 가장 바쁜 날은 언제니?

B: 목요일이야. 나는 대개 밤 9시에 끝나.

해설 최상급은 앞에 정관사 the 혹은 소유격을 써야 한다. 소유격과 정관사는 함께 쓰이지 않는다.

17

A: 내가 거기 택시를 타고 가야 할까?

B: 아니. 지하철을 타. 그것이 훨씬 더 저렴해.

① 그것은 택시만큼 저렴하지 않아.

③ 그것은 아주 비싸.

④ 택시는 지하철보다 더 저렴해.

⑤ 거기 도착하는데 훨씬 더 오래 걸려.

해설 지하철의 장점에 관한 내용이 와야 한다.

18

① 그의 성적은 내 것보다 더 나쁘다.

② 지구는 달보다 더 크다.

③ 중국어를 배우는 것은 이탈리아어를 배우는 것보다 더 어렵다.

④ 에베레스트 산은 세상에서 가장 높은 산이다.

⑤ 이것은 내가 지금까지 읽은 것 중에 가장 지루한 책 중의 하나이다.

해설 ① 비교의 대상이 그의 성적과 나의 성적이므로 me → my grade 또는 mine

②와 ③은 than이 있으므로 비교급으로 ② large → larger, ③ difficult → more difficult

⑤ 「one of the + 최상급 + 복수 명사」이므로 book → books

19

① 목성은 태양계에서 가장 큰 행성이다.

② 나는 나의 엄마만큼 키가 작다.

③ 네 머리가 내 머리보다 더 길다.

④ 오늘 아침은 어제 아침보다 더 평화롭다.

⑤ 그녀는 전보다 훨씬 기분이 좋았다.

해설 ① bigger → biggest
② as shortest as → as short as
④ peaceful → more peaceful
⑤ very → much(even / a lot / far / still)

어휘 Jupiter 목성　peaceful 평화로운

20

Sam은 그의 남동생보다 더 웃기다.

해설 funny의 비교급은 funnier이다.

21

바퀴벌레가 내 손가락만큼 컸다.

해설 「as + 원급 + as」 구문이므로 bigger가 big이 되어야 한다.

어휘 cockroach 바퀴벌레

22

이 식당의 태국 음식은 이 동네에서 최고이다.

해설 '~에서 가장 …하다'라는 최상급 구문이다.

23

네가 게임에 더 많은 시간을 쓰면 쓸수록 더 낮은 성적을 받는다.

해설 「the + 비교급 ~, the + 비교급 …」 구문이므로 low를 the lower로 써야 한다.

24

그것은 내 인생에서 가장 행복한 기억들 중의 하나였다.

해설 「one + of + the + 최상급 + 복수 명사」 구문이다.

어휘 memory 기억

25

Sarah는 키가 꽤 작지만, 나보다 훨씬 더 힘세다.

해설 키는 작지만 더 강하다는 내용이 자연스러우므로 strong의 비교급 형태로 써야 한다.

26

이것은 내가 맛본 가장 맛있는 케이크 중의 하나이다.

해설 「one + of + the + 최상급 + 복수 명사」이므로 delicious의 최상급 형태로 써야 한다.

27

수학 시험은 내가 생각했던 것보다 훨씬 더 어려웠다.

해설 difficult의 비교급은 more difficult이고, 비교 대상인 '내가 생각했던 것' 앞에 than이 온다.

28

해설 비교급 구문이며 비교급을 강조하는 부사 much를 quieter 앞에 써야 한다.

29

해설 「as + 원급 + as」는 '~만큼 …하다'로 부사인 well이 as와 as 사이에 온다.

30

해설 「one of the + 최상급 + 복수 명사」 구문이므로 little의 최상급인 least가 와야 한다.

31

(1) 누가 가장 나이가 많은가?
　　→ Sally가 셋 중에 가장 나이가 많다.
(2) Sally가 Ellen보다 키가 작은가?
　　→ 아니오. Sally는 Ellen만큼 키가 크다(보다 키가 작지 않다).
(3) 셋 중에 가장 몸무게가 많이 나가는 사람은 누구인가?
　　→ Tom보다 몸무게가 많이 나가는 사람은 없다.

해설 (1) 가장 나이가 많은 사람은 13살인 Sally이므로 최상급으로 써야 한다.
(2) Sally와 Ellen은 158cm로 키가 같으므로 동등 비교로 쓰거나 Sally가 Ellen보다 키가 작지 않다라고 비교급으로 쓴다. (3) 셋 중에 가장 무게가 많이 나가는 사람은 Tom으로 「부정어 + 비교급」을 이용하여 최상급으로 나타낸다.

32

Usain Bolt가 셋 중에서 가장 빨리 달릴 수 있다.

해설 기록표로 보아 Usain Bolt가 셋 중에 가장 빨리 달릴 수 있으므로 「the + 최상급」으로 써야 한다. '~중에서'의 의미로 the three 앞에 전치사 of를 쓴다.

11 관계대명사

Writing Practice

Ⓐ

1 who(m)(that)
2 what
3 which(that)
4 whose
5 whose
6 which(that)
7 which(that)
8 what
9 who(that)
10 who(that)
11 who(m)(that)
12 whose
13 which(that)
14 whose
15 What

Ⓑ

1 a student who I taught
2 whose hair is blue
3 who lives in Busan
4 which designs robots
5 which you can use to fix a car
6 which is bigger than mine
7 that you see over there
8 what you ate yesterday
9 that Tom made for me
10 What my sister wanted to buy
11 the book that I bought him
12 a daughter whose novel became famous
13 the guy that sits behind me in class
14 my friend who I helped with homework
15 what I was talking about

Actual Test

1 ③ 2 ⑤ 3 What(what) 4 ④ 5 ① 6 which(that) 7 who(that) makes 8 ⑤ 9 ② 10 ① 11 ③ 12 ① 13 ④ 14 ⑤ 15 that 16 whose 17 ③ 18 which → what 19 ② 20 ③ 21 ① 22 ④ 23 ③ 24 ① 25 ③ 26 ④ 27 ⑤ 28 ③ 29 ⑤ 30 ② 31 (1) who(that) has curly hair (2) who(that) is wearing a dress (3) whose umbrella is red 32 (1) whose dog won the race (2) which(that) lost the race

1

• 나는 파란 눈을 가진 한 친구가 있다.
• 나는 다리가 여섯 개 달린 탁자가 하나 있다.
해설 선행사 friend는 사람이므로 관계대명사 who 또는 that이 알맞으며, table은 사물이므로 관계대명사 which 또는 that이 알맞으므로 공통으로 알맞은 것은 that이다.

2

• 이들은 자신들의 소설이 베스트셀러가 된 사람들입니다.
• 이것들은 누구의 신발입니까? 당신의 것인가요?
해설 whose는 관계대명사로도 쓰이고, 의문사로도 쓰일 수 있다.

3

• 너는 <u>무엇</u>을 보고 있니?
• 네가 말한 <u>것</u>을 듣지 못했어. 다시 말해주겠니?
해설 what은 의문사로서 '무엇'이라는 뜻으로도 쓰이며, 관계대명사로서 '~하는 것'이라는 뜻으로도 쓰인다.

4

A: 네가 제일 좋아하는 음식은 무엇이니?
B: 치킨이 내가 제일 좋아하는 것이야!
해설 선행사를 포함하는 관계대명사는 what이다.

5

A: 어떤 이가 너의 친구니?
B: 내 친구는 경찰관과 이야기하고 있는 남자애야.
해설 선행사가 사람(the boy)이므로 관계대명사는 who나 that이 알맞으며 동사는 is가 알맞다.
어휘 police officer 경찰관

6

A: 저쪽에 있는 빌딩은 무엇인가요?
B: 당신이 물어보는 그 빌딩은 새로운 쇼핑몰입니다.
해설 선행사 building은 사물이므로 관계대명사 which 또는 that이 알맞다.

7

A: Julie의 직업은 무엇인가요?

B: Julie는 어린이들의 옷을 만드는 패션디자이너입니다.

해설 사람에 대해 설명할 때에는 관계대명사 who 또는 that을 쓰고, 선행사가 단수이므로 수의 일치로 makes가 알맞다.

8

박물관에는, 1990년대에 Marc Chagall에 의해 그려진 그림들이 많이 있다.

해설 선행사가 사물이므로 관계대명사 which(that)가 알맞으며, 그림이 과거에 그려진 것이므로 과거형 수동태로 써야 알맞다. 또한 선행사가 복수 명사이므로 복수 동사가 와야 한다.

9

이 드레스는 내 14번째 생일파티에 입고 싶은 것이다.

해설 선행사가 없으므로 선행사를 포함하는 관계대명사 what이 와야 한다.

10

내가 어제 구입한 그 컴퓨터는 매우 비싸다.

해설 선행사를 가리키는 대명사(it) 대신 목적격 관계대명사가 쓰였으므로 관계대명사절 안에서 목적어는 생략되어야 한다.

11

해설 선행사는 the girl이다. ①은 목적격 관계대명사 who(whom) 뒤에 알맞고, ②, ④, ⑤는 주격 관계대명사 who 뒤에 알맞지만, ③에서 명사 glasses는 선행사 the girl과 소유 관계이므로 소유격 관계대명사 whose 뒤에 알맞다.

12

· 나는 초등학교를 다닐 때 만난 친구가 그립다.

· 나는 10년 전에 구입한 오래된 테이블을 버렸다.

해설 선행사가 사람인 목적격 관계대명사는 who(whom/that)이고, 선행사가 사물인 목적격 관계대명사는 which(that)가 알맞다.

어휘 elementary school 초등학교

13

· 나는 네가 말하고 있는 것을 이해하지 못하겠다.

· 그들은 마당이 넓은 집에 산다.

해설 선행사를 포함하는 관계대명사는 what이며, 소유격 관계대명사는 whose이다.

어휘 yard 마당

14

산책을 하고 있는 소년과 강아지가 보인다. 그 소년은 파란 줄무늬가 있는 셔츠를 입고 있다. 그 강아지는 핑크색 리본을 하고 있다.

해설 ⑤ 선행사 a ribbon에 맞춰 are가 아닌 is를 써야 한다.

어휘 take a walk 산책하다

15

너는 Emily와 그녀의 귀여운 강아지가 공원에서 뛰고 있는 것을 볼 수 있다.

해설 선행사로 사람과 동물이 같이 나왔고 주격 관계대명사가 필요하므로 that이 알맞다.

16

너는 부모님이 두 분 다 영어선생님인 사람을 알고 있니?

해설 선행사 a person의 소유격 역할이 필요하므로 parents를 수식하는 소유격 관계대명사 whose를 써야 한다.

17

A: 나는 네가 추천해 준 새 책을 사러 서점에 있어. 그런데 그것을 찾을 수가 없어. 그것은 어떤 것이니?

B: 그것은 표지에 남자와 고양이 그림이 있는 책이야.

해설 첫 번째 빈칸에는 선행사가 사물이고 목적격 관계대명사가 필요하므로 which 또는 that이 알맞으며, 두 번째 빈칸에는 책의 표지에 대한 내용이므로 소유격 관계대명사 whose가 알맞다.

어휘 recommend 추천하다 cover 책 표지

18

나는 내가 사고 싶은 것을 정할 수가 없다.

해설 which 대신에 선행사를 포함하는 관계대명사 what이 알맞다.

19

① 나는 눈이 푸른색인 친구가 있다.

② 너는 누구의 숙제를 도와주었니?

③ 너는 부모님이 중국 출신이신 친구가 있니?

④ 너는 엄마가 선생님인 친구가 있니?

⑤ 나는 드레스가 유명 디자이너에 의해 만들어진 친구가 있다.

해설 ② whose는 '누구의'라는 뜻의 의문사로 쓰였고, 나머지는 소유격 관계대명사로 쓰였다.

20

① 이것이 네가 사야 하는 것이다.

② 지금 내가 할 수 있는 것은 그냥 결과를 기다리는 것이다.

③ 이번 주말에 무엇을 할 것이니?

④ 내가 지금 말해주는 것을 잘 들어.

⑤ 나는 네가 오늘 입은 것이 마음에 드는구나.

해설 ③ what은 '무엇'이라는 뜻의 의문사로 쓰였고, 나머지는 선행사를 포함하는 관계대명사로 쓰였다.

21

① 너는 누가 영화 보러 가고 싶은지 아니?

② Jane은 안경을 쓴 소녀이다.

③ James는 아주 열심히 일하는 소년이다.

④ Kate Kim이 세계 챔피언이 된 여성입니까?

⑤ 그들이 네가 파티에 초대한 사람들이니?

해설 ① who는 '누구'라는 뜻의 의문사로 쓰였고, 나머지는 주격과 목적격 관계대명사로 쓰였다.

22

해설 관계대명사 what은 선행사를 포함하며 '~하는 것(the thing(s) that)'이란 뜻으로 쓰인다.

23

나는 어려운 수학 문제를 연구하는 박사를 만났다.

해설 관계대명사는 선행사 뒤에 위치한다. a doctor가 선행사이므로 관계대명사 who(that)가 doctor 뒤에 위치한다.

24

내가 제일 원하는 것은 가족 여행이다.

해설 관계대명사 what은 선행사를 포함하는 관계대명사로, '~하는 것(the thing(s) that)'이란 뜻으로 쓰인다. 여기서 what이 이끄는 관계대명사절은 문장에서 주어로 쓰이므로 맨 앞에 위치한다.

25

Nami는 자신의 아버지가 조종사인 내 친구이다.

해설 소유격 관계대명사는 선행사 뒤에 위치한다. 여기서 my friend가 선행사이므로 friend 뒤에 관계사 whose가 위치한다.

26

• 민수는 아주 목마르다.

• 그는 물을 좀 마시고 싶다.

→ 민수가 원하는 것은 물이다.

해설 선행사를 포함하는 관계대명사 what이 알맞다.

27

• 이것은 그 건물이다.

• 그것의 지붕에 불이 났었다.

→ 이것이 지붕에 불이 났던 건물이다.

해설 building과 roof가 소유 관계이므로 소유격 관계대명사 whose가 알맞다.

28

① 내가 만든 쿠키들 좀 먹어봐.

② 너와 얘기하고 있던 소녀는 누구니?

③ 긴 꼬리를 가진 그 강아지는 나의 애완동물입니다.

④ 이것이 내가 이야기하던 책이야.

⑤ 그녀가 내가 너에게 소개하려던 소녀야.

해설 목적격 관계대명사는 생략이 가능한데, ③은 주격 관계대명사이므로 생략할 수 없다.

29

• 이것은 만화책이다.

• 나는 이것을 어제 빌렸다.

→ 이것은 내가 어제 빌린 만화책이다.

해설 관계대명사가 선행사를 대신하는 역할을 하므로 관계대명사절 안에서는 선행사(comic book)를 가리키는 단어 it이 삭제되어야 한다.

30

• 나는 한 소년을 알고 있다.

• 그 소년의 여동생(누나)은 유명한 여배우이다.

→ 나는 여동생(누나)이 유명한 여배우인 한 소년을 알고 있다.

해설 관계대명사가 선행사를 대신하는 역할을 하므로 관계대명사절 안에서는 선행사의 소유격 his가 삭제되어야 한다.

31

(1) Kate는 곱슬 머리를 가진 소녀이다.

(2) Jane은 원피스를 입고 있는 소녀이다.

(3) Jenny는 자신의 우산이 빨간색인 소녀이다.

해설 사람에 대한 주격 관계대명사는 who 또는 that을 사용하고, 소유격 관계대명사는 whose를 써야 한다.

32

(1) Bob은 자신의 강아지가 경기에 이긴 소년이다.

(2) Nelly는 경기에 진 강아지이다.

해설 (1) 선행사 the boy는 괄호 안의 dog의 소유격이 되므로 소유격 관계대명사 whose가 알맞으며, (2) 선행사가 동물이므로 주격 관계대명사 which나 that이 알맞다.

12 접속사

Writing Practice

Ⓐ

1 that
2 while
3 while
4 that
5 that
6 since
7 As(Since/Because)
8 As(When)
9 Though(Although/Even though)
10 though(although/even though)
11 If
12 unless
13 As(Since/Because)
14 until
15 that

Ⓑ

1 Since my niece cried all night
2 until the store closes
3 that Tom is moving to another country
4 that Emily won the contest
5 Since Sam and I are good friends
6 as the police caught the burglar
7 While he was going to school
8 Even though I don't agree with his political views
9 that English is fun to learn
10 that the rumor is true
11 While you are taking the test
12 while you are playing the piano
13 until you hand in your homework
14 Since I was two
15 Although I was very mad

Actual Test

1 ① **2** ① **3** ③ **4** ② **5** ② **6** ③ **7** ③ **8** ② **9** ⑤
10 While **11** Since **12** Though **13** ③, ④ **14** ①
15 If I want to talk to somebody, I call Tina. (I call Tina if I want to talk to somebody.) **16** Although it was expensive, we took a taxi. (We took a taxi although it was expensive.) **17** Unless you wake up early, you will miss the train. (You will miss the train unless you wake up early.) **18** Since → Although (Though/Even though) **19** If → Unless **20** ⑤ **21** ①
22 ④ **23** while **24** that **25** Though **26** ④ **27** Since → Though(Although/Even though) **28** ⑤ **29** ⑤ **30** ② **31** (1) if you clean your room (2) unless you clean your room (3) Though you cleaned your room yesterday **32** (1) As he loves me a lot (2) Though he is busy (3) If things go well

1

해설 빈칸 뒤의 내용이 앞의 이유가 되므로 '~때문에'의 의미인 접속사 since가 알맞다.

2

① 내가 10살 때부터, 나는 파리에서 살아왔다.
② 내가 다리를 다쳐서, 나는 자전거를 탈 수가 없다.
③ 내가 수학을 잘 못해서, 나는 수학을 좋아하지 않는다.
④ 그것이 저렴해서, 나는 그것을 살 수 있었다.
⑤ 그것이 새것이었기 때문에 모든 사람들이 그것을 좋아했다.
해설 ① since는 '~부터, ~한 이래로'라는 의미로 쓰였고, 나머지는 '~때문에'라는 의미로 쓰였다.
어휘 be good at ~을 잘하다

3

너는 여권이 있지 않으면, 비행기에 탈 수 없다.
해설 '~가 아니면'의 의미인 접속사 unless가 알맞다.
어휘 passport 여권

4

그는 집에서는 웃기는 반면, 그는 일터에서는 아주 진지하다.
해설 '~인 반면'이라는 대조의 의미인 while이 알맞다.

5

• 네가 빨리 회복하길 바라.
• 나는 경찰이 그 도둑을 잡을 것이라고 생각한다.
해설 목적어로 쓰인 명사절을 이끄는 접속사인 that이 알맞다.

어휘 get well 건강을 회복하다

6

• 네가 더 이상 필요하지 않을 때까지 그 차를 사용해도 된다.
• 네가 올 때까지 나는 너를 기다릴 거야.
해설 '~까지'라는 의미인 until이 알맞다.

7

나는 아파서(아프면), 오늘 집에 머물 것이다.
해설 빈칸에는 '이유'나 '조건'을 나타내는 접속사가 알맞다.

8

① 나는 네가 명석하다고 생각해.
② 나에게 영어를 가르치셨던 분은 Brown 선생님이다.
③ 너는 그가 대회에서 우승했다는 것을 믿니?
④ 너는 Jonny가 이사 간다는 거 들었니?
⑤ Tony는 모든 사람들이 착한 마음을 가지고 있다고 믿는다.
해설 that절이 목적어 역할을 하는 경우 접속사 that은 생략이 가능하지만, ② that은 주격 관계대명사로 생략이 불가능하다.
어휘 brilliant 명석한

9

① 나는 피곤해서, 잠자리에 일찍 들었다.
② 내가 더 높이 올라갈수록, 어두워졌다.
③ 길을 걸어 내려오는 중에, 나는 강아지를 보았다.
④ 내가 노래하고 있을 때, 내 남동생은 춤을 추었다.
해설 ⑤ '~함에도 불구하고'라는 뜻의 though(although/even though)가 알맞고, 나머지는 이유나 시간을 나타내는 접속사 as가 알맞다.
어휘 hang out with ~와 어울리다

10

내가 TV를 보고 있는 동안, Tommy가 나에게 전화했다.
해설 동시에 일어나는 동작이므로 '~하는 동안'의 의미인 while이 알맞다.

11

그것은 너무 비쌌기 때문에, 나는 그것을 사지 않았다.
해설 '~때문에'의 의미인 since가 알맞다.

12

내가 그에게 전화를 여러 번 했음에도 불구하고, 그는 전화를 받지 않았다.
해설 '~함에도 불구하고'의 뜻으로 양보의 부사절을 이끄는 though가 알맞다.

13

• 나는 계단을 이용해야 했다.
• 엘리베이터가 고장이 났다.
→ 나는 엘리베이터가 고장이 나서, 계단을 이용해야 했다.
해설 '~때문에'의 의미인 since나 as가 자연스럽다.
어휘 stairs 계단

14

• 너는 아침을 거른다.
• 너는 점심 전에 배가 고플 것이다.
→ 네가 아침을 거르면, 점심 전에 배가 고플 것이다.
해설 '~하면'의 의미인 조건을 나타내는 접속사 If가 알맞다.
어휘 skip 건너뛰다, 거르다

15

• 나는 누군가와 이야기하고 싶다.
• 나는 Tina에게 전화한다.
→ 나는 누군가와 이야기하고 싶으면, Tina에게 전화한다.
해설 '~하면'의 의미인 접속사 if를 이용하여 한 문장으로 쓸 수 있다.

16

• 우리는 택시를 탔다.
• 그것은 비쌌다.
→ 택시가 비쌌음에도 불구하고, 우리는 택시를 탔다.
해설 '~함에도 불구하고'의 의미인 although가 이끄는 부사절을 이용하여 한 문장으로 쓸 수 있다.

17

• 너는 일찍 일어난다.
• 너는 기차를 놓칠 것이다.
→ 네가 일찍 일어나지 않는다면, 기차를 놓칠 것이다.
해설 '~가 아니면'의 의미인 unless가 이끄는 부사절을 이용하여 한 문장으로 쓸 수 있다.

18

날씨가 추웠음에도 불구하고, 나는 어쨌든 밖에 나갔다.
해설 '~함에도 불구하고'의 뜻인 although(though/even though)가 알맞다.

19

네가 열심히 준비하지 않으면, 너는 시험에 불합격할 것이다.
해설 '~가 아니면'의 의미인 unless가 알맞다.

20

• 그의 엄마가 나가 계신 동안, 그는 TV를 보았다.
• 나는 아파서 학교에 결석했다.

해설 '~하는 동안'이라는 의미로 while이 쓰이며, '~때문에'라는 의미로 as가 쓰인다.

어휘 be absent from ~에 결석하다

21

눈이 오고 있음에도 불구하고, 우리는 수영을 갔다.

해설 접속사 뒤에는 주어와 동사가 있는 완전한 절이 와야 한다.

22

네 대답이 틀리면, 빨간 불이 켜질 것이다.

해설 접속사 뒤에는 주어와 동사가 있는 완전한 절이 와야 한다.

23

A: 지갑 보셨나요? 저는 제 지갑을 찾고 있어요.
B: 길을 걸어 내려오는 동안 지갑을 하나 보았어요.

해설 '~하는 동안'이라는 의미로 시간을 나타내는 접속사 while이 쓰인다.

어휘 wallet 지갑

24

A: 지갑 보셨나요? 저는 제 지갑을 찾고 있어요.
B: 제가 길에서 빨간 지갑을 본 것 같아요.

해설 빈칸 이하는 문장에서 목적어 역할을 하는 명사절이므로 접속사 that이 알맞다.

25

A: 지갑 보셨나요? 저는 제 지갑을 찾고 있어요.
B: 제가 비록 어떤 지갑도 보진 못했지만, 누가 당신을 도와줄 수 있는지는 알아요.

해설 '~함에도 불구하고'라는 뜻으로 though가 쓰인다.

26

① 그가 (외출하고) 없어서, 나는 메모를 남겼다.
② 너무 추워서, 우리는 집에 머물렀다.
③ David가 신나는 영화를 보는 동안, 초인종이 울렸다.
④ 그가 프랑스에서 20년 동안 살아서, 그는 불어를 잘하지 못한다.
⑤ 그와 나는 좋은 친구라서 나는 Tony를 도와주었다.

해설 ④ 서로 상반되는 내용이 등장하므로, 이유나 시간을 나타내는 as는 어울리지 않는다. (as → though)

어휘 doorbell 초인종

27

그는 비록 유머감각이 없음에도 친구가 많다.

해설 서로 상반되는 내용이 나오므로 '~함에도 불구하고'의 뜻인 Though(Although/Even though)가 알맞다.

어휘 sense of humor 유머감각

28

나는 피곤하기 때문에 일찍 집에 갔다.

해설 이유를 나타내므로 '~때문에'라는 의미의 since가 알맞다.

29

해설 '~인 반면'이라는 대조의 의미로 while이 쓰인다.

30

네가 지금 출발하지 않으면, 너는 늦을 것이다.

해설 if는 '~을 한다면'이라는 의미이고, unless(if~not)는 '~을 하지 않는다면'이라는 의미이다.

31

엄마: Emily, (1) 네가 방을 청소하면, 너에게 선물을 줄게.
Emily: 하지만 저는 방을 청소하고 싶지 않아요.
엄마: 음, (2) 네가 방을 청소하지 않으면, 너는 용돈을 받지 못할 거야.
Emily: 엄마, 어제 제 방을 청소했어요!
엄마: (3) 비록 어제 네가 방을 청소했더라도, 오늘 또 청소해야 해. 방이 더러워.
Emily: 알겠어요, 엄마.

해설 if는 '~을 한다면'이라는 의미이고, unless는 '~을 하지 않는다면'이라는 의미이며, though는 '~임에도 불구하고'라는 의미이다.

32

아빠는 출장을 가셨다.
(1) 아빠가 나를 많이 사랑하기 때문에, 그는 나를 아주 많이 보고 싶어 하신다.
(2) 아빠는 바쁘심에도 불구하고, 나에게 많이 전화하신다.
(3) 일이 잘되면, 그는 아주 빨리 돌아오실 것이다.

해설 as는 '~때문에'라는 의미이고, though는 '~임에도 불구하고'라는 의미이며, if는 '~을 한다면'이라는 의미이다.

어휘 go on a business trip 출장을 가다

MEMO

EBS 중학

뉴런

| 영어 2 |

Mini Book

미니북

Vocabulary

Reading 어휘 연습

접미사 / 접두사
- 명사를 만드는 접미사
- 형용사를 만드는 접미사
- 동사를 만드는 접미사
- 부사를 만드는 접미사
- 부정의 의미를 만드는 접두사

동사 변화표

Reading A

세상에서 가장 큰 predator 중 하나는 백상아
리이다. 백상아리는 오랫동안 evolve해 왔다.
그것들은 매우 intelligent하고 hunting에
be good at하다. 상어들은 더 작은 물고기들,

가오리, 바다사자, 물개, 그리고 심지어 다른 상어들까지 잡아먹는다. 백상아리는
2천 킬로그램 이상 weigh할 수 있고, up to 7미터 자랄 수 있으며 prey를
잡기 위해 per hour 69킬로미터까지 헤엄칠 수 있다.

• predator	몡 포식자	• weigh	동 무게가 ~이다
• evolve	동 진화하다	• up to	~까지
• intelligent	형 똑똑한	• prey	몡 먹이
• hunting	몡 사냥	• per hour	시간당
• be good at	~을 잘하다		

Reading

누가 최초의 피자를 만들었는가? 사실, 사람들은 매우 오랫동안 피자를 만들어 왔다. Stone Age 사람들은 피자의 기초 ingredient인 dough를 만들기 위해 뜨거운 돌 위에서 grain을 요리했다. 그 당시에는, 피자를 담을 plate가 없었다. 그래서, 사람들은 dough를 plate로 대신 사용했다. 그들은 various한 다른 음식, 허브, spice로 그것을 덮었다. 이것이 세계 최초의 피자였다. 그들 덕분에, Stone Age 이후로 사람들은 계속 피자를 즐겨 오고 있다.

- Stone Age 석기 시대
- ingredient 몡 재료
- dough 몡 밀가루 반죽
- grain 몡 곡식
- plate 몡 접시
- various 혱 다양한
- spice 몡 양념, 향신료

Reading

vitamin A는 disease를 prevent할 수 있기 때문에 중요하다. 그것은 제2차 세계 대전 중에 그 value를 prove했다. 조종사들은 야간에 bombing mission을 나갔다. 그들은 daylight에서는 잘 볼  수 있었지만 dark할 때는 잘 볼 수 없었다. 이런 condition은 night blindness로 알려져 있다. 그것은 vitamin A를 섭취함으로써 prevent 되고 cure될 수 있다. 이 vitamin은 또한 코와 throat에 좋다.

- **vitamin** 명 비타민
- **disease** 명 질병
- **prevent** 통 막다, 예방하다
- **value** 명 가치
- **prove** 통 증명하다
- **bombing** 명 폭격
- **mission** 명 임무
- **daylight** 명 (낮의) 햇빛, 일광
- **dark** 형 어두운
- **condition** 명 상태, 질환
- **night blindness** 야맹증
- **cure** 통 치료하다
- **throat** 명 목구멍, 목

Reading B

bamboo는 세상에서 가장 유용한 풀 중 하나이다. 그것은 fence, ladder, 심지어 entire한 집을 만드는 데 사용된다. 장난감, raft, fishing rod, 그리고 많은 다른 product들이 bamboo로 만들어진다. 그것의 잎은 동

물들에게 먹이고 종이를 만드는 데 사용된다. 그 식물의 즙은 medicine으로 사용된다. 그것의 stem은 그 식물의 가장 valuable한 부분이다. 그것은 속이 hollow해서 사람들은 그것을 water pipe, 피리, 그리고 flowerpot으로 사용한다. bamboo stem은 채소로 먹는다. 그것이 조리되면 asparagus 같은 맛이 난다. 이 마법 풀의 용도에는 끝이 없다!

- bamboo   명 대나무
- fence   명 울타리
- ladder   명 사다리
- entire   형 전체의
- raft   명 뗏목
- fishing rod   낚싯대
- product   명 제품, 생산품
- medicine   명 약
- stem   명 줄기
- valuable   형 가치 있는
- hollow   형 속이 텅 빈
- water pipe   배수관, 송수관
- flowerpot   명 화분
- asparagus   명 아스파라거스

UNIT 03 조동사

Reading A

그 famous한 맨체스터 유나이티드 축구 club은 Charlie Jackson이 서명을 할 때까지 2년을 기다렸다. 왜? Jackson이 단지 세 살이었기 때문이다. 그래서 맨체스터 유나이티드 축구 club은 그가 다섯 살이 될 때까지 기다렸다. 그들은 Jackson이 future의 superstar 선수가 될 것이라고 생각했기 때문에 그를 keep an eye on해야 한다고 믿었다. 그들은 그가 어린아이들을 위한 축구 프로그램인 Footytotz에서 축구하고 있을 때 그를 보았다. 2년 후에, 그들은 돌아와서 그 소년을 축구단의 development 센터에서 train시킬 수 있도록 sign했다. Jackson은 아직 Footytotz에서 뛰고, once a week 맨체스터 유나이티드와도 train한다. 그의 부모는 "만일 그가 축구를 즐기는 일을 그만두면, 우리는 그를 위해 뭔가 다른 일을 찾을 것입니다."라고 말했다.

- famous 형 유명한
- club 명 클럽, 구단
- future 형 장래의
- superstar 명 슈퍼스타
- keep an eye on ~을 계속 지켜보다
- development 명 발달
- train 동 훈련하다
- sign 동 계약하다
- once a week 일주일에 한 번

Reading

Andy의 great-grandfather는 카우보이였었다. Andy가 아주 어린 소년이었을 때 그는 카우보이에 대한 자신의 증조할아버지의 옛이야기를 듣는 것을 즐겼다. 카우보이의 일이 쉬웠을까? 전혀 아니었다. 그것은 매우 힘들었다. cattle의 herd를 quiet하게 하고 함께 모여 있도록 하기 위해 어떤 카우보이들은 밤에 말을 타야 했다. 그들은 잠자리에 들 때, trouble이 생길 경우를 대비하여 그들의 말에 saddle하곤 했다. 소들이 restless할 때 카우보이들은 노래를 부르거나 hum하곤 했다. 이것은 그들을 calm하는 데 도움이 되었다.

- great-grandfather 명 증조부
- cattle 명 (복수) 소
- herd 명 (동종 짐승의) 떼
- quiet 형 조용한, 차분한
- trouble 명 문제, 곤란, 골칫거리
- saddle 동 안장을 얹다
- restless 형 가만히 있지 못하는
- hum 동 (노래를) 흥얼거리다
- calm 동 진정시키다

Reading Ⓐ

1812년, 3살이었던 Louis Braille은 accident 로 vision을 잃었다. 10살이 되었을 때, 그는 공 부를 하기 위해 파리의 national 시각 장애 청 소년 교육원에 갔다. 그곳에서 그는 자신과 같은

다른 사람들을 위해 raised dots를 unique한 pattern으로 놓는 것을 come up with해 냈다. blind people은 그것들을 손가락으로 느껴 글자 로 이해할 수 있었다. 그것이 점자법의 시작이었고, 1829년에 첫 번째 점자책이 come out되었다. 후에 1837년에 Louis는 수학과 음악 symbol을 add했다. 이제 점자는 전 세계의 시각 장애인들을 돕기 위해 모든 언어로 available하다.

• accident	명 사고	• come up with	~을 생각해 내다
• vision	명 시력, 시각	• blind people	시각 장애인
• national	형 국립의	• come out	출간되다
• raised dot	돌출된 점	• symbol	명 상징, 기호
• unique	형 독특한	• add	동 추가하다
• pattern	명 모양, 무늬	• available	형 이용할 수 있는

Reading B

스위싱(swishing)은 돈을 전혀 spend하지 않으면서 여러분의 wardrobe를 clear out하고 whole한 새로운 것을 얻을 수 있는 방법이다. 그 아이디어는 옷, 액세서리, 그리고 신발을 exchange 하기 위해 친구 및 가족들과 함께 모이는 것이다. 그것(스위싱)은 다음과 같이 work 된다.

1단계 초대할 사람들, 사용할 집, 그리고 여러분의 스위싱 파티를 throw할 날짜를 선택하라.

2단계 모든 사람에게 quality가 좋은 exchange할 item을 찾아 자신들의 옷장을 look through하라고 요청하라.

3단계 모든 사람에게 파티에 자신들의 물건들을 가져오라고 하고 스위싱이 시작되게 하라. aim은 모든 donate된 물건들을 위한 새로운 보금자리를 찾는 것이다.

• spend	통 돈을 쓰다	• throw	통 (파티를) 열다
• wardrobe	명 옷장	• quality	명 품질
• clear out	정리하다	• item	명 물건, 품목
• whole	형 전체의, 온전한	• look through	(빠르게) 훑어보다
• exchange	통 교환하다	• aim	명 목적
• work	통 작동되다, 기능하다	• donate	통 기부하다

Reading A

pain은 무엇인가가 올바르지 않다는, 몸이 보내
는 signal이다. 그것은 신체적인 injury나 어
떤 종류의 disease 때문일 수 있다. physical
한 pain의 대부분의 유형은 진통제로 treat될
수 있다. pain medication들은 mild한 pain을 치료하는 데 쓰인다. 그
것들은 또한 fever를 reduce하기 위해 사용될 수도 있다. pain이 며칠 이상
지속되면, 의사와 consult하는 것이 현명하다. 또한 통증을 reduce하는
alternate method들이 있다. 이것들은 sore한 muscle을 위한 열 치료,
최근의 부상을 위한 얼음 팩, 마사지, 그리고 relaxation 요법들을 포함한다.

• pain	명 통증	• fever	명 열
• signal	명 신호	• reduce	통 줄이다
• injury	명 부상	• consult	통 상담하다
• disease	명 질병	• alternate	형 대체의
• physical	형 신체의	• method	명 방법
• treat	통 치료하다	• sore	형 쑤시는, 아픈
• medication	명 치료약	• muscle	명 근육
• mild	형 약한, 가벼운	• relaxation	명 휴식

desert는 동물들이 살기에 쉬운 장소가 아니다. 그들이 마실 물이 거의 없다. 그들은 또한 extreme한 temperature를 deal with해야 한다. 사막의 많은 동물들은 simply하게 햇빛을 stay out of한다. 그들은 자신들의 많은 시간을 burrow 속에서 보내고, 먹이를 찾기 위해 밤에 나온다. 어떤 새들은 가장 더운 달 동안 사막을 떠난다. 사막다람쥐는 연중 가장 더운 달 동안 잠을 잔다. 다른 동물들은 heat에 adapt to해 왔다. camel은 긴 다리를 가지고 있어 자신들의 몸을 모래의 heat로부터 떨어져 있게 한다.

- **desert** 몡 사막
- **extreme** 혱 극한의
- **temperature** 몡 기온, 온도
- **deal with** ~에 대처하다
- **simply** 뿐 그저, 단순히
- **stay out of** ~을 피하다
- **burrow** 몡 굴
- **heat** 몡 열, 더위
- **adapt to** ~에 적응하다
- **camel** 몡 낙타

Reading (A)

온도를 Celsius에서 Fahrenheit로 바꾸는 것은 difficult하지 않습니다. first, Celsius 온도에 9를 multiply하세요. 그러고 나서 그 answer를 5로 divide하세요.

그리고 그 답에 32를 add하세요. 그것이 Fahrenheit 온도입니다. for instance, 만약 Celsius 온도가 32도라면, 32에 9를 multiply합니다. 그리고 그 answer인 288을 5로 divide합니다. result는 57.6입니다. 그 다음에 32를 add하면 Fahrenheit 온도인 89.6℃를 얻습니다. 이제 여러분은 온도를 Celsius에서 Fahrenheit로 바꾸는 방법을 압니다.

- Celsius 	명 섭씨
- Fahrenheit 	명 화씨
- difficult 	형 어려운
- first 	부 먼저, 우선
- multiply 	동 곱하다
- answer 	명 답, 대답, 응답
- divide 	동 나누다
- add 	동 더하다
- for instance 	예를 들면
- result 	명 결과

pimple이 나는 것은 성장의 정상적인 과정이지만 많은 십 대들은 여드름 때문에 스트레스를 받고 그것을 get rid of하고 싶어 합니다. 몇몇 사람들은 여러분에게 여드름을 pop하는 것이 그것을 눈에 덜 noticeable하고, 빨리 heal하게 하는 데 도움이 될 것이라고 말할지도 모릅니다. 하지만 그들은 틀렸으므로 여러분은 거울에서 step away from 하는 편이 좋습니다. 여드름을 짜거나 터뜨리는 것은 germ을 여러분의 피부 안쪽으로 더 밀어 넣고, 얼굴 붉어짐, 통증, 심지어는 infection까지 더 많이 유발할 수 있습니다. 그리고 여드름을 짜는 것은 또한 영원히 last할 수도 있는 scar를 유발할 수도 있습니다. 따라서 여드름이 나면, 그냥 그대로 두세요.

• pimple	몡 여드름	• germ	몡 세균, 미생물
• get rid of	~을 제거하다	• infection	몡 감염
• pop	통 터뜨리다	• last	통 지속되다
• noticeable	혱 눈에 띄는	• scar	통 흉터를 남기다
• heal	통 치유되다		몡 상처, 흉터
• step away from	~에서 물러나다		

Reading Ⓐ

세계에는 많은 superstition이 있다. 그중에 숫자 13 은 probably 가장 popular한 superstition 일 것이다. 많은 건물들이 13번 방이나 13th floor를 갖고 있지 않다. 오래 전에, 인류는 그의 열 손가락과 두  발을 사용해서 숫자를 count했고, 그저 up to 12를 셀 수 있었다고 어떤 이들 은 말한다. 사람들은 너무 scared해서 숫자 12를 beyond해서 continue 하지 못했다. 하지만 ancient의 이집트인들과 중국인들은 이 숫자를 매우 운이 좋은 것으로 regard했다. 그래서 그것을 불운하다고 treat하기에 acceptable한 단 하나의 explanation이나 답은 없다.

• superstition 명 미신		• beyond 전 ~을 넘어서	
• probably 부 아마		• continue 동 계속하다	
• popular 형 인기 있는, 유명한		• ancient 형 고대의	
• floor 명 (건물의) 층		• regard 동 ~로 생각하다	
• count 동 세다		• treat 동 여기다	
• up to (특정한 수·정도) 까지		• acceptable 형 합당한	
• scared 형 무서워하는, 겁먹은		• explanation 명 설명	

Reading B

뉴욕 시 marathon을 아는가?
Fred Lebow라는 이름의 남자가
1970년에 그것을 시작했다. 그것은 작
고 unimportant한 경주로 시작했

지만 오늘날 그것은 전 세계로부터 온 사람들의 마음을 attract하기에 충분히 인
기 있는 것이 되었다. recently, more than 43,000명의 사람들이 그 마라
톤에서 뛰었고 많은 crowd들이 달리기 주자들을 응원했다. participant들
은 뉴욕 시를 가로질러 달렸고 최고의 주자들은 (완주하는 데) less than 3시간
의 시간이 걸렸다. 몇 해 동안 내내 많은 신나는 행사들이 마라톤을 하는 동안 일어
났다. 한 젊은 커플은 경주 시작 몇 분 전에 get married했다. 그러고 나서 그
들은 결혼식 하객들과 함께 마라톤 경주를 했다. 뉴욕 시 마라톤의 founder인
Fred Lebow는 비록 사망했지만 마라톤과 그것의 모든 excitement는 계속
될 것이다.

• marathon	명 마라톤	• participant	명 참가자
• unimportant	형 하찮은	• less than	~보다 적게, ~ 미만
• attract	동 마음을 끌다	• get married	결혼하다
• recently	부 최근에	• founder	명 설립자, 창시자
• more than	~보다 많이, ~ 이상	• excitement	명 흥분, 신남
• crowd	명 군중		

Reading A

James Givens는 오하이오 주의 경찰관이다. 어느 날, 무엇인가가 knock하는 소리를 들었을 때 그는 자신의 차 안에 앉아 있었다. 그는 turn around해서 goose 한 마리가 자동차 문을 부리로 peck하고 있는 것을 보았다. 그것이 멈추지 않아서 그는 차 밖으로 step out했다. 그러자 그 새는 다른 곳으로 walk away했지만 계속 돌아보며 James가 follow하는지 확인했다. 마침내 그들이 멈췄을 때, 그는 gosling 한 마리가 어떤 풍선 string에 trap되어 있는 것을 보았다. 그 거위는 자신의 새끼를 풀어 주는 데 그의 도움이 필요했던 것이다. 몇 분 후, 그는 그 작은 새를 free해 주었고 그것은 엄마에게 갔다. 그 둘은 shortly after로 take off했다. 그것은 실화이다! 믿을 수 있는가?

• knock	통 두드리다, 노크하다	• gosling	명 새끼 거위
• turn around	몸을 돌리다	• string	명 끈, 줄
• goose	명 거위	• trap	통 가두다
• peck	통 (부리로) 쪼다	• free	통 풀어 주다, 빼내다
• step out	나가다	• shortly after	금세, 곧
• walk away	떠나가다	• take off	서둘러 떠나다, 날아오르다
• follow	통 따라가다		

Reading B

음악은 사람들에게 affect한다. 몇몇 과학자들에 according to하면, (바흐나 모차르트 같은) 서양 classical 음악의 소리는 사람들을 더 부유하게 느끼게 만든다고 한다. 따라서 음식점에서 고전음악을 틀어 주면 현대음악을 틀어 주는 것보다 사람들이 더 많은 돈을 음식과 음료에 spend한다. 과학자들은 또한 loud하고 빠른 음악이 사람들을 더 빨리 먹게 만든다고 이야기한다. 따라서 어떤 음식점에서는 그들이 바쁜 시간 동안에 빠른 음악을 들려준다. in addition, 어떤 과학자들은 음악이 당신이 더 잘 생각하고 배우게 만든다고 생각한다. 그들은 음악이 학생들을 relaxed하도록 도와준다고 믿으며, 긴장이 풀어졌을 때 학습이 더 잘 되는 것은 사실이다. 다음번에 어디에선가 음악을 들으면, 조심해라. 그것은 네가 behave하는 방식을 바꿀지도 모른다.

- **affect** 통 영향을 미치다
- **according to** ~에 따르면
- **classical** 형 고전적인
- **spend** 통 (돈·시간을) 쓰다
- **loud** 형 시끄러운
- **in addition** 게다가
- **relaxed** 형 긴장이 풀린
- **behave** 통 행동하다

Reading Ⓐ

사람들은 많은 way로 say hello한다. 사람들이
만났을 때 한 land에서는 ground에 fall
down하고 또 다른 land에서는 자기 자신의 양손
을 함께 rub한다. 그들이 서로를 볼 때 어떤 사람들은

한 발을 put up in the air하고, 어떤 사람들은 친구의 손에 입을 맞추고, 어떤
사람들은 친구의 발을 take하고 그것을 자신의 얼굴에 rub한다. 인사를 하는 많
은 방법이 있다. 아무도 어떤 방법이 가장 좋은지 알 수 없지만 우리 모두는 한 가지
는 알고 있다: 안부 인사를 하는 것은 communication의 행동이다.

• way	명 방법	• rub	동 문지르다
• say hello	인사말을 건네다, 인사하다	• put ~ up in the air	공중으로 ~을 들어 올리다
• land	명 땅, 국토, 지역	• take	동 붙잡다
• ground	명 땅바닥, 지면	• communication	명 의사소통
• fall down	엎드리다, 넘어지다		

어느 날 Walt Disney는 그의 딸들을 데리고 amusement park에 갔다. 그들은 놀이기구도 타고, 게임도 하고, 동물들을 봤다. 그러나 아이들은 즐거운 시간을 보내지 못했다. 그는 그의 아이들을 더 나은 곳으로 데려가고 싶었다. 그는 "환상의 나라"와 "모험의 나라"라는 이름의 다른 부분들로 이루어진 새로운 공원을 꿈꾸었다. 그는 Mickey Mouse와 다른 cartoon character들이 공원을 walk around하며 guest들에게 말을 걸기를 원했다. 1955년 마침내 디즈니랜드가 캘리포니아에 문을 열었다. 그것은 바로 immediate hit이었다. 사람들이 미국 전역과 전 세계에서 왔다. 1971년에는 플로리다에 월트 디즈니월드가 문을 열었다. 오늘날에는 도쿄와 파리, 홍콩, 상하이에도 디즈니랜드가 있다.

- amusement park 놀이공원
- cartoon 명 만화
- character 명 등장인물
- walk around 돌아다니다
- guest 명 손님
- immediate 형 즉각적인
- hit 명 히트, 대성공

Reading Ⓐ

lightning은 먹구름이 drops of water
로 be full of할 때 form된다. 구름들이 움직
일 때, 이 tiny한 drops of water가 서로
rub한다. electric spark는 하나의 구름에

서 또 다른 구름으로 leap하고 가끔은 지표면으로 튄다. 우리가 보는 flash들은
별로 wide하지 않다. 그것들은 대략 성인 남자의 손가락 정도의 넓이이다. 그러나
그것들은 길어서 가끔은 8 mile만큼 길다. flash들은 매우 뜨겁다. 그것들은 태
양의 surface보다도 더 뜨겁다.

• lightning	명 번개, 번갯불	• spark	명 불꽃, 불똥
• drop	명 방울	• leap	동 뛰다, 뛰어넘다
• be full of	~로 가득 차 있다	• flash	명 섬광, 번쩍임
• form	동 형성하다	• wide	형 넓은
• tiny	형 아주 작은(적은)	• mile	명 마일(거리 단위)
• rub	동 문지르다	• surface	명 표면
• electric	형 전기의		

sugar cane은 수천 년 전에 인도에서 처음
재배되었다. Roman times에 그것은 유럽
에서 대단한 luxury로 여겨졌다. 로마 제국의
멸망 후에도 많은 수세기 동안 그것은 rare하고

비쌌다. 1493년에, 콜럼버스가 사탕수수 plant를 서인도 제도에 가져갔다. 그것은
매우 잘 자랐기에 huge한 plantation들이 유럽인들에 의해 시작되었고 아프
리카에서 온 slave들에 의해 경작되었다. 매우 많은 돈을 벌었기 때문에 설탕은
"흰색 금"이라고 알려졌다. 설탕은 음식을 sweeten하기 위해 사용되었지만 그
것은 addictive했다. 16세기에는, 영국인들이 역사상 최대 설탕 consumer
들이었다. 엘리자베스 1세 여왕은 그것을 너무 많이 먹어서 자신의 모든 치아를 잃었
다.

- sugar cane 사탕수수
- Roman 휑 로마 제국의
- times 명 시대
- luxury 명 사치(품)
- rare 휑 진귀한, 드문
- plant 명 식물, 묘목
- huge 휑 매우 큰
- plantation 명 대규모 농장
- slave 명 노예
- sweeten 통 달게 하다
- addictive 휑 중독성의
- consumer 명 소비자

Reading

유명한 그림 속 여성들이 남성처럼 look like하는 이
유에 대해 wonder해 본 적이 있는가? 위대한 화가
미켈란젤로가 그린 시스티나 chapel의 그림들 속 여
성들에 대한 연구는 male 신체에만 unique하게
있는 많은 feature를 찾아냈다. 그 그림들 속 여성들

은 모두 well-developed된 muscle을 가지고 있다. 그들은 또한 male
의 신체에 typical한 긴 thigh를 가지고 있다. 아마도 Renaissance 시
대에 female 모델을 찾는 것은 어려웠을 것이다. 그래서 미켈란젤로는 남성 모델
을 먼저 그리고 그 위에 여성의 옷을 덧칠했을지도 모른다.

- look like ~처럼 보이다
- wonder 통 궁금해하다
- chapel 명 예배당
- male 형 남성의
- unique 형 독특한, 독자적인
- feature 명 특색, 특징

- well-developed 형 잘 발달된
- muscle 명 근육
- typical 형 전형적인
- thigh 명 허벅지
- Renaissance 명 르네상스
- female 형 여성의

북아메리카와 유럽에서는 대부분의 여성들이 slim하기
를 원한다. 그러한 지역에서는 날씬한 여성이 아름답고
healthy한 여성으로 여겨진다. 그러나 아프리카의 많
은 지역에서는 뚱뚱한 여성이 아름답고 건강한 것으로 여

겨진다. 소녀들과 여성들이 건강하고 아름답게 보이도록 돕기 위해 central 아프
리카 사람들은 그들을 fattening하는 방으로 보낸다. usually, fattening
하는 방은 가족의 집 near에 있다. fattening하는 방에서 소녀는 생활하고, 자
고, 그녀가 살이 찌도록 도와주는 음식을 먹는다. 유일한 visitor는 그녀에게 앉는
법, 걷는 법, 말하는 법을 가르치는 여성들이다. 그들은 또한 그녀에게 청소,
sewing, 요리에 대한 advice도 한다.

- slim   형 날씬한
- healthy   형 건강한
- central   형 중앙의
- fattening   형 살을 찌우는
- usually   부 보통, 대개

- near   전 ~의 가까이에
- visitor   명 방문객
- sewing   명 바느질
- advice   명 충고

Reading Ⓐ

치아 fairy는 초기 childhood에 흔한 imaginary figure이다. 아이들이 유치가 빠져서 pillow 아래에 그것을 place하면, 아이들이 자는 동안 치아 fairy가 방문하여 빠진 이를 작은 선물이나 돈으로  replace한다고 믿어진다. 치아 fairy는 다른 형태로 전 세계에 exist한다. 예를 들어, 몽골에서 빠진 이는 개에게 주어지는데, 이유인즉 개들이 guardian 천사로 consider되기 때문이다. 한국과 일본에서는 아이들이 치아가 빠지게 되면, 사람들은 아이들에게 그것을 지붕 위로 던지거나, 집 아래에 두라고 말한다.

- **fairy** 몡 요정
- **childhood** 몡 어린 시절
- **imaginary** 혱 상상에만 존재하는
- **figure** 몡 인물, 숫자
- **pillow** 몡 베개
- **place** 동 두다
- **replace** 동 교체하다
- **exist** 동 존재하다
- **guardian** 몡 수호자
- **consider** 동 생각하다, (~으로) 여기다

Reading B

뉴질랜드 출신의 이상한 새인 kiwi새는 전혀 다른 새들처럼 행동하지 않는다. 그것은 심지어 날지도 못한다. 그것의 잠자는 habit도 마찬가지로 이상하다. 그것은 하루 중 brightest한 시간 동안 잔다. 키위새는 다른 새들처럼 알을 lay한다. 어미 키위새는 알들이 hatch하기 위해 그 위에 앉아 있나? 전혀 아니다. 어미 키위새가 벌레나 snail들을 찾아 walk about할 때 아비 키위새가 알들 위에 앉아 있는다. 대부분의 새들은 feather로 be covered with되어 있고 키위새도 그렇다. 하지만 키위새의 feather들은 아주 thin해서 키위새가 마치 hair로 덮여 있는 것처럼 보인다.

- kiwi   명 키위(새)
- habit   명 습관
- brightest   형 가장 밝은
- lay   동 (알을) 낳다
- hatch   동 부화하다
- snail   명 달팽이
- walk about   (걸어) 돌아다니다
- feather   명 (새의) 털, 깃털
- be covered with   ~로 덮여 있다
- thin   형 얇은
- hair   명 머리(털), 털

● 명사를 만드는 -er, -or, -ist

explore	통 탐험하다
explor**er**	명 탐험가
travel	통 여행하다
travel**er**	명 여행자
hunt	통 쫓다, 사냥하다
hunt**er**	명 사냥꾼
foreign	형 외국의
foreign**er**	명 외국인
rob	통 훔치다
robb**er**	명 도둑, 강도
advise	통 충고하다
advis**or**	명 충고자, 조언자
edit	통 편집하다
edit**or**	명 편집인
invent	통 발명하다, 지어내다
invent**or**	명 발명가

sail	통 항해하다
sailor	명 선원
survive	통 살아남다
survivor	명 생존자
tour	명 관광 통 관광하다
tourist	명 관광객
novel	명 소설
novelist	명 소설가
journal	명 (전문 분야의) 신문, 잡지
journalist	명 기자
art	명 예술, 미술
artist	명 예술가, 화가
science	명 과학
scientist	명 과학자

● 명사를 만드는 -tion, -th

produce	통 생산하다
production	명 생산
collect	통 수집하다
collection	명 수집품
predict	통 예측하다, 예견하다
prediction	명 예측, 예견
educate	통 교육하다
education	명 교육
pollute	통 오염시키다
pollution	명 오염
inform	통 알리다
information	명 정보
satisfy	통 만족시키다
satisfaction	명 만족
suggest	통 제안하다
suggestion	명 제안

calculate	통 계산하다
calculation	명 계산, 산출
translate	통 번역하다, 통역하다
translation	명 번역, 통역
breathe	통 호흡하다
breath	명 호흡, 숨
grow	통 자라다
growth	명 성장
dead	형 죽은
death	명 죽음, 사망
wide	형 넓은
width	명 폭, 너비
deep	형 깊은
depth	명 깊이

● 명사를 만드는 -ment, -ness

announce	통 발표하다
announcement	명 발표
invest	통 투자하다
investment	명 투자
punish	통 처벌하다, 벌주다
punishment	명 처벌
govern	통 통치하다
government	명 정부, 정권
treat	통 다루다, 취급하다, 치료하다
treatment	명 대우, 처리, 치료
develop	통 성장하다, 성장시키다
development	명 성장, 발달
argue	통 언쟁하다, 다투다
argument	명 언쟁, 말다툼
pay	통 지불하다 명 급료, 보수
payment	명 지불

agree **agreement**	통 동의하다 명 동의, 합의, 협약
measure **measurement**	통 측정하다, 재다 명 치수, 측정
tough **toughness**	형 힘든, 어려운 명 단단함, 강인함
aware **awareness**	형 알고 있는 명 (중요성에 대한) 인식
dark **darkness**	형 어두운, 캄캄한 명 어둠, 색이 짙음
ill **illness**	형 아픈, 병든 명 병, 아픔
weak **weakness**	형 약한 명 약함, 약점

● 명사를 만드는 -(i)ty, -al

cruel	형 잔인한
cruelty	명 잔인함, 잔혹 행위, 학대
personal	형 개인의, 개인적인
personality	명 성격, 인격
real	형 진짜의, 현실적인
reality	명 현실, 실제
responsible	형 (~에) 책임이 있는
responsibility	명 책임, 책무
curious	형 궁금한, 호기심 많은
curiosity	명 호기심
equal	형 동등한, 동일한
equality	명 평등, 균등
difficult	형 어려운
difficulty	명 어려움, 곤경, 장애
royal	형 국왕의
royalty	명 왕족

secure **security**	형 안전한, 튼튼한 명 보안, 경비
diverse **diversity**	형 다양한 명 다양성
remove **removal**	동 제거하다, 없애다 명 제거, 없애기
propose **proposal**	동 제안하다 명 제안
arrive **arrival**	동 도착하다 명 도착
refuse **refusal**	동 거절하다 명 거절
deny **denial**	동 부인하다 명 부인, 부정, 거부

● 명사를 만드는 -ry, -cy, -ure

deliver	통 배달하다
delivery	명 배달, 인도

injure	통 부상을 입다, 부상을 입히다
injury	명 부상

bake	통 (음식을) 굽다
bakery	명 빵집, 제과점

discover	통 발견하다
discovery	명 발견

recover	통 회복하다
recovery	명 회복

pregnant	형 임신한
pregnancy	명 임신

frequent	형 잦은, 빈번한
frequency	명 빈도, 빈발

private	형 개인 소유의, 사적인
privacy	명 사생활

current	형 현재의, 통용되는
currency	명 통화, 통용
efficient	형 능률적인
efficiency	명 효율성
close	동 (문을) 닫다
closure	명 폐쇄
press	동 누르다
pressure	명 압박, 압력
expose	동 드러내다
exposure	명 노출, 폭로
create	동 창조하다
creature	명 생물
fail	동 실패하다, (시험에) 떨어지다
failure	명 실패

● 형용사를 만드는 -ful, able

thought	명 생각
thoughtful	형 사려 깊은, 정성스러운
cheer	동 환호하다 명 환호(성)
cheerful	형 쾌활한, 경쾌한
pain	명 고통, 통증
painful	형 고통스러운
regret	동 후회하다 명 후회
regretful	형 후회스러운
harm	동 해치다 명 피해, 손해
harmful	형 해로운
success	명 성공
successful	형 성공한, 성공적인
doubt	동 의심하다 명 의심
doubtful	형 의심스러운
skill	명 기술
skillful	형 숙련된, 노련한

fear	명 두려움
fearful	형 걱정하는, 무서운
forget	동 잊다
forgetful	형 잘 잊어버리는
comfort	명 안락 동 위로하다
comfortable	형 편안한, 쾌적한
profit	명 수익 동 수익을 얻다
profitable	형 수익성 있는
rely	동 의지하다, 신뢰하다
reliable	형 믿을 수 있는
reason	명 이유
reasonable	형 타당한, 합리적인
value	명 가치 동 가치 있게 여기다
valuable	형 소중한, 값비싼

● 형용사를 만드는 -ous, -(t)ive, -ish

poison	명 독, 독약
poisonous	형 유독한
religion	명 종교
religious	형 종교적인
continue	동 계속하다, 지속되다
continuous	형 계속되는, 지속적인
danger	명 위험
dangerous	형 위험한
mystery	명 신비, 불가사의
mysterious	형 불가사의한, 신비스러운
protect	동 보호하다
protective	형 보호하는
effect	명 영향, 효과, 결과
effective	형 효과적인
create	동 창조(창작)하다
creative	형 창조적인, 창의적인

talk	통 말하다
talkative	형 말하기 좋아하는, 수다스러운
inform	통 (공식적으로) 알리다
informative	형 유익한, 정보를 주는
fool	명 바보
foolish	형 어리석은
child	명 아이
childish	형 어린애 같은, 유치한
self	명 자신, 자아, (자신의) 본모습
selfish	형 이기적인
Britain	명 영국
British	형 영국의
Spain	명 스페인
Spanish	형 스페인의

● 형용사를 만드는 -al, -(l)y

accident	명 사고
accidental	형 우연한
universe	명 우주
universal	형 보편적인, 우주적인
essence	명 본질
essential	형 필수의
race	명 인종, 경주
racial	형 인종의, 인종상의
crime	명 범죄
criminal	형 범죄의
culture	명 문화
cultural	형 문화적인
nature	명 자연
natural	형 자연의, 천연의
person	명 사람
personal	형 개인의

| nation | 명 국가 |
| national | 형 국가의, 전국적인 |

| tradition | 명 전통 |
| traditional | 형 전통적인 |

| month | 명 월, 달 |
| monthly | 형 한 달에 한 번, 매월의 |

| friend | 명 친구 |
| friendly | 형 친절한, 친화적인 |

| time | 명 시간, 때 |
| timely | 형 시기적절한 |

| elder | 형 나이가 더 든 |
| elderly | 형 연세가 드신 |

| curl | 명 곱슬머리 |
| curly | 형 곱슬곱슬한 |

● 형용사를 만드는 -less, -y

count	통 (수를) 세다
countless	형 셀 수 없이 많은

hope	명 희망, 가망
hopeless	형 희망 없는, 가망 없는

rest	명 휴식, 나머지
restless	형 들썩이는, (지루해서) 가만히 못 있는

price	명 가격
priceless	형 값을 매길 수 없는, 귀중한

speech	명 말, 연설
speechless	형 (놀라서) 말을 못 하는

use	통 사용하다, 이용하다
useless	형 소용없는, 쓸모없는

care	통 배려하다, 관심을 가지다
careless	형 부주의한, 조심성 없는

worth	명 가치
worthless	형 가치 없는, 쓸모없는

taste **tasteless**	명 맛 동 맛이 나다 형 맛없는
meaning **meaningless**	명 의미 형 의미 없는, 무의미한
salt **salty**	명 소금 형 짭짤한, 소금이 든
greed **greedy**	명 탐욕 형 탐욕스러운
scare **scary**	동 겁주다, 겁먹게 하다 형 무서운
fog **foggy**	명 안개 형 안개가 낀
hair **hairy**	명 머리(털), 털 형 털이 많은

● 동사를 만드는 -ify, -ize, -en

simple	형 단순한, 간단한
simplify	동 단순화하다, 간소화하다
class	명 등급, 종류, 학급
classify	동 분류하다, 구분하다
quality	명 (품)질, 자질
qualify	동 자격을 취득하다
pure	형 순수한
purify	동 정화하다
clear	형 분명한, 확실한
clarify	동 분명하게 하다
apology	명 사과
apologize	동 사과하다
symbol	명 상징
symbolize	동 상징하다
modern	형 현대의
modernize	형 현대화하다

real **realize**	형 실제의, 진짜의 동 깨닫다, 실현하다
civil **civilize**	형 시민의, 민간의 동 개화하다, 세련되게 하다
fright **frighten**	명 놀람, 두려움 동 놀라게 만들다
worse **worsen**	형 더 나쁜, 엉망인 동 악화시키다
threat **threaten**	명 위협 동 위협하다
sharp **sharpen**	형 날카로운, 뾰족한 동 날카롭게 하다
tight **tighten**	형 단단한, 빡빡한, 꽉 조인 동 팽팽해지다, 꽉 조이다

● 부사를 만드는 -ly

sad	형 슬픈
sadly	부 슬프게
serious	형 심각한, 진지한
seriously	부 (나쁘거나 위험한 정도가) 심하게, 진지하게
terrible	형 끔찍한, 형편없는
terribly	부 대단히, 지독히
regular	형 규칙적인
regularly	부 규칙적으로
poor	형 가난한, 좋지 못한
poorly	부 형편없이
rapid	형 빠른
rapidly	부 빠르게
usual	형 보통의, 흔한
usually	부 보통, 대개
clear	형 맑은, 분명한
clearly	부 분명히, 또렷하게

common **commonly**	형 흔한, 공통의 부 흔히, 보통
equal **equally**	형 동일한 부 동일하게
exact **exactly**	형 정확한 부 정확히
safe **safely**	형 안전한 부 안전하게
wide **widely**	형 넓은 부 폭넓게, 널리
rare **rarely**	형 드문, 희귀한 부 드물게, 좀처럼 ~하지 않는
heavy **heavily**	형 무거운, (정도가) 심한 부 (양·정도가) 심하게, 아주 많이

● 부정의 의미를 만드는 in- un- dis-

correct	형 정확한, 올바른
incorrect	형 부정확한, 맞지 않는
formal	형 공식적인, 격식 있는
informal	형 비공식의, 비격식의
expensive	형 비싼
inexpensive	형 비싸지 않은
direct	형 직접적인
indirect	형 간접적인
dependent	형 의존적인
independent	형 독립된, 독립 정신이 강한
fair	형 공정한
unfair	형 불공정한
easy	형 쉬운, 편안한
uneasy	형 불안한, 불편한
likely	형 ~할 것 같은
unlikely	형 ~할 것 같지 않은

known	형 알려진
unknown	형 알려지지 않은
lock	통 잠그다
unlock	통 (잠긴 문 등을) 열다
appear	통 나타나다, 출연하다
disappear	통 사라지다
agree	통 동의하다
disagree	통 동의하지 않다, 일치하지 않다
cover	통 가리다, 씌우다
discover	통 발견하다, 알아내다
order	명 순서, 정돈, 질서
disorder	명 엉망, 무질서, 이상
ability	명 능력
disability	명 (신체적 · 정신적) 장애

동사원형	과거	과거분사
become	became	become
begin	began	begun
blow	blew	blown
break	broke	broken
bring	brought	brought
build	built	built
buy	bought	bought
catch	caught	caught
choose	chose	chosen
cost	cost	cost
cut	cut	cut
do	did	done
draw	drew	drawn
drink	drank	drunk
drive	drove	driven
eat	ate	eaten
fall	fell	fallen
feed	fed	fed
feel	felt	felt
fight	fought	fought

동사원형	과거	과거분사
find	found	found
fly	flew	flown
forget	forgot	forgotten
freeze	froze	frozen
get	got	got / gotten
give	gave	given
go	went	gone
grow	grew	grown
have	had	had
hear	heard	heard
hide	hid	hidden
hit	hit	hit
hold	held	held
hurt	hurt	hurt
keep	kept	kept
know	knew	known
lead	led	led
leave	left	left
lend	lent	lent
let	let	let

동사원형	과거	과거분사
lie (눕다)	lay	lain
lose	lost	lost
make	made	made
meet	met	met
pay	paid	paid
put	put	put
read	read[red]	read[red]
ride	rode	ridden
ring	rang	rung
rise	rose	risen
run	ran	run
say	said	said
see	saw	seen
sell	sold	sold
send	sent	sent
set	set	set
shake	shook	shaken
steal	stole	stolen
shoot	shot	shot
show	showed	shown

동사원형	과거	과거분사
shut	shut	shut
sing	sang	sung
sit	sat	sat
sleep	slept	slept
speak	spoke	spoken
spend	spent	spent
stand	stood	stood
swim	swam	swum
take	took	taken
teach	taught	taught
tear	tore	torn
tell	told	told
think	thought	thought
throw	threw	thrown
understand	understood	understood
wear	wore	worn
win	won	won
write	wrote	written

MEMO